Sen

LE LIVRE DU

SHIATSU

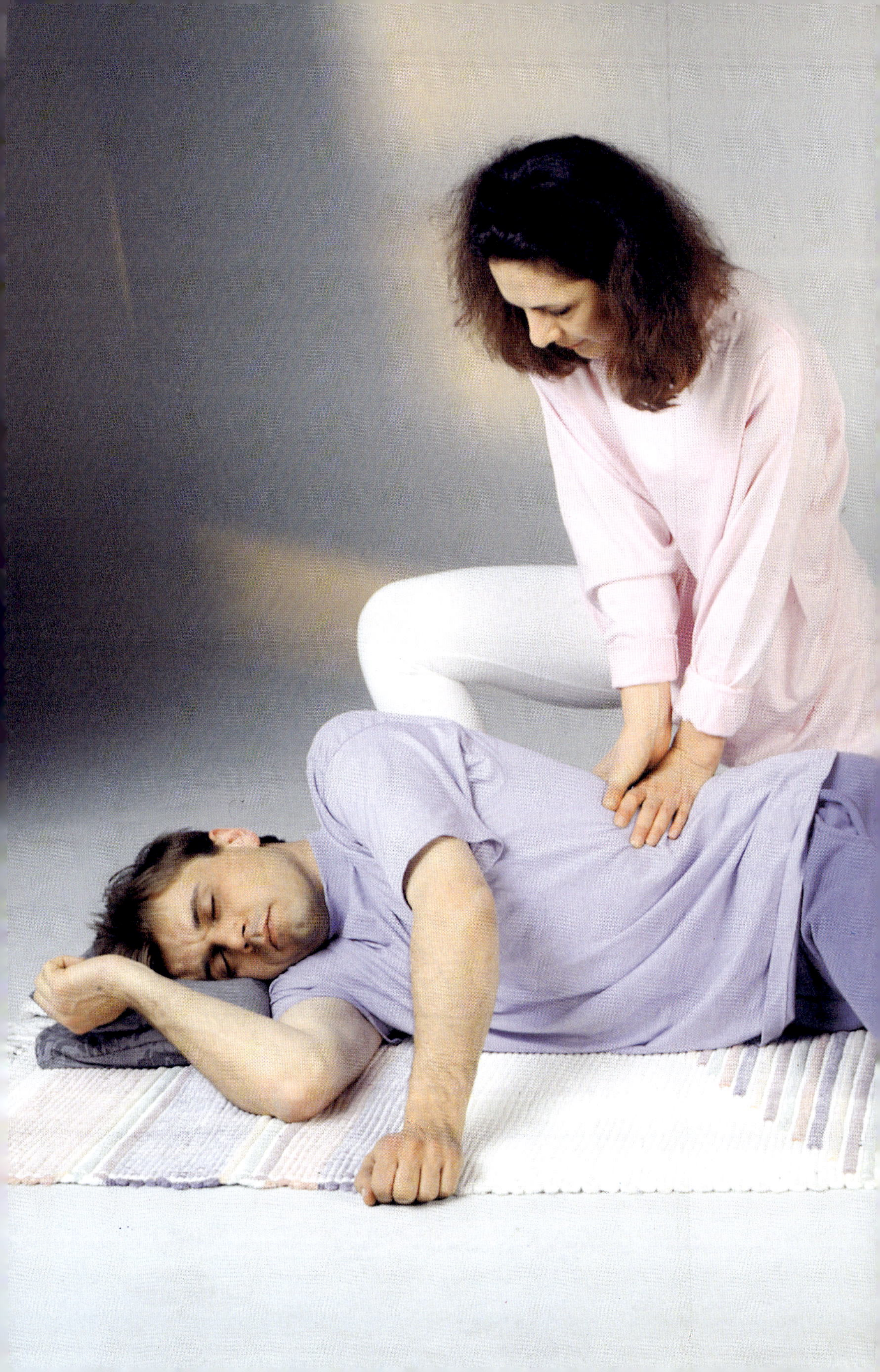

LE LIVRE DU SHIATSU

Santé et vitalité grâce à l'art du toucher

Paul Lundberg

Photographies Fausto Dorelli

LE COURRIER DU LIVRE
21, rue de Seine 75006 PARIS

ÉDITION PRINCEPS GAIA

Conception: Joss Pearson

Rédaction: Eleanor Lines
Katherine Pate

Création: Dave thorp

Graphismes et illustrations: Sheila Noble
Paula Cox

Direction: Joss Pearson
Patric Nugent

Cet ouvrage a été publié pour la première fois en Grande Bretagne sous le titre " "The Book of Shiatsu", en 1992, par Gaia Books Limited, 66 Charlotte Street, London, W1P 1 LR et 20 High Street, Stroud, Glos GL5 1AS, UK.

Composition: Tradespool Ltd, Somerset, UK.
Reproduction: David Bruce Graphics Ltd, London.
Impression: Imago, Singapour.
Référencé à la British Library sous:
Lundberg Paul
The Book of Shiatsu.
1. Physiotherapy
I. Title
615.822

Traduit de l'anglais par Florence Collet

ISBN : 2-7029-0314-2

Avertissement

Les lecteurs utilisent les concepts, techniques et suggestions de cet ouvrage à leurs risques et périls.

Nous vous recommandons de toujours tenir compte des conseils et des restrictions qui vous sont prodigués et de demander avis à votre médecin si vous avez des doutes concernant l'état de santé de votre partenaire.

Le Shiatsu est absolument inoffensif lorsqu'il est pratiqué en se conformant aux principes énoncés dans ce livre. Il peut s'avérer très efficace dans le traitement des désagréments chroniques tout comme pour de nombreuses affections et maladies bénignes aiguës. Cependant trois cas demandent de nombreuses précautions: la grossesse, l'hypertension et l'épilepsie.

En cas de grossesse suivez les instructions qui vous sont données p. 176. N'appuyez pas fortement sur les épaules. Évitez les points 4. F. (voir p.96) et 6. Rat. (voir p.103), ainsi que les Méridiens Yin (Rate, Rein et Foie) au dessous des genoux.

Pour les personnes atteintes d'hypertension ou d'épilepsie ne pratiquez pas le Shiatsu sur le dessus de la tête, mais travaillez plutôt sur les membres, plus particulièrement sur les jambes et les pieds, ce qui est efficace et inoffensif.

Évitez de vous appuyer lourdement sur les personnes âgées et les handicapés, surtout lorsqu'elles ont de l'arthrose et/ou de l'ostéoporose (os fragiles), faites les asseoir pour les traiter, comme expliqué de la page 178 à 185.

COMMENT UTILISER CE LIVRE

Le Livre du Shiatsu est une introduction détaillée concernant les manipulations douces et les pressions manuelles vous permettant de recouvrer santé et vitalité dans la vie quotidienne. Il s'adresse aux novices comme aux étudiants confirmés. Vous y apprendrez comment donner et/ou recevoir le Shiatsu. La **Première Partie** décrit et illustre en détail les fondements de la médecine orientale, et vous prépare physiquement et mentalement au Shiatsu. Les techniques à utiliser et les principes à suivre y sont expliqués. Elle se termine sur la description d'une séance de Shiatsu simple. La **Deuxième Partie** présente plus en détail trois séances de traitement, qui à elles trois couvrent toutes les voies que vous aurez à parcourir lorsque vous travaillerez sur le corps de votre patient. Les chapitres de la deuxième partie décrivent avec précision les fonctions de chaque Organe, ainsi que les symptômes qui leur sont associés. La **Troisième Partie** accroîtra vos connaissances dans le domaine du diagnostic et vous poussera à mieux adapter votre travail aux besoins particuliers de votre patient, de votre partenaire de Shiatsu.

Certains termes d'anatomie commencent par une majuscule car ils sont employé dans cet ouvrage dans leur sens oriental, qui a en général une connotation plus large que celle utilisée en occident. Reportez vous page 80 pour de plus amples explications

Remarque vestimentaire

Lors d'une séance de Shiatsu les deux partenaires doivent simplement être habillés confortablement. Ils n'ont pas besoin d'une tenue particulière.

Observez les précautions décrites page 4.

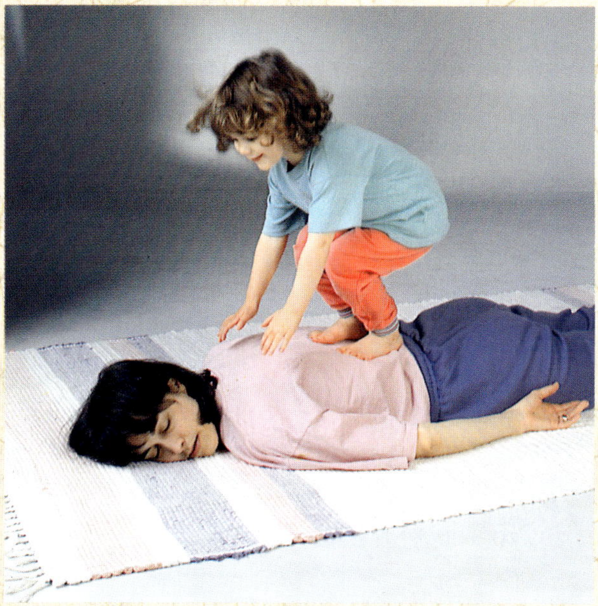

AVERTISSEMENT

La médecine occidentale propose de nombreux remèdes aux maladies et problèmes que vous rencontrez dans votre vie quotidienne, mais en se concentrant presque exclusivement sur les affections, oubliant ainsi l'essence même de la bonne santé, la médecine moderne ne satisfait pas nos besoins.

La médecine orientale a pour principe l'existence d'une "force vitale" ou "énergie" à laquelle on se réfère sous le terme de Ki, Chi ou Prana, et qui nous définit en tant qu'être vivant. L'état et les caractéristiques de cette énergie vitale véhicule l'essence de notre bonne santé ou de notre maladie. C'est pour cela que le principe au coeur de la pratique médicale orientale est le maintien du Ki dans son état optimal, ou sa restauration. Le concept qui veut que nous disposions de ressources intérieures dans lesquelles nous pouvons puiser pour nous maintenir en bonne santé est progressivement accepté par le plus grand nombre.

Avec les manipulations corporelles manuelles et l'utilisation de substances naturelles comme les herbes, la médecine orientale cherche à découvrir toutes les ressources présentes en nous même, contribuant au maintien de notre bonne santé. L'expérience a prouvé que lorsqu'avec des méthodes naturelles cet état de santé optimal est atteint, il procure des résultats stables à long terme plutôt que des effets et un soulagement spectaculaires à court terme.

Notre quête de bonne santé est une métaphore représentant notre désir de compréhension de notre être profond. Celle-ci a une influence positive sur notre vie, et nous permet de la combler. Le Shiatsu est une de ces méthodes ayant des influences bénéfiques.

Le Shiatsu, traduit littéralement par "pression digitale" est une forme de travail corporel japonais, conçue pour soigner et renforcer la santé des personnes en influant et améliorant l'état du Ki contenu dans le corps. Les principes du Shiatsu se conforment aux lois de la nature, respectent et utilisent la relation que nous entretenons avec elle. Le Shiatsu tire le meilleur parti de notre réaction innée au toucher, de notre intuition et de notre capacité à exercer la puissance de l'esprit sur la matière dans notre quête de l'état de bien être idéal. C'est dans cette optique de recherche de cet état que *Le Livre du Shiatsu* a été écrit.

Ceux qui cherchent à acquérir des connaissances de base pour un usage familial trouveront certainement que les chapitres exposant les techniques de Shiatsu sont très approfondis. Ils sont cependant suffisamment clairs pour permettre de les suivre facilement. Pour les étudiants plus avancés et même confirmés, ce livre peut servir de référence, offrant une compréhension globale du Shiatsu en tant que méthode comprenant théorie et pratique, exercices sur soi et diagnostic. Le chapitre "Votre bien être" vous guidera plus particulièrement lors de votre renforcement musculaire. Pour les étudiants confirmés, le chapitre sur le diagnostic sera une aide précieuse.

Enfin, pour les lecteurs cherchant simplement à approfondir leurs connaissances, cet ouvrage présente de façon claire et précise tout ce qu'ils ont besoin de savoir sur le Shiatsu pour être au courant de cet art. La compréhension véritable ne s'acquiert cependant que par la pratique. En d'autres termes, le lecteur doit s'évertuer à mettre en pratique ce qu'il lit.

Le Shiatsu procure un niveau de relaxation et de bien être nettement supérieur à la simple détente intérieure. Profitez donc de cette opportunité pour explorer votre conception personnelle du bien être, grâce à une méthode respectée au cours des temps qui, utilisée sous ses diverses formes, a permis d'aider les Hommes depuis des millénaires.

Pauline Sasaki
Directrice du programme de Shiatsu au Centre de Massage du Connecticut.

Table des Matières

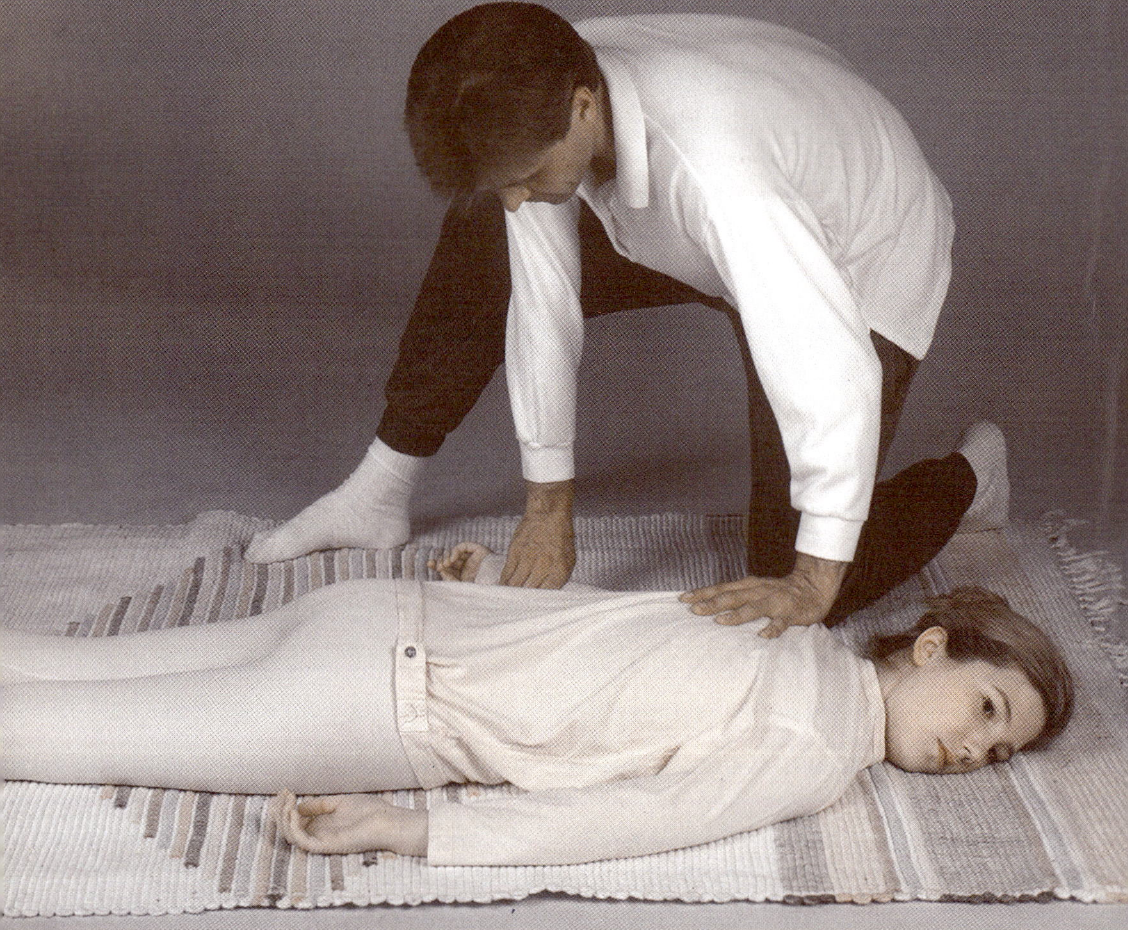

PREMIÈRE PARTIE

Le Ciel la Terre et les Hommes

ACQUÉRIR LES BASES

DEUXIÈME PARTIE

Voies du Ki

TRAVAILLER SUR LES MÉRIDIENS

TROISIEME PARTIE

Variété et simplicité

AFFINER VOTRE METHODE

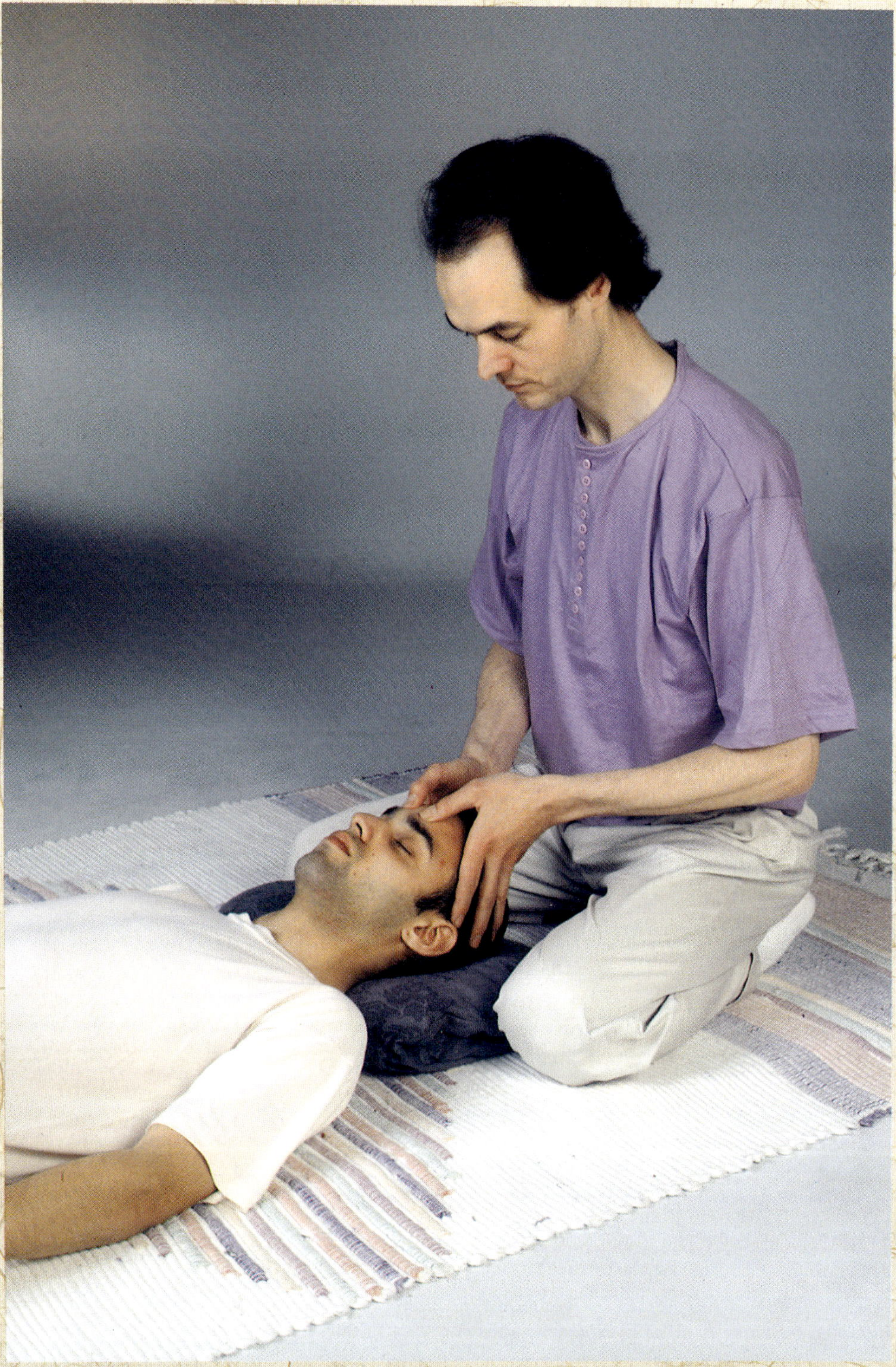

Introduction

Shiatsu est un mot japonais qui signifie "pression digitale". C'est un terme récent pour nommer la plus vielle forme de médecine qui soit: guérir avec les mains. Tout le monde dispose du pouvoir de soigner par le toucher et réagit à celui-ci. C'est une faculté humaine naturelle que les individus commencent à reconnaître. Le Shiatsu se sert de pressions manuelles et de manipulations pour réajuster l'infrastructure corporelle et les énergies physiques internes naturelles, pour éviter la maladie et conserver une bonne santé.

Le Shiatsu se caractérise par sa grande simplicité. Il dérive de diverses formes de massages plus anciennes, appelées *Anma* au Japon, *Anmo* ou *Tuina* en Chine, utilisant frottements, frappes, pressions, tapotements, poussées et tractions pour influer sur les muscles et les systèmes circulatoires du corps. Contrairement à ces méthodes, le Shiatsu ne nécessite que quelque techniques. Ainsi un observateur profane pourrait avoir l'impression qu'il ne se passe rien ou presque, qu'il ne s'agit que de vagues pressions de la main ou du pouce, sur différents points du corps et d'appuis sur les coudes ou encore de simples rotations des membres. Cela ressemble même à une activité paresseuse, et dans la mesure ou cela permet à l'individu de conserver son énergie, elle l'est. Mais cachés par ces mouvements extrêmement simples, beaucoup de phénomènes internes ont lieu et influencent l'énergie vitale à un niveau plus subtile.

Énergie corporelle subtile

La tradition orientale décrit le monde en termes d'énergie. Tout est considéré comme étant une manifestation de l'énergie vitale universelle, appelée Ki par les japonais, et "*Chi*" ou "*Qi*" par les chinois. Comme le Shiatsu est une méthode de traitement japonaise, nous utiliserons le mot Ki plutôt que le chinois *"Chi"*. Le Ki est la substance élémentaire et la force motrice de la vie. On le décrit le plus souvent comme étant "l'énergie", mais c'est aussi un synonyme de souffle en Japonais comme en Chinois. La médecine orientale conçoit l'harmonie du Ki et du corps humain comme l'élément essentiel de la bonne santé et tous ses efforts se portent dans ce sens.

Buts de ce livre

Cet ouvrage est écrit pour ceux qui veulent donner ou recevoir un soin, car le Shiatsu se partage avec autrui. Vous pourrez améliorer votre santé et votre capacité à jouir de la vie en suivant les démonstrations illustrées dans ce recueil. En apprenant les principes de base de la médecine orientale traditionnelle, vous aurez également la possibilité de vous servir du Shiatsu pour soulager vos amis ou les membres de votre famille lorsqu'ils seront souffrants.

Cependant, le traitement d'une maladie, ou d'un symptôme isolé pourrait vous mener à une vision limitée de cet art et de ses avantages. Ce livre vous offre l'opportunité d'acquérir solidement des techniques de base et propose des modes de traitement du corps connus à partir desquels vous pourrez élaborer votre propre compréhension des phénomènes énergétiques corporels, et des réseaux énergétiques humains. Au lieu de vous concentrer exclusivement sur le traitement des affections, vous affinerez votre perception des rapports maladie/santé. Le Shiatsu peut même vous aider à éviter de basculer d'un extrême à l'autre, à trouver l'équilibre adéquat et à vivre plus pleinement en exprimant votre créativité.

Évolution du Shiatsu au Japon

L'art du Shiatsu a été développé au début du vingtième siècle par un praticien japonais, Tamai Tempaka, qui sut intégrer les nouvelles découvertes médicales anatomiques et physiologiques occidentales à plusieurs autres méthodes de traitement plus anciennes. Au début il appela cette méthode "*Shiatsu Ryoho*" ou "pressions digitales curatives", puis "*Shiatsu Ho*", "méthode de pression digitale". Identifiée aujourd'hui sous le simple terme de Shiatsu, cette discipline fut reconnue par le Gouvernement Japonais en 1964, pour ses vertus thérapeutiques, la distinguant ainsi de l'*Anma*, l'ancienne forme de massages traditionnels. Le rôle du thérapeute est de diagnostiquer et de traiter les maux en fonction des principes de la médecine orientale.

Origines chinoises du Shiatsu

Le recueil de médecine chinoise classique le plus ancien connu est le "*Huangdi Nei Jing*", le "*Classique de l'Interne*" de l'Empereur Jaune. Dans cet ouvrage l'empereur légendaire questionne son médecin, Ch'i Po, à propos de la médecine, des maladies et problèmes de santé de son peuple. Dans un des passages les plus connus, Ch'i Po explique que diverses formes de médecine se sont développées dans différentes régions en fonction du climat local prédominant et des problèmes constitutionnels en résultant chez les hommes. Des traitement utilisant des herbes, des aiguilles, et la chaleur furent attribués aux régions septentrionale, méridionale, orientale et occidentale, mais la mise au point de thérapies corporelles incluant des massages et des exercices respiratoires fut attribuée à la Chine centrale. C'est ainsi qu'a commencé la longue association des massages et des manipulations aux exercices physiques spéciaux, techniques respiratoires et méditations curatives qui représentent le niveau le plus élevé de la médecine chinoise. Ces méthodes se firent connaître globalement sous le nom de "Tao Yin", art de guider les énergies subtiles dans le corps pour les faire circuler librement. Le Shiatsu est l'héritier contemporain de cette tradition. La médecine chinoise fut introduite au Japon par un moine bouddhiste au sixième siècle. Les Japonais développèrent et affinèrent une grande partie des procédés pour les adapter à leurs propres physiologie, tempérament et climat. Ils améliorèrent plus particulièrement l'art du diagnostic et de la guérison manuelle, élaborant certaines techniques spéciales de diagnostic, de traitement et de massages abdominaux (voir pp.164-165).

Styles de Shiatsu

Parmi les premiers praticiens, nombreux sont ceux qui mirent au point leur propre style, et certains, dont Tokojiro Namikoshi et Shizuto Masunaga, créèrent des écoles qui permirent de faire admettre que le Shiatsu est un art thérapeutique. De nos jours il existe de nombreux "styles" de Shiatsu. Certains sont axés sur les points d'acupressure (acupuncture). D'autres mettent plutôt en exergue un travail plus global sur le corps, suivant les voies énergétiques, afin d'influer sur le Ki y circulant. Il existe d'autres formes plus spécialisées en diagnostic, comme la théorie des "Cinq Éléments", ou encore la macrobiotique. Toutes ces approches sont fondées sur la médecine chinoise traditionnelle. Ce livre se veut être un ouvrage de référence sur le Shiatsu à l'intention d'un public aussi large que possible, insistant sur les aspects les plus utiles et les plus pragmatiques des différentes approches. La médecine traditionnelle chinoise en est la base. Cependant nous nous devons de mentionner une des sources d'inspiration qui reste particulière: le Shiatsu "zen" selon Shizuto Masunaga.

Le Shiatsu zen

Masunaga a su intégrer son expérience du Shiatsu aux études de psychologie occidentale et de médecine chinoise qu'il a pu faire. Il a également affiné les méthodes de diagnostic existant. Sa méthode améliorée comprend des exercices spéciaux, appelés "*Makko Ho*", visant à stimuler la circulation du Ki. Il a également mis au point un ensemble de principes directeurs rendant la technique plus efficace. C'est cette méthode s'inspirant d'une approche simple et directe de la spiritualité des moines bouddhistes zen au Japon, qu'il a appelée le "Shiatsu Zen".

Remarque sur les concepts de corps humain et de santé chinois.

Dans ce livre vous ne serez pas sans remarquer une certaine cyclicité dans la logique de la médecine chinoise. Les occidentaux raisonnent en fonction du principe de cause à effet, qui sous entend une progression linéaire des idées et des faits, de A vers B, puis vers C. La philosophie orientale considère les événements comme se conditionnant les uns les autres et se manifestant simultanément. Ils n'apparaissent pas distincts de l'environnement dans lequel ils ont lieu. La toile de fond sur laquelle ils s'impriment a autant d'importance que le premier plan. Voici un exemple pour vous aider à faire la distinction.

Selon la médecine chinoise, un mal de tête n'est pas un événement ayant lieu uniquement dans la tête! Ce n'est pas non plus une simple douleur, ni quelque chose qu'il faut enrayer sans prendre en compte son origine, ou traiter de manière identique d'une personne à l'autre bien au contraire. C'est un blocage de Ki, lié aux schémas énergétiques globaux du corps d'un individu particulier, en fonction de son style de vie et de son cheminement personnel. Le traitement peut amener à travailler sur les bras, ou les jambes uniquement, ou encore sur la tête, ou même sur l'ensemble. Il apportera certainement des résultats plus durables et plus satisfaisant que si on essayait d'enrayer les symptômes superficiels.

Observez scrupuleusement les précautions énoncées page quatre.

PREMIÈRE PARTIE

Le Ciel, la Terre et les Hommes

ACQUÉRIR LES BASES

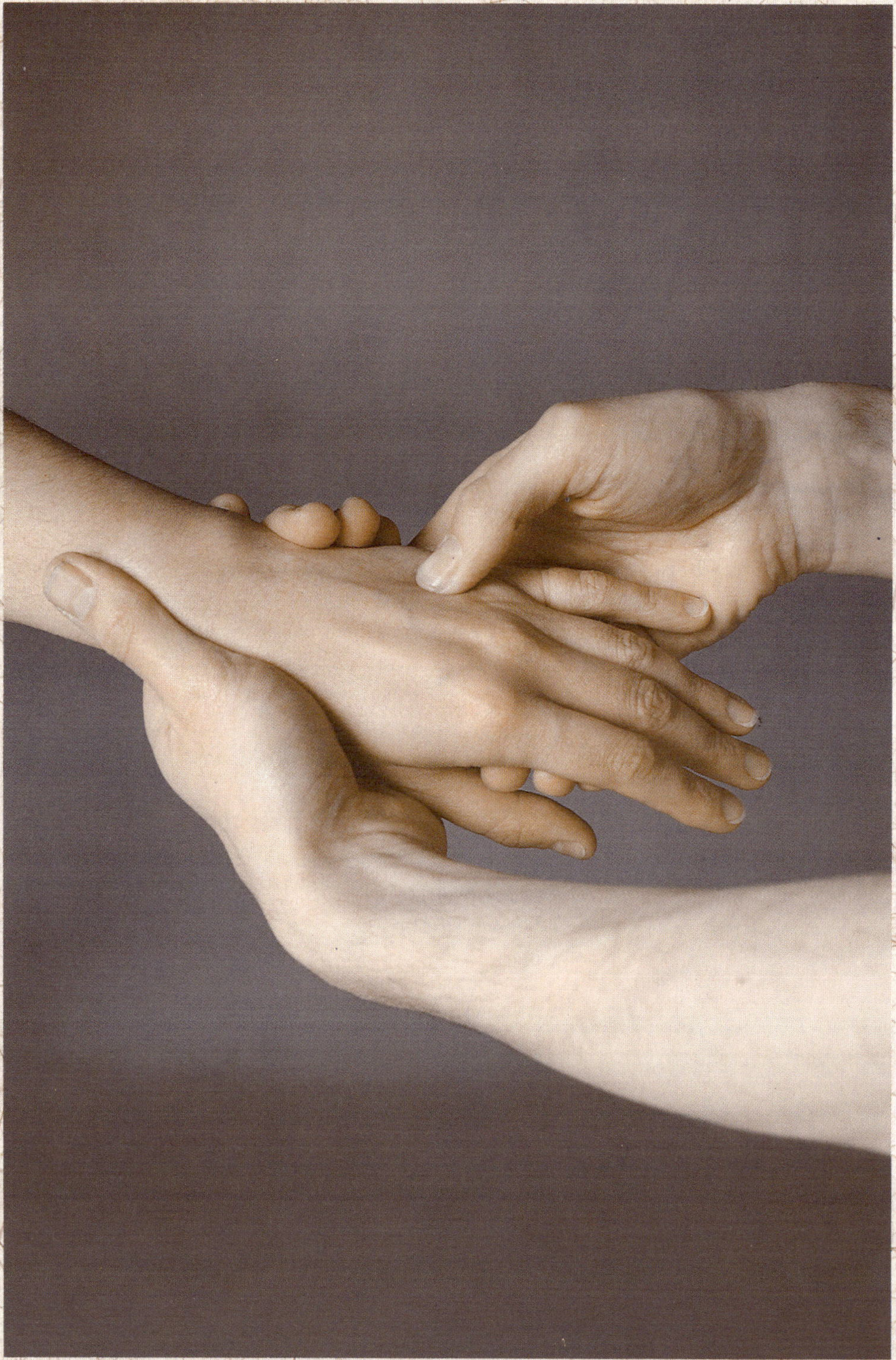

CHAPITRE UN

La Tradition Orientale

La tradition orientale a pour principe de base que la santé est un tout. Elle considère l'Univers comme un champ énergétique. De ce fait tout ce qu'il contient est une manifestation de divers schémas énergétiques. Malgré leur infinie variété, toutes choses englobées dans l'univers sont reliées entre elles; les hommes font partie intégrante de leur environnement et dépendent de lui autant qu'ils l'influencent. Le principe élémentaire de la médecine orientale est qu'il faut vivre en harmonie avec la nature, plutôt que d'essayer d'adapter la nature aux besoins des gens.

La médecine orientale est fondée sur l'observation millénaire des personnes et de leurs réactions face à leur environnement. Bien que ne disposant pas des connaissances anatomiques actuelles, la théorie orientale a su élaborer son propre système, permettant d'expliquer le fonctionnement du corps humain, et des phénomènes naturels (voir Yin et Yang pp. 18-23). Toute l'attention se porte sur le maintien d'un équilibre harmonieux dans le corps et à l'extérieur de celui-ci.

Les Chinois ont étudié les influences de la nature sur les individus, et relié la propension de certains types de personnes à développer certaines affections particulières aux caractéristiques de la nature (voir Les Cinq Éléments, pp. 23-25). Ils ont également remarqué que les émotions et le mode de vie contribuaient au maintien de la bonne santé comme à la maladie. Pour rester en bonne santé une personne doit s'adapter continuellement aux changements rencontrés, à l'intérieur comme à l'extérieur de son corps. Si elle ne s'adapte pas, la maladie manifeste le déséquilibre siégeant dans le corps. L'énergie universelle, le Ki, circule dans le corps y formant une matrice reliant les Organes vitaux à toutes les autres parties du corps. Lors du traitement l'emphase se porte sur le retour à l'équilibre du Ki dans le corps. La tâche du médecin est double: il doit interpréter la cause de l'affection puis conseiller les modifications du mode de vie appropriées et également trouver le moyen de restaurer les fonctions de l'organisme.

Yin et Yang

Les 8 trigrammes du Yi King

Les pictogrammes chinois pour le Yin et le Yang signifient littéralement respectivement "le versant ombragé" et "le versant ensoleillé" de la colline. La colline symbolise l'existence, le "sol" dans lequel et autour duquel le Yin et le Yang sont en interaction constante. Seul, le Yin n'a pas plus de sens que le Yang. Ils ne peuvent être séparés l'un de l'autre ni de l'existence elle-même.

Le Yin et le Yang sont les concepts centraux de la conception philosophique traditionnelle, scientifique et culturelle de la Chine et du Japon. Tirés de l'observation de la nature et de la société, ils ont permis de fonder la médecine traditionnelle chinoise, qui s'est alors répandue au Japon. La compréhension du rôle du Yin et du Yang est essentielle à l'apprentissage du Shiatsu: c'est la base de tout diagnostic et de tout traitement.
La théorie du Yin et du Yang fut mise au point dans le fameux et très ancien livre chinois de divination, le "*livre des transformations*" (*Yi King*), dont la forme la plus ancienne connue remonte au deuxième siècle av. J.-C.. Il servait déjà d'ouvrage de référence à l'époque de Confucius qui ajouta ses commentaires au 5 ème siècle av. J.-C.. Dans ce livre le Yang est représenté par un trait continu "affirmé" —, indiquant la direction et le mouvement, et le Yin par une ligne discontinue, "pointillée" – – suggérant l'espace et l'immobilité. Ces lignes furent regroupées en huit combinaisons de trois chacune, symbolisant toutes les permutations élémentaires des forces et des phénomènes naturels. Ainsi, trois lignes Yang continues représentent le "Ciel" l'archétype Yang du principe actif créateur. Trois lignes Yin représentent la "Terre", le principe réceptif ou passif. Le Yang était considéré comme étant masculin, et le Yin féminin et toute la vie était sensée dépendre de leur interaction harmonieuse. La lumière, la chaleur, et le temps qui s'écoule furent associés au Soleil et à sa course dans le Ciel. La Terre procurait les nourritures matérielles, les aliments dans les champs, l'abri, et le repos. La succession des saisons et le cycle incessant jour-nuit étaient envisagés comme une indication naturelle de l'interdépendance du Yin et du Yang.

Contrairement au concept des opposés dont l'Occident a hérité de la philosophie grèque antique, les qualités opposées du Yin et du Yang sont considérées comme complémentaires et dépendantes l'une de l'autre. Elles se créent et se contrôlent l'une l'autre. Lorsque le Yin décline le Yang se dilate et *vice versa*, mais il n'y a jamais totalité. Rien ne peut être tout à fait Yin ou complètement Yang. Chacun contient le germe de l'autre: le Yang se transformera en Yin et le Yin en Yang.

Comme toutes les choses de la création présentent des caractéristiques Yin et Yang à différents degrés, elles ne peuvent être Yin ou Yang que les unes par rapport aux autres. Comparativement au Soleil la Lune est Yin (froide, dense), mais sa lumière pâle et délavée est Yang

YIN ET YANG DANS LA NATURE

Pour les chinois de l'Antiquité le Ciel était circulaire associé au temps qui passe. La Terre était divisée en champs et représentée par un carré.

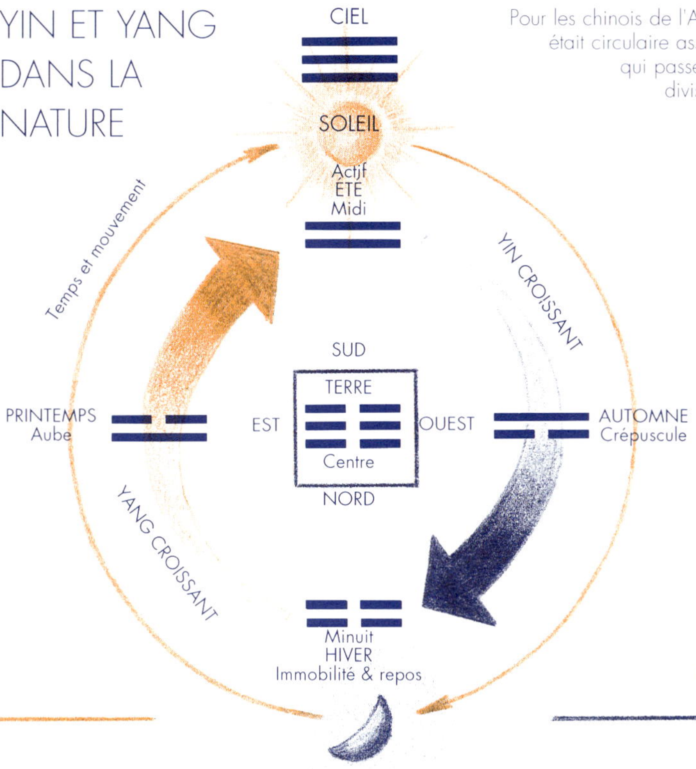

YANG

Ciel
Mâle
Temps
Activité
Jour
Lumière
Chaleur
Expansion
Extérieur
Élévation
Rarification

YIN

Terre
Femelle
Espace
Calme
Nuit
Obscurité
Froid
Contraction
Intérieur
Chute
Condensation

comparativement à la nuit qui l'entoure et aux grottes et cavernes ombragées que la lumière n'atteint jamais.

LE TAO

Selon Lao-tzeu (6 ème siècle av. J.-C.) tout ce que contient l'Univers émergea de "la Grande Source Ultime" ou Tai Chi, représentée par le symbole bien connu . Au delà de tout ceci il n'y a que le vide, le Wu Chi, symbolisé par un cercle vide . Les quartiers de lumière et d'obscurité ne représentent que la dualité inhérente à toutes choses ainsi que l'interaction du Yin et du Yang, dynamique ayant permis l'apparition de la vie et de toutes ses manifestations et continuant à induire mouvements et changements. La loi réglant toutes ces transformations fut appelée le Tao, ce qui veut dire la "Voie" de la nature.

Ki

La conception orientale de la vie, de la nature et du corps, est solidement construite sur la notion de force vitale, ou énergie, qui peut être comparée au prana de la philosophie hindoue des yogis. Sa signification dans la pensée orientale est si importante, si large et si subtile, qu'il vaut mieux utiliser le mot Ki sans chercher à le traduire, exactement comme nous nous sommes habitués à employer les mots chinois Yin et Yang.

Énergie et matière

L'interaction du Yin et du Yang génère le Ki, substance élémentaire de l'Univers. Cette compréhension du monde est profondément élégante et a existé dans les cultures orientales depuis des millénaires. Ainsi, il est dit que tout fut formé à partir du Ki, et que chaque chose est unique, déterminée et caractérisée par son Ki, qui englobe le matériel et l'immatériel. Dans sa forme "pure" il est subtile et raréfié, c'est une "substance sans forme". Il est plutôt Yang. La matière pour sa part est une forme de Ki condensée "ralentie". Elle est plutôt Yin. Il peut paraître paradoxal que le Ki soit en même temps matière et non matière, mais vous comprendrez certainement mieux en termes de transformation et de changement.

Prenons l'exemple simple de l'eau en ébullition dans une casserole. Elle se transforme en vapeur, puis se condense et forme des gouttelettes d'eau. L'eau est un état plutôt Yin, la vapeur est, elle, plutôt Yang. La chaleur dégagée par le feu nécessaire à l'ébullition est extrêmement Yang (active), et transforme l'eau en une forme étendue Yang. Le froid, relativement Yin, provoque la condensation de la vapeur en gouttelettes qui se rassemblent sur les surfaces froides ou tombent à terre. La glace est la forme la Plus Yin de l'eau. Le Ki se manifeste indifféremment dans la transformation comme dans la substance: Le Ki Yin (de l'eau) se transforme en Ki Yang (de la vapeur), puis redevient de l'eau. Il n'y a plus contradiction. La matière dont l'état des manifestations est modifiable, se caractérise par son Ki. L'Univers et ses états fluctuants, témoigne des corrélations incessantes du Yin et du Yang, de la matière et de la non matière.

Yin, Yang et Ki dans le corps.

Le corps a besoin de Ki, de Sang et d'autres substances essentielles qui évoluent, s'écoulent et circulent. Certaines sont plus Yang que les éléments constitutifs du corps. Mais, dans ce cas comme dans d'autres, le Yin et le Yang interviennent tous deux. Dans le corps le Ki circule le long de canaux appelés souvent Méridiens, et n'ayant pas de forme concrète. De la même manière, le Ki n'a pas de structure physique et est donc relativement Yang. Il est la puissance transformatrice des Organes. Associé à l'activité, à la protection et à la chaleur, il est traditionnellement subdivisé en de nombreuses catégories en fonction de leur rôle dans le corps.

Le Sang est une forme matérielle liquide du Ki. En conséquence ses qualités sont relativement Yin. Le Sang nourrit, et soutien la croissance physique et le renouvellement des tissus corporels et des organes. Il circule dans les vaisseaux et est considéré comme ayant des propriétés apaisantes rafraîchissantes. Le Ki et le Sang se soutiennent et se complètent l'un l'autre. Le Sang a besoin du Ki pour circuler et le Ki du Sang pour nourrir les organes qui le génèrent. Une certaine quantité de Ki circule donc

L'Être Humain est le fruit de l'union du Ki du Ciel et de la Terre. L'union du Ki du Ciel et de la Terre s'appelle l'Être Humain. *Classique de l'Interne* de l'Empereur Jaune (vers 100 av. J.-C.).

Lorsque le Ki se condense il peut créer des Êtres. Citation attribuée à Zhu Xi (12ème siècle apr. J.-C.).

Structure corporelle
Dans le corps le Yin et le Yang s'influencent sans cesse. Vous trouverez à droite un résumé du rôle du Yin et du Yang dans la structure corporelle

Le corps vivant a une forme, une structure et un poids qui lui sont propres. Ce sont ses propriétés Yin. Ce corps est également actif, chaud et sensible aux influences de l'environnement. Ces attributs sont essentiellement Yang.

La tête et la partie supérieure du corps sont très Yang, ils sont plus près du Ciel. Les pieds et la partie inférieure du corps sont très Yin; ils sont plus proches de la Terre.

Le dos et la surface des membres sont Yang. Lorsque nous tournons le dos à un vent froid nous présentons aux éléments extérieurs les aspects protecteurs les plus forts de notre être.

L'avant du corps et l'intérieur des membres sont Yin. Lorsque nous nous pelotenons comme un hérisson, dans une position instinctive de protection, nous cherchons à préserver les surfaces intérieures, molles et vulnérables.

La peau, couche la plus externe du corps humain, et les muscles, tissus actifs du corps nous permettant de nous mouvoir, sont tous deux Yang.

Les os, parties les plus profondes, les plus solides et les plus stables des tissus structuraux, sont Yin, les Organes protégés par la cage thoracique et le bassin également. Ce sont les couches essentielles les plus profondes de notre Être.

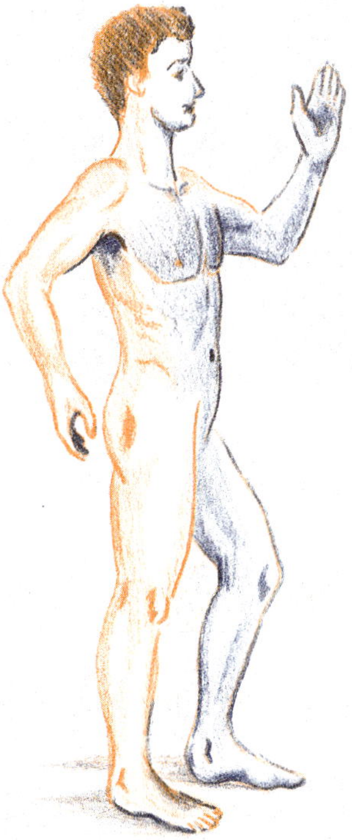

avec le Sang dans les vaisseaux et bien entendu il y a du Sang voyageant avec le Ki le long des Méridiens. "Le Ki entraîne le Sang, le sang est la mère du Ki." *Classique de l'Interne* de l'Empereur Jaune (vers 100 av. J-C.).

Liquides corporels
Les liquides corporels sont les substances les plus Yin du corps. Cette catégorie générique comprend le liquide céphalo-rachidien, très Yin, plus épais, qui nourrit la moelle épinière et le cerveau, et les liquides lubrifiants, plus fluides, plus Yang, comme la salive, la transpiration, les larmes, qui humidifient la peau et lubrifient les ouvertures des organes sensoriels.

Les Méridiens Yang descendent le long de la face postérieure des bras, du corps, et des jambes.

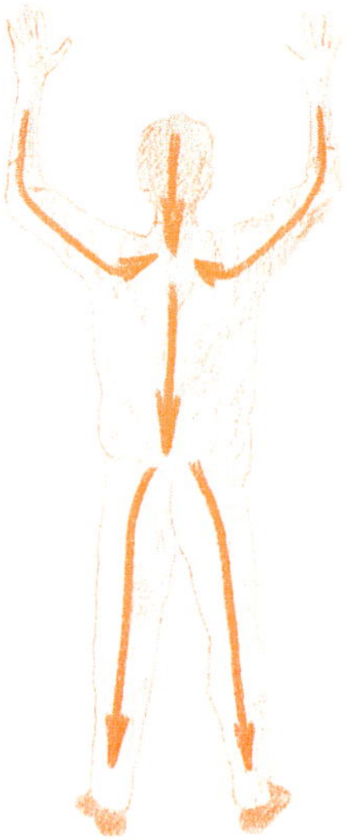

Les méridiens Yin montent le long de la face antérieure des jambes, du tronc et des bras.

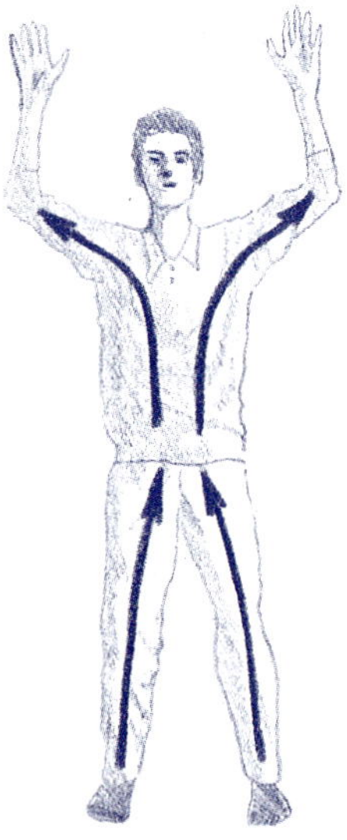

L'Esprit et les attributs spirituels

Les Chinois conçoivent traditionnelement l'Esprit comme une substance corporelle raréfiée, la plus Yang qui soit, associée à la conscience, à l'intelligence et à la volonté. Ils considèrent que ses différents aspects sont abrités par les Organes Yin (voir p.23).

Organes, Méridiens, et direction du Ki.

La théorie du Yin et du Yang ne se contente pas d'expliquer les relations entre les divers appareils à l'intérieur du corps, elle décrit également une liaison "énergétique" entre l'intérieur et l'extérieur, entre les organes vitaux et la surface. Le véritable exploit de la médecine traditionnelle chinoise est peut être d'avoir perçu que les organes étaient des centres de transformation et de distribution qui organisent littéralement l'ensemble du corps. Cette "organisation" est véhiculée par les Méridiens sur lesquels le Ki circule et atteint toutes les parties du corps. Il sourd du tréfond et circule près de la surface du corps. L'état intérieur de celui-ci se reflète à l'extérieur. En conséquence, en travaillant sur l'extérieur vous pouvez influer sur l'intérieur. C'est ainsi que le corps se régule et reste en bonne santé, ce qui lui permet de s'adapter aux fluctuations de l'environnement. En cas de maladie le mécanisme tombe en panne et des symptômes apparaîssent à l'extérieur. La continuité du réseau énergétique entre l'intérieur et l'extérieur permet d'avoir accès à la circulation intérieure du Ki en traitant le corps depuis l'extérieur. C'est ce que nous appellerons la relation énergétique.

Les douze canaux élémentaires, réguliers, ou Méridiens principaux (voir pp. 76-85) sont dominés et influencés par le Ciel ou par la Terre, et produisent en conséquence un flux descendant du Ciel (Yang) ou ascendant de la Terre (Yin). Les méridiens Yang parcourent le dos et la face postérieure des membres. Ils appartiennent aux Organes les plus superficiels ou Viscères "creux" du tractus digestif: Estomac, Gros Intestin et Intestin Grêle, Vessie, Vésicule Biliaire. Les Viscères creux agissent dans la digestion de la nourriture et dans l'élimination des déchets. Ils interviennent dans les fonctions de défense de l'organisme et sont souvent également impliqués dans les phases de début et/ou aigüe d'une maladie. Les Méridiens Yin, eux, circulent à l'avant du corps et sur la face antérieure des membres. Ils appartiennent aux Organes "solides", ou organes trésor: Poumons, Rate, Coeur, Reins, et Foie. Les Organes Yang ont pour rôle de transformer, stocker et redistribuer le Ki et le Sang, et sont très atteints lors de faiblesse ou de maladies de longue durée. Les Organes Yin et Yang se complètent les uns les autres: chaque Organe Yin est associé à un Viscère Yang et *vice versa*. Leurs corrélations sont innombrables. (voir pp. 79-80).

Les Cinq Éléments

La théorie du Yin et du Yang ne fut pas la seule méthode dont les chinois de l'Antiquité disposaient pour interpréter le monde. Dès le début du premier millénaire av. J.-C., une autre conception émergea, selon laquelle chaque phénomène dans l'Univers était considéré comme une des cinq manifestations résultant de la transformation du Ki. Ces cinq manifestations étaient connues sous les termes Cinq Éléments, Cinq Transformations, Cinq Phases et symbolisées par l'Eau, le Feu, le Bois, le Métal et la Terre. Le *Shang Shu*, texte datant de cette époque, décrit leurs propriétés: " Ce qui mouille et descend (Eau) est salé, ce qui monte et s'enflamme (Feu) est amer, ce qui peut être plié et redressé (Bois) est acide, ce qui peut être moulé et durci (Métal) est âcre, ce qui permet de semer et de moissonner (Terre) est doux." Les Cinq Éléments étaient également associés aux saisons, couleurs, sons, animaux mythiques, céréales, à beaucoups d'autres choses, et à de nombreux évènements. Ainsi un système de correspondances a progressivement vu le jour permettant de se faire une image des corrélations existant dans la nature (voir p. 25).

Aux alentours du 4 ème siècle av. J.-C., période d'agitation et de changement en Chine, la quête de l'ordre et du sens profond des relations de l'homme avec la nature induisit l'expansion de la théorie des Cinq Éléments. Choses et évènements ne furent pas simplement catégoriés, mais leurs facultés de changement, d'intéraction et de transformation les une en les autres furent reconnues et décrites de diverses manières.

Les médecins de l'époque fondèrent leur compréhension des causes et de l'évolution des maladies sur le modèle des corrélations existant entre les Cinq Éléments (voir p. 24). Ils considéraient que chaque Organe est nourri ou contôlé par un autre Viscère. La maladie pourrait donc progresser d'un Organe à l'autre en raison d'un mauvais "maternage", d'un "contrôle" excessif ou inversement à cause "d'insultes". Un Organe défectueux ou défaillant était souvent traité en renforçant le Viscère le précédant dans le cycle appelé "cycle de production" (voir ci-dessus).

L'utilité de ce système dépasse de beaucoup la simple description d'interactions harmonieuses, puisqu'il

Élaboration de la théorie des Cinq Éléments

Le concept des Cinq Éléments fut rapidement intégré à la théorie du Yin et du Yang, et l'ensemble développé par une école de philosophie: le Naturalisme. Les premiers modèles des corrélations entre les Cinq Éléments nous rapellent l'explication schématique du Yin et du Yang (voir à droite et p. 19). Ce modèle souligne l'importance de l'équilibre entre le Feu et l'Eau, l'Eau représentant le mouvement descendant, la tranquillité, le repos, mais aussi l'immensité des potentiels sous-jascents, et le Feu figurant le mouvement ascendant, ainsi que l'apogée de l'activité. Les tendances opposées complémentaires, Bois et Métal, représentent respectivement l'expansion ou mouvement vers l'extérieur et la contraction ou mouvement vers l'intérieur. La Terre était considérée comme ayant une influence modératrice sur les saisons, puisqu'elle n'a pas de saison qui lui soit propre. Elle est comme un pivot, un point de référence lors des changements.

Plus tard, d'autres modèles furent déduits du précédent. La Terre y occupait une position équivalente à celle des autres Éléments. Deux de ces modèles servirent à représenter l'ordre naturel du monde. Chacun montrait la façon dont les choses progressent et se soutiennent les unes les autres, ce qu'on appelle le cycle de "production" (schéma de gauche) et la manière dont elles se limitent et se restreignent les unes les autres, ce qu'on appelle le cycle de "contrôle" (schéma de droite).

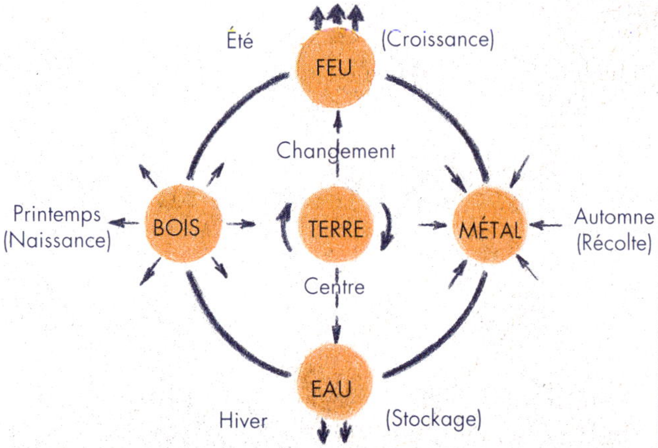

Premier modèle Yin-Yang représentant les Cinq Éléments.

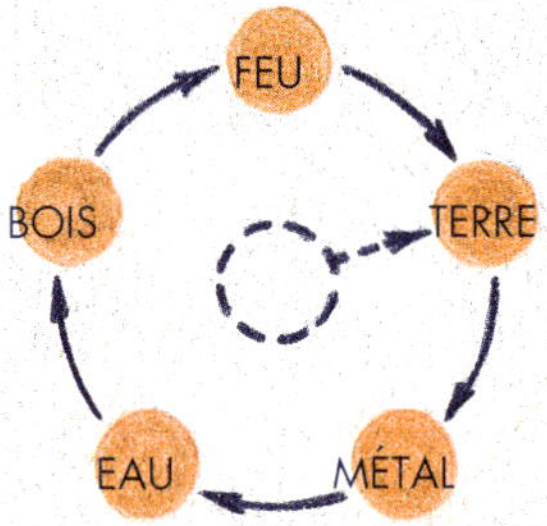

Cycle de production

Le Bois alimente le Feu, les cendres laissées par le Feu nourrissent la Terre, la Terre abrite le Métal, l'Eau se condense sur le Métal et l'Eau hydrate le Bois.

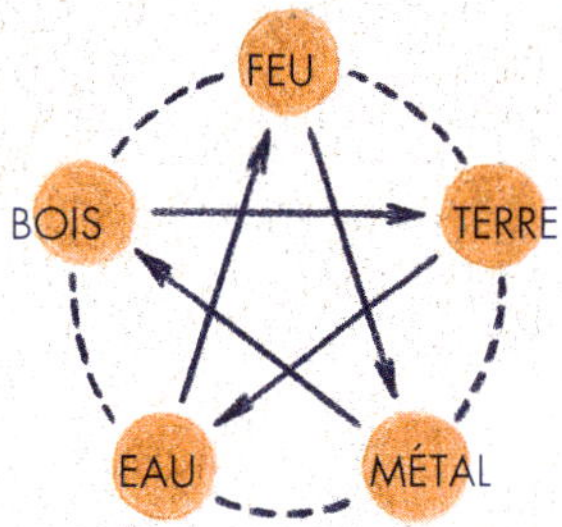

Cycle de contrôle

Le Bois (matière végétale) stabilise la Terre, la Terre des berges contient l'Eau, l'Eau contrôle le Feu, le Feu fait fondre le Métal, et le Métal (outils) coupe le Bois.

peut également prédire et interpréter les effets des perturbations lorsque les choses ne sont plus "en phase" et que l'équilibre s'en trouve inévitablement détruit. Si, par exemple le Feu est faible, l'effet de l'Eau ne se limitera plus à un simple contrôle, elle menacera de l'éteindre complètement. C'est ce qu'on appelle l'hyperactivité d'un Élément par rapport à un autre. De la même manière, si l'eau fait défaut le Feu peut évaporer le peu qu'il y a, et donc venir à bout de l'Élément qui le contrôle habituellement. Lorsque la chronologie de contrôle n'est pas res-

NATURE	Bois	Feu	Terre	Métal	Eau
Orientation	Est	Sud	Centre	Ouest	Nord
Saison	Printemps	Été	Transition	Automne	Hiver
Climat	Vent	Chaleur	Humidité	Sécheresse	Froid
Phase du cycle	Naissance	Croissance	Maturité	Moisson	Engranger
Couleur	Vert	Rouge	Jaune	Blanc	Noir/Bleu
Saveur	Acide	Amer	Doux	Âcre	Salé
CORPS HUMAIN					
Organes Yin	Foie	Coeur	Rate	Poumons	Reins
Organes Yang	Vésicule Biliaire	Intestin Grêle	Estomac	Gros Intestin	Vessie
Organes des sens	Yeux	Langue	Bouche	Nez	Oreilles
Sens	Vue	Parole	Goût	Odorat	Ouïe
Tissus corporels	Ligaments et tendons	Vaisseaux sanguins	Muscles (chair)	Peau	Os
Ouverture	Ongles	Aspect du visage	Lèvres	Poils du corps	Cheveux
Humeur	Larmes	Sueur	Salive	Mucosités	Urine
Son	Cri	Rire	Chant	Pleurs	Gémissements
Émotion	Colère	Joie	Réflexion/ inquiétude	Chagrin	Peur
Aspect spirituel	Âme éthérique	Esprit	Intellect	Âme corporelle	Volonté

Lorsque l'Empereur Huang Ti interrogeait son médecin Ch'i Po, celui-ci lui répondait:" L'Est engendre le vent, le vent engendre le bois, le bois génère la saveur acide. La saveur acide renforce le Foie, le Foie nourrit les tendons, les tendons renforcent le Coeur, et le Foie régne sur les yeux. Les yeux voient l'obscurité et les mystères des Cieux et ils découvrent le Tao, la Voie Véritable au sein de l'humanité. La colère injurie le Foie, mais la réflexion contre la colère. Le vent endommage les tendons, mais la chaleur et la sécheresse contrecarrent le vent. La saveur acide peut abimer les tendons mais la saveur âcre contredit la saveur acide."
Classique de l'Interne de l'Empereur Jaune (vers 100 av.J.-C.).

pectée on parle de neutralisation ou "d'insulte".

L'évolution de la médecine fut favorisée par la généralisation de la Théorie des Cinq Éléments aux organes vitaux, aux organes des sens, aux tissus corporels, aux émotions humaines, et aux qualités spirituelles subtiles. Combiné aux facteurs extérieurs, tels que saison, climat, nourriture etc. (voir pp. 154-165), le tableau des correspondances procure un cadre de référence servant au diagnostic et au traitement. Vous trouverez ci-dessus une classification traditionnelle des correspondances des Cinq Éléments.

Au fil des siècles la médecine chisoise s'est développée et la théorie des Cinq Éléments se vit accorder plus ou moins d'importance. Mais son utilité est toujours reconnue du plus grand nombre, comme un système de référence médicale générale. Le système des Cinq Éléments est très bien considéré au Japon, et la pratique du Shiatsu se trouve grandement améliorée lorsque l'on connait cette approche traditionnelle.

CHAPITRE DEUX

Votre, Bien Être

Avant de soigner autrui, commencez par vous-même. Donner un Shiatsu à vos amis vous semblera difficile si vous êtes fatigué, frustré, faible ou malade. Quelle que soit votre constitution, vous devrez maintenir un équilibre sain dans votre alimentation, faire de l'exercice, vous reposer, vous sentir serein, relever un minimum de défis etc., si vous voulez rester en bonne santé! Pour atteindre cet équilibre, il vous faudra prendre soin de vous même, physiquement, mentallement, émotionnellement et assumer la responsabilité de votre condition physique. Ce ne sera peut-être pas si facile: aller à la découverte de soi-même prend en général toute une vie. Reconnaissez vos faiblesses tout comme vos forces, apprenez à admettre que vous avez besoin d'aide, et demandez la, acceptez de recevoir autan que de donner. Toutes ces étapes sont importantes. Elles jalonnent la marche vers l'harmonie intérieure qui vous permettra d'investir votre travail de vos qualités curatives.

Le Shiatsu vous aidera dans cette voie. En tant qu'art thérapeutique le Shiatsu est tout aussi agréable à recevoir qu'à donner et sa pratique développe la forme physique, l'intuition et la compréhension du monde. Ce chapitre présente des exercices curatifs traditionnels pour le thérapeute et le "patient", qui prennent en compte le Corps, le Souffle, l'Esprit et harmonisent le Yin et le Yang. Vous acquiererez ces avantages subtiles en vous enracinant (voir pp 28-35) en travaillant votre souffle (voir pp 39-41) et parfois en ayant recours à la concentration et à la visualisation (voir pp 40-41). Ces exercices s'adressent autant aux débutants qu'aux élèves confirmés. Ils sont indispensables à la pratique du Shiatsu.

La plupart des séances de Shiatsu se font au sol. Les exercices d'enracinement au début de ce chapitre sont conçus de manière à vous faire ressentir le contact avec le sol, à vous assouplir et vous renforcer pour vous permettre de travailler au niveau du sol pendant de longues périodes de temps. Ensuite, vous trouverez des exercices visant à atteindre le même niveau de souplesse et de force dans vos doigts, qui sont vos instruments privilégiés dans le Shiatsu (voir pp 36 37).

Enracinement

Afin de bien pratiquer le Shiatsu vous devez apprendre ce qu'être en contact avec le sol signifie et ressentir son influence sur votre corps. La gravité, "attraction terrestre", conditionne l'ensemble de nos expériences, et dès la plus tendre enfance nous avons dû composer avec elle. Depuis leur création nos muscles sont impliqué dans un ensemble d'efforts incroyables: relever la tête, se tortiller, ramper et finalement apprendre à se mettre debout et à marcher. Ce processus développe les courbures secondaires de la colonne vertébrale, celles du cou et de la région lombaire, et influe sur la posture, la grâce et l'équilibre dès le plus jeune âge.

Commencez par faire quelques exercices au sol pour affermir votre contact avec la Terre et faire disparaître les tensions créées par la position érigée (voir pp 28-35). Les exercices à quatre pattes (voir pp 30-31) détendront et équilibreront les courbures rachidiennes ce qui sera bénéfique au système nerveux. Les exercices d'enracinement augmenteront la conscience que vous avez du poids de votre corps. Ils vous enseigneront comment vous servir de la Terre pour y puiser le soutien dont vous avez besoin: comment vous baisser et avoir un contact amical avec le sol, comment ramper, vous agenouiller, ou vous accroupir et comment vous déplacer facilement à quatre pattes. Vous avez besoin de ressentir et d'imprégner votre corps de cette sensation de soutien de manière à pouvoir la retransmettre lors de votre travail avec un patient.

Horraire

Crééz votre enchaînement personnalisé à partir des exercices proposés dans les pages qui suivent. Exercez vous à l'heure qui vous convient le mieux, pas obligatoirement juste avant de donner un Shiatsu. Vous n'avez besoin à chaque fois que de 10 à 30 minutes d'exercice. Lorsque votre endurance s'améliorera, vous éprouverez sans doute le besoin de travailler plus longtemps. Exercez vous au minimum trois à quatre fois par semaine, tous les jours si bon vous semble. Votre corps vous indiquera vos besoins et vos limites si vous savez l'écouter.

Confort et sécurité

Lorsque vous vous entraînez ou donnez un Shiatsu, portez des vêtements amples et confortables ne bridant pas vos mouvements, en fibres naturelles qui vous éviteront les échauffements. Passez un sweater après les exercices pour ne pas vous refroidir. Évitez les courants d'air.

Faites vos exercices intelligement! Inutile de forcer ou de vous froisser un muscle. Travaillez les raideurs et les résistances progressivement. Prenez soin de vous. Ces exercices sont conçus pour développer votre puissance curative.

Le salut

Le salut est un geste social et religieux commun à de nombreux Asiatiques. C'est une preuve de respect, ou de soumission, envers une autre personne, ou un "supérieur". Au Japon, le salut a de nombreuses nuances qui aident à arrondir les angles de la vie quotidienne. Il joue un rôle essentiel dans les arts martiaux, pour l'apprenti, le professeur et l'adversaire. Le salut n'est pas uniquement symbolique, comme c'est le cas dans de nombreux rituels, il a une utilité pratique. Il a sur le corps un effet calmant et purificateur, aide à se concentrer et permet d'enchaîner naturellement sur la série d'exercices au sol.

Agenouillez vous confortablement à même le sol ou sur un coussin. Joignez les mains à hauteur de la poitrine, les bras légèrement étendus (position 1). Détendez vous, expirez, puis inspirez profondément. Imaginez que "l'Énergie Céleste" vous pénètre par les mains et par le sommet de la tête pendant que vous vous remplissez les poumons.

Expirez lentement, en douceur, en penchant un peu la tête tout en ouvrant les mains dans un geste symbolique d'offrande aux "Forces Célestes" (position 2). Inspirez et reprenez la position de départ.

Maintenant expirez à fond et penchez vous vers l'avant en vous pliant à partir des hanches. Posez les mains à plat sur le sol de chaque côté à hauteur des épaules. Détendez vous complètement, la poitrine touche les genoux, le front repose sur le sol, en contact avec "la Terre" (position 3). Restez ainsi calme et silencieux, abandonnez momentanément vos pensés quotidiennes Laissez l'inspiration suivante emplir votre corps complétement et en vous concentrant sur ce souffle de vie qui vous pénètre, reprenez la position érigée.

Position 1

Position 2

Position 3

Position 1

À QUATRE PATTES

Cette série d'exercices calquée sur les postures "du chien" utilisées en yoga vous aidera à combattre toute raideur de la colonne vertébrale, en l'étirant puis en la détendant. Cela vous permettra de sentir le poids réel de votre buste et de votre ventre, qui seront amenés à littéralement pendre depuis le rachis, soutenus à chaque bout par vos bras et vos jambes. Chaque exercice commence dans une position à quattre pattes confortable, les bras et les jambes formant un angle droit avec le sol.

Position 2

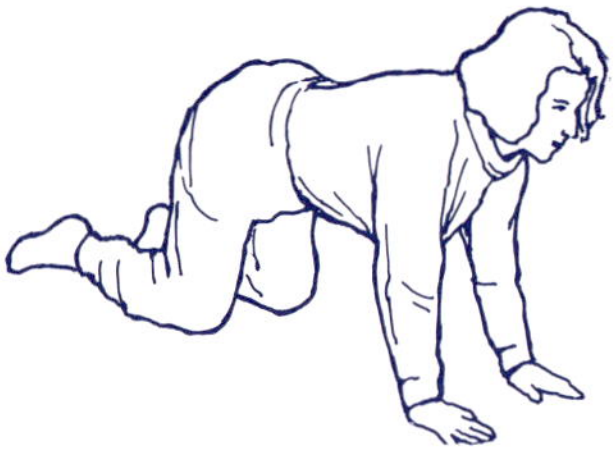

Détendez vous dans cette position, puis laissez votre tête pendre et sur l'inspiration faites le dos rond (position 1). Maintenez la pose et dans une expiration longue et souple, revenez doucement à la position dos plat "naturelle" (position 2). Respirez normalement pendant quelques instants et recommencez.

À quatre pattes, recroquevillez vos orteils puis sur l'expir, tendez les jambes pour soulever vos fesses vers le ciel. Poussez sur vos mains, détendez la nuque et la tête, laissez le torse se rapprocher des jambes pour diminuer l'écart entre les deux branches de ce V inversé (position 1). Étirez les genoux. Essayez de toucher le sol des talons, ce qui n'est pas absoluement indispensable. Tenez la pose quelques instants en respirant normalement. Sur l'expiration revenez à la position de départ.

Position 2

Expirez et baissez le bassin vers le sol, le poids de l'avant du corps reposera entièrement sur vos bras. Ensuite raidissez les genoux, tendez les jambes, orteils à plat, redressez vous. Regardez vers le ciel, mais n'étirez pas trop la tête vers l'arrière (position 2). Respirez normalement et maintenez la pose juste quelques instants.

Position I

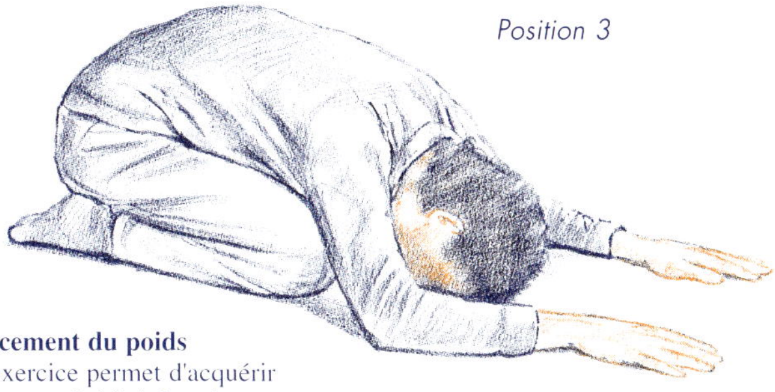

Position 3

Accroupissez vous et détendez vous, allongez le buste sur les cuisses, votre tête doit toucher le sol. Allongez vos bras devant vous (position 3), ou vers l'arrière, le long de vos cuisses. Respirez "par le ventre". Cette posture "de l'enfant" est rajeunissante et relaxante.

Déplacement du poids
cette exercice permet d'acquérir souplesse et fluidité dans les mouvements des hanches, du rachis et des articulations des épaules. Il renforce et assouplit les poignets. Il vous familiarise également avec la sensation procurée par le changement incessant de centre de gravité, lorsque vous transférez votre poids vers vos membres pendant la séance de Shiatsu.

Toujours à quatre pattes, détendez le rachis et le ventre et commencez des mouvements circulaires lents dans le sens des aiguilles d'une montre. Amenez le poids du corps vers l'avant, puis vers la main gauche, ensuite la main droite, puis reculez vers la hanche droite, et vers la gauche. Faites plusieurs cercles de suite, enfin inversez le sens giratoire.

Déplacement du poids

Relâchez le ventre
Le conditionnement que nous avons subi nous pousse à rentrer le ventre, pour maintenir les apparences ou encore pour tenir nos émotions et nos sentiments à une distance respectable du bas du corps. Nous devrions pourtant prendre exemple sur les animaux. Détendez la colonne et laissez votre ventre prendre sa place vers le bas. L'énergie et le sang circuleront alors naturellement dans l'abdomen et vous pourrez en vous exerçant développer un centre puissant. Pour les Japonais le ventre s'appelle le "*Hara*" (voir Chapitre 3). Rentrer le ventre est un signe de tension, lorsque vous réalisez que vous le serrez, expirez, détendez vous et lâchez prise.

La reptation naturelle
Beaucoup d'entre nous n'ont pas rampé depuis des années. Même pendant l'enfance la plupart d'entre nous avons été encouragés à dépasser trop rapidement ce stade pourtant très important, aujourd'hui considéré comme influençant le développement de l'intelligence. Les enfants sont félicités pour chaque nouveau pas et traversent scolarité et âge adulte de cette manière. La vie est consacrée à la carrière professionnelle et orientée vers l'intellect et les chose plus "élevées" ce qui à chaque nouvelle étape appauvri un peu plus le lien à la Terre. Nous devons "tenir debout", être "des citoyens érigés", "aller bien droit", "atteindre les sommets" etc.. Malheureusement nous nous sommes certainement raidis pour nous conformer à ces attentes. Vous agenouiller et vous exercer à vous traîner à quatre pattes peut donc vous apporter détente et soulagement.

Commencez doucement à partir de l'exercice précédent, puisque désormais vous savez comment vous y prendre. Rampez naturellement aux quatre coins de la pièce, en prêtant attention à la façon dont vous répartissez le poids et conservez l'équilibre lorsque vous passez sur trois membres et bougez le quatrième. Si vous vous traînez très lentement, stoppez et faites marche arrière, vous découvrirez quelque chose de très important en Shiatsu, la capacité d'augmenter ou de réduire le poids porté dans un membre en déplaçant simplement le centre de gravité.

Agenouillé en Seiza

S'accroupir et s'asseoir

Pour la plupart des Hommes dans le monde, s'accroupir et s'asseoir par terre sont des choses naturelles. Travail dans les champs, cuisine et repas, artisanat et cérémonies demandent de s'accroupir de se pencher et de s'agenouiller. Notre mode de vie plus sédentaire nous a éloigné de ces positions et les a rendues étranges et inconfortables. Être assis à un bureau et travailler avec des appareils et des machines modernes est à l'origine de nombreux maux de dos, de ventre et du petit bassin. Accroupissez vous et agenouillez vous, cela vous fera le plus grand bien.

La position du *Seiza*[1]

La position du *Seiza* est la position dans laquelle les Japonais s'assoient dans la vie quotidienne qui traditionnellement s'organise au niveau du sol. Cette position assise a également des connotations plus formelles. Les japonais s'assoient en Seiza avant de commencer une séance d'arts martiaux, ou pendant la cérémonie du thé, ou encore lors des méditations zen ou le but du jeu est simplement d'être assis. Cette posture offre une base stable, on la prend et on la quitte facilement. Si vous êtes assis calmement, vos pieds vous serviront de coussin, surélèveront légèrement le dos, et vous aideront à vous tenir droit. C'est pour cela que de nombreuses personnes la préfèrent à la position jambes croisées des autres cultures traditionnelles. Cette position est la meilleure qui soit lorsqu'on commence le Shiatsu, car les autres, accroupi ou agenouillé en découlent naturellement.

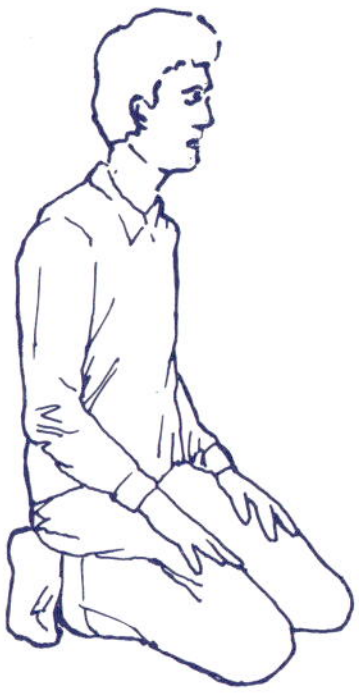

Seiza: variante

Agenouillez vous dos droit et détendu, fesses posées sur les talons, pieds joints (voir à l'extrême gauche). Vous pouvez également faire reposer le poids sur les orteils, talons écartés. La variante, appuyé sur les orteils (voir à gauche), vous soutiendra mieu et vous permettra de vous reposer et de changer un peu de posture. Si vous avez les genoux raides agenouillez vous sur un coussin ou sur une couverture roulée.

Un genou à terre

Accroupi sur les doigts de pied

Accroupi pieds à plat

Ces postures accroupi vous offrent un moyen simple de conserver et d'augmenter votre souplesse. Elles vous seront toutes bénéfiques. Adoptez les lorsque vous parlez avec vos amis, ou lorsque vous regardez la télévi-

[1] N.d.T.: Seiza: position à genoux; de *sei* correct et *za* assis sur les genoux

Agenouillé en Seiza: une façon agréable de vous détendre.

Exercices jambes fléchies
Instinctivement nous protégeons le bas de notre corps, mais beaucoup d'entre nous finissent par être tendus et se "coupent" de cette partie d'eux mêmes. Ce besoin de protection nous amène souvent à nous asseoir jambes croisées, par exemple. Ces habitudes sont néfastes pour la circulation comme pour la posture. Les exercices proposés sur cette page "ouvrent" l'aine et facilitent la circulation sanguine vers les organes et les muscles du bas ventre et de la ceinture pelvienne. Cependant, ces étirements bas sont fatiguants et demandent beaucoup de résistance physique. Soyez prudent et suivez consciencieusement les indications. Ne passez à la position suivante, plus ardue, p. 35, que lorsque vous maîtriserez parfaitement celles expliquées ici.

Étirements en position basse

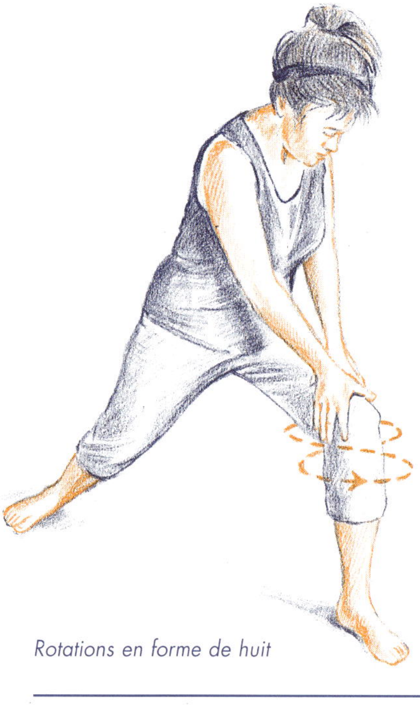

Rotations en forme de huit

Debout pieds écartés d'une distance confortable, orteils pointés vers l'extérieur. Soutenez le poids du haut du corps en vous penchant vers l'avant, vers vos cuisses, les bras tendus. Pliez les genoux jusqu'à l'angle droit et baissez les fesses. Détendez vous, respiration ventrale.

Posez les deux mains sur le même genou, bras tendus, imprimez un mouvement lent et doux en forme de huit à la cuisse cela vous permettra d'assouplir les articulations de la hanche, des genoux et des chevilles tout en vous détendant.

En partant de la position basse d'étirement, tournez le pied droit vers l'extérieur en pivotant sur le talon et le talon gauche vers l'extérieur en pivotant sur la plante du pied gauche. Tournez ensuite le visage vers la droite, ramenez la main gauche et appuyez vous des deux mains sur votre cuisse. Gardez le buste droit, ouvrez votre poitrine et étirez votre colonne vertébrale, regardez devant vous et respirez à fond. Tendez progressivement le genou arrière et regardez vers le haut (voir à droite). Gardez la pose en "fente avant" quelques secondes puis détendez vous, revenez au centre et recommencez le même exercice de l'autre côté.

Étirement ample 1

Étirement ample 2

En partant de la position basse d'étirement, faites passer le poids du corps d'un côté puis appuyez la main ou le bras près de la jambe pliée pour vous soutenir. Étendez l'autre jambe progressivement, en mettant le pied légèrement en dehors. Baissez vous, penchez vous vers l'avant et posez une main au sol (ou les deux), pour assurer votre équilibre. Les orteils côté jambe tendue, sont pointés vers le ciel. La jambe pliée supporte l'essentiel de votre poids, elle vous semblera peut être plus stable si vous ne posez pas le talon à plat, pour progressivement vous entraîner à le faire. Placez une main derrière vous pour vous équilibrer, si nécessaire. Dans la position la plus extrême (voir à droite) vous pouvez poser une main devant et l'autre derrière. Vos fesses toucheront probablement le sol. Soyez prudent, ne faites cet exercice que lorsque vous vous sentez souple, et suffisamment ouvert pour tirer profit d'un étirement aussi puissant.

Assouplissement des mains

Nos doigts, mains et poignets sont les principaux outils utilisés en Shiatsu. Leur force et leur souplesse sont d'importance primordiale. Les exercices qui suivent sont bien connus des musiciens, sportifs, masseurs et peuvent être faits n'importe quand, comme sous-partie d'un échauffement ou comme enchaînement complet. Faites les lorsque vous attendez le bus, ou le train, et ne tenez pas compte des regards interloqués des passants.

Restez concentré sur votre posture, même lorsque vous vous occupez de vos mains. Détendez les épaules et essayez de ne pas froncer les sourcils, ni de grincer des dents, ni de retenir votre souffle. Détendez vous le plus possible. De temps à autre entre les exercices, secouez vos mains vigoureusement, n'oubliez pas que les tensions s'y accumulent autant que dans n'importe quelle autre partie du corps.

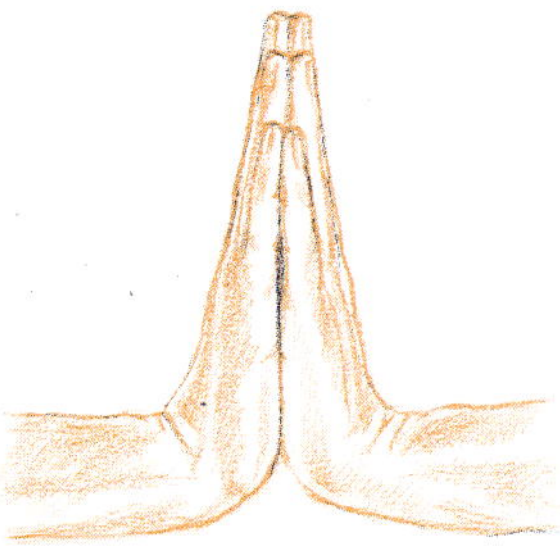

Étirement des poignets

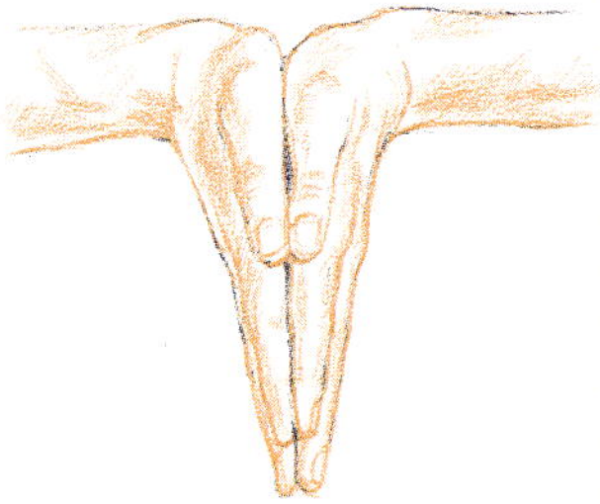

Asseyez vous confortablement. Joignez les mains comme en prière, placez les à hauteur de la poitrine, doigts vers le haut. Appuyez les mains l'une contre l'autre et faites descendre les poignets le plus possible pour les étirer (en haut à gauche). Relâchez, et recommencez deux ou trois fois. Ensuite pointez les doigts vers le sol et étirez les en remontant les poignets (en bas à gauche). Relâchez les épaules. Croisez les doigts, tournez les mains vers l'extérieur tendez les bras et poussez pour étirer doigts, paumes et poignets (voir à droite).

Flexion des poignets

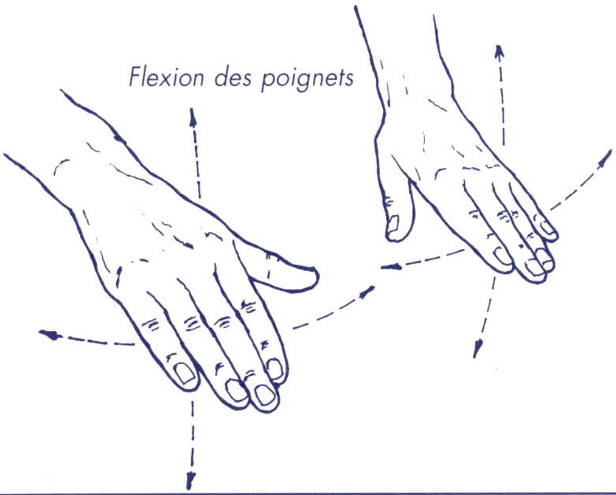

Fléchissez les poignets de droite à gauche et de haut en bas, puis tournez les mains paumes vers le haut (supination), et ensuite vers le bas (pronation). Bougez les mains dans un sens puis dans l'autre, recommencez lentement au début puis de plus en plus vite. Gardez les bras bien détendus.

Échauffement des doigts
Avec le Shiatsu, vous utiliserez vos doigts de façon particulière. Ils doivent être puissants, souples, sensibles et détendus. Pour la plupart des manipulation, vous aurez besoin de peser sur votre partenaire de tout votre poids avec comme seul appui vos cinq doigts. Il ne s'agit pas d'appuyer simplement du bout des doigts. Vos doigts vous serviront également très souvent à stabiliser votre posture pendant que vous ferez peser votre poids sur les pouces. Mais le plus important c'est que les doigts perçoivent des sensations précises. Ils vous donneront de précieux renseignements sur la condition physique et l'état énergétique de la personne sur laquelle vous travaillez.

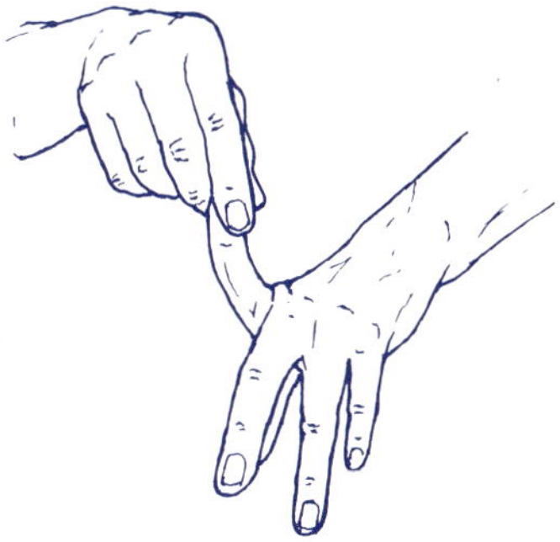

Assouplissement des doigts

Assouplissez vos doigts un par un. Attrapez les par l'extrémité et étirez les vers l'arrière (voir à gauche). Maintenez la pose, puis faites les tourner autour de chaque articulation phalengienne.

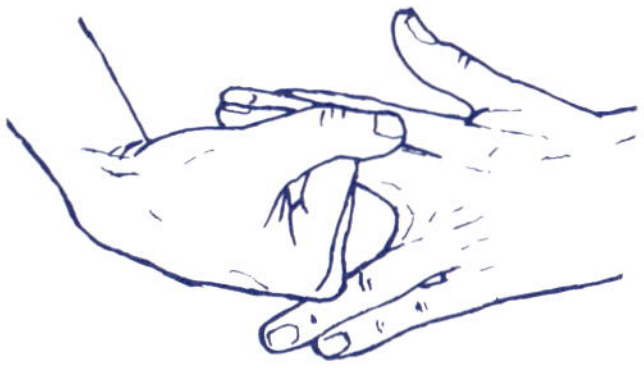

Augmentation de l'espace interdigital

Pour améliorer l'amplitude des mouvements digitaux, passez le poing entre les doitgs de la main opposée (voir à gauche). En appuyant le pouce et l'index de chaque main l'un sur l'autre comme sur la figure de droite, vous augmenterez l'espace entre ceux-ci.

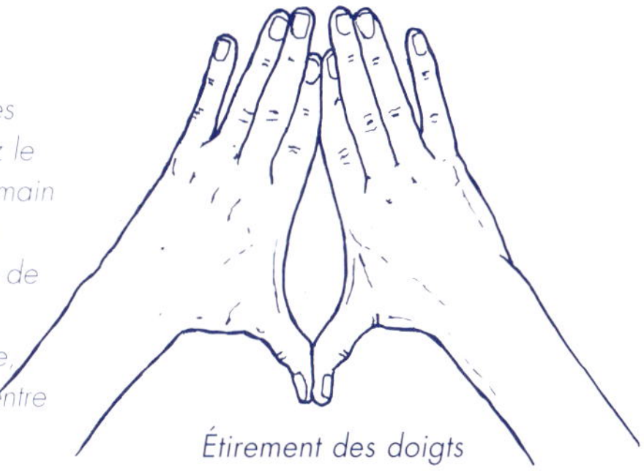

Étirement des doigts

Étendez les mains devant vous, et serrez les poings lentement comme si vous vouliez réduire des callioux en poudre. Puis ouvrez les mains lentement comme si vous luttiez contre des pressions énormes. Recommencez plusieurs fois. Ensuite ouvrez et fermez les poings légèrement et rapidement par opposition avec le mouvement précédent. Pendant ce temps demandez vous si au cours des exercices vous avez retenu votre souffle, fait des grimaces, serré les dents ou contracté les muscles des épaules? Détendez vous, cela viendra avec la pratique.

Musculation des doigts

Exercice classique de musculation des doigts : faites passer votre poids dans vos mains et gardez la pose une à deux minutes en vous appuyant uniquement sur vos cinq doigts.

Saisir et relâcher

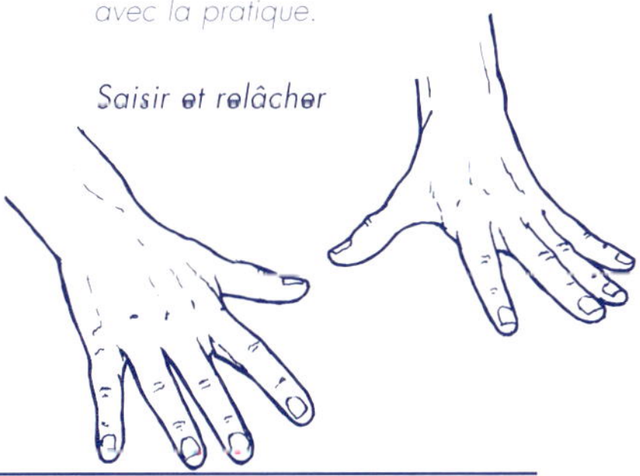

Posture inclinée

Respiration

Tensions anxiété et chocs restreignent l'amplitude des mouvements du diaphragme et des muscles intercostaux, et peuvent même altérer les mécanismes respiratoires. La respiration superficielle qui en découle, limite considérablement votre potentiel énergétique. Les exercices proposés ici combattront ces limitations et vous permettront de travailler plus vigoureusement avec votre souffle, en augmentant la puissance de vos mouvements. Tous ces assouplissements commencent en position debout. Vos deux pieds fermenent ancrés "en Terre" vous atteindrez facilement le "Royaume des Cieux", qui est traditionnellement associé à l'énergie dans la médecine orientale. Les Poumons véhiculent l'énergie vitale sur les méridiens et la propagent à tout le corps, à travers le diaphragme, dans le ventre, ou *Hara*, où elle se trouve concentrée au centre vital que les Japonais apellent le "Tan Tien". C'est à peu de choses près l'équivalent du centre de gravité du corps. Les énergies du Ciel et de la Terre s'y réunissent pour donner à l'individu puissance, harmonie et spontanéité dans ses actes.

Flexion complète

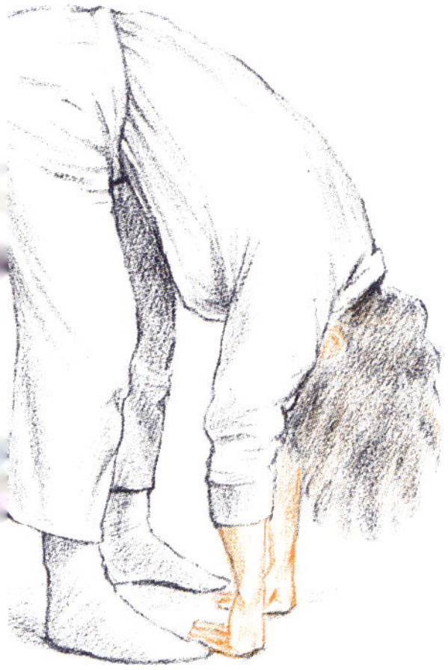

Cette position est très relaxante. Ne faites aucun effort, mais concentrez votre respiration dans le Hara. Laissez la tête et le cou tomber naturellement. Les bras eux pendront avec souplesse depuis les épaules. Pliez légèrement les genoux. Détendez vous plus profondément et plongez plus intimement en vous à chaque expiration. Répartissez le poids équitablement sur les talons et les orteils. Lorsque vous vous sentirez prêt, déroulez votre corps ***très lentement*** *et redressez vous.*

La posture inclinée

Elle étire et ouvre le buste et le diaphragme (voir p.38). Debout, fermement ancré à la Terre, pieds écartés à la largeur des hanches, genoux légèrement fléchis, soutenez votre dos en plaçant vos poings, ou la paume de vos mains, là où cela vous parait le plus confortable. Penchez vous lentement en arrière depuis les hanches. Le dos doit faire une courbe douce, un arc de cercle harmonieux. Regardez droit devant vous et non vers le plafond car vous seriez distrait et vous déracineriez. Inspirez et expirez profondément, ouvrez votre torse, votre diaphragme et votre ventre. Le bas du dos et les épaules auront tendance à se raidir, essayez de les détendre et de garder les épaules basses. Au bout d'une minute environ redressez-vous doucement et revenez lentement à la position précédente, complètement penché en avant (voir en haut à gauche). Ces deux exercices sont complémentaires et augmenteront votre niveau d'énergie.

Demi-flexion

Debout pieds écartés à la largeur des épaules, genoux détendus, levez les bras lentement au dessus de la tête et regardez en l'air. Les doigts sont pointés vers l'intérieur, les coudes légèrement fléchis de façon à ce que les bras forment un cercle autour de la tête. Expirez doucement et, en gardant les jambes droites, mais pas raides, penchez vous vers l'avant en partant des hanches jusqu'à ce que le tronc soit horizontal, les bras sont tendus devant (voir ci-dessus). Gardez la pose, respirez régulièrement et regardez vers l'avant entre vos mains. Soulevez et ouvrez la poitrine. Après quelques inspirations, expirez profondément et poursuivez le mouvement en vous penchant complètement vers l'avant. Détendez vous.

Porter le cercle
En partant de la position 1, complètement plié en avant, coudes détendus, légèrement fléchis, imaginez que vos bras encerclent un ballon d'énergie qui se recharge chaque fois que vous y respirez. Pensez à la Terre, qui soutien vos pieds et vous donne un sentiment d'élévation morale et spirituelle, cela vous aidera à garder les pieds bien plantés et vous donnera une base stable pour vos mouvements.

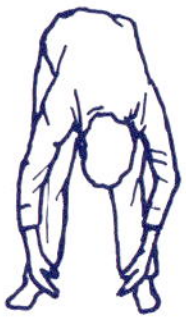
1

2

3

4

5

6

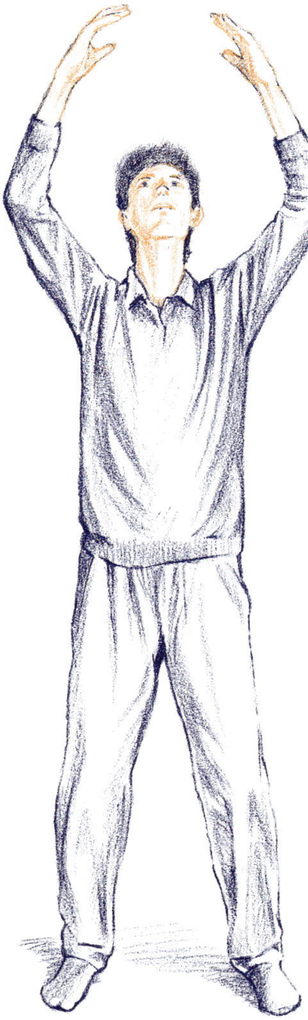

Expirez doucement et tournez le buste vers la droite en portant le poids sur le pied droit (2). Inspirez lentement, profondément et relevez le corps (3) en soulevant votre ballon en haut en dehors jusqu'à ce que vous soyez bien droit, regardez vers le ciel entre vos doigts (voir à gauche). Expirez et tournez le corps lentement vers la gauche (4). Inspirez et sur une longue expiration, pliez le corps au niveau des hanches en portant le poids sur le pied gauche, et faites légèrement redescendre le ballon en étendant vos bras et votre corps vers la gauche (5 et 6). Lorsque vous serez tout en bas, inspirez de nouveau (1). Faites deux à trois tours complets dans chaque direction, en finissant toujours dans la position complétement fléchie. Détendez vos bras et déroulez le dos lentement en retournant à la position érigée.

Unifier le corps l'esprit et le souffle

Au fur et à mesure que vous apprendrez à coordonner votre souffle aux mouvements du corps, vous découvrirez que vous pouvez travailler doucement, lentement, avec un minimum d'efforts. C'est là un des principes de base des gymnastiques chinoises, connues sous le nom de *Tao Yin* et *Chi Kung*: le mouvement est appréhendé dans un état d'esprit détendu. L'esprit, qui reste calme, concentré et détaché dirige le Ki, qui influe sur les attributs physiques du corps. L'esprit harmonise le souffle aux mouvements, ce qui ouvre la voie menant à la santé intérieure. Le *Chi Kung* traditionnel enseigne que " l'esprit contrôle le Ki, le Ki circule, mais l'esprit reste immobile". La méthode la plus simple utilisée en Chi Kung pour atteindre cette paix de l'esprit est d'écouter son propre souffle, de se concentrer sur les mouvements du corps tout en les faisant, et de regarder vers l'horizon (que vous soyez dedans ou dehors), sans fixer votre esprit aux objets extérieurs.

Debout entre Ciel et Terre

Vue de l'extérieur cette posture semble statique, mais plus vous vous concentrerez sur le Ki terrestre vous soutenant plus vous percevrez la dynamique interne de cet exercice. Laissez l'énergie terrestre monter en vous, donnant ainsi un surcroît de puissance à vos bras qui soutiennent le Ciel.

Sur l'inspiration, levez les bras lentement et tournez les paumes vers le ciel de manière à ce qu'elles poussent légèrement vers le haut (voir à droite). Vous pouvez aussi passer de la position 4 de l'exercice "Porter le cercle" (p.40) directement à celle décrite ici: il suffit alors de tourner le poignets pour adopter la bonne position. Fléchissez légèrement les coudes les genoux.

Inspirez le Ki Céleste. Sur l'expiration dirigez votre souffle vers vos pieds et vos mains. Soutenez le Ciel sans effort. Au bout d'un moment relâchez, baissez les bras et détendez vous (voir extrême droite). Restez tranquillement debout pendant quelques minutes, respirez profondément.

"Fait le vide en toi et laisse ton esprit reposer en paix"
Tao-tê-king, Lao-tzeu.

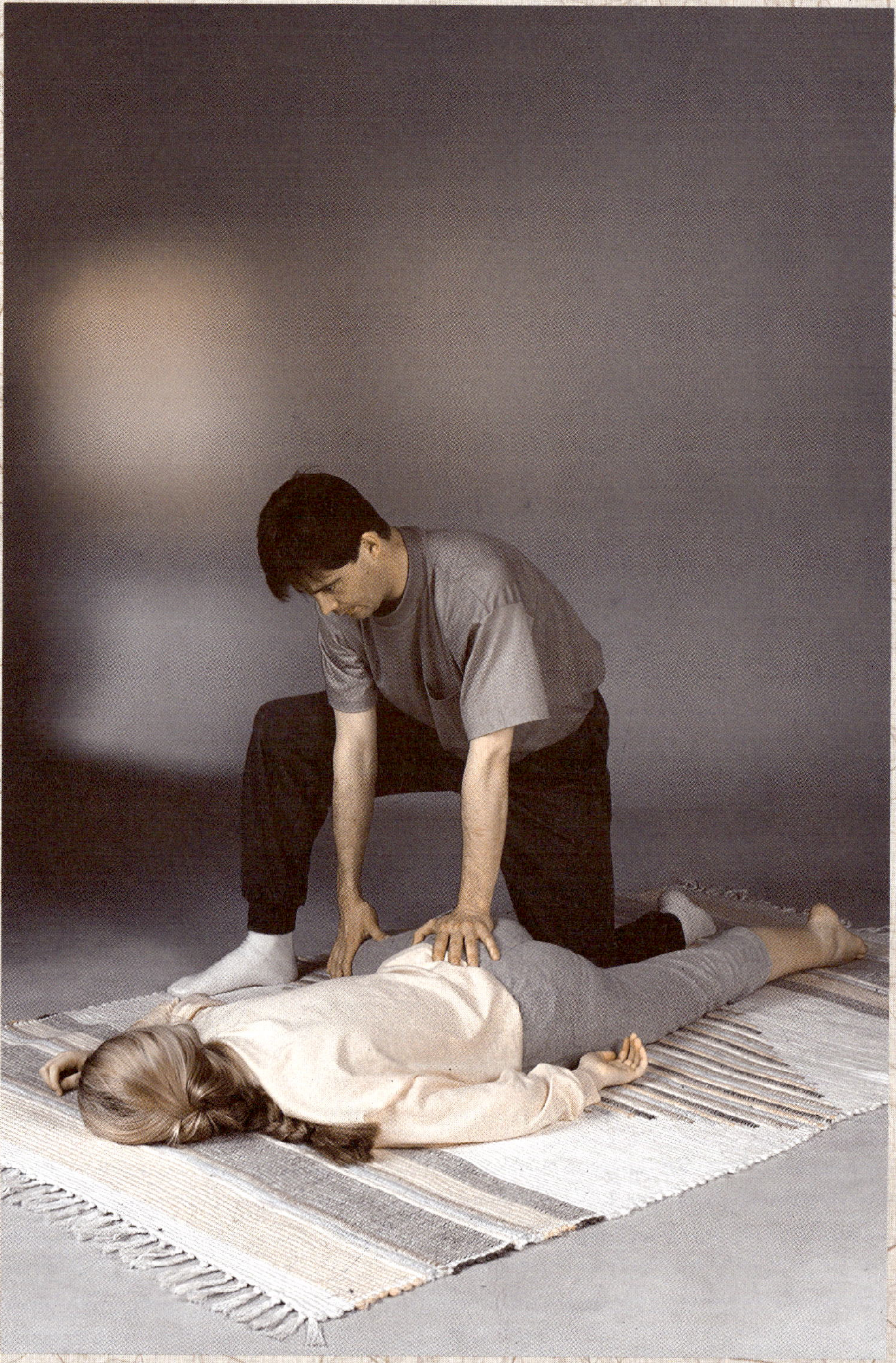

CHAPITRE TROIS

Principes et Techniques

Quel que soit notre travail, nous avons besoin des meilleurs outils qui soient. Plus ils sont de bonne qualité et appropriés, plus la tâche semble plaisante, et plus le résultat est saisissant. Le Shiatsu est une activité agréable, intéressante et gratifiante, mais cela demande néanmoins du travail. Votre corps est votre principal outil, et plus particulièrement vos mains et vos doigts. Vous êtes l'instrument qui les coordonne. Ce chapitre entend vous familiariser à de nouvelles façons de vous servir de votre corps, utilisez le un peu comme un mode d'emploi pour ajuster un instrument de précision. Le *Yi King* (Livre des Transformations), nous indique que la persévérance mène au succès, il nous suggère de prendre notre temps et de demander de l'aide en cours de route. Revenez à ce chapitre comme à une source de référence, au fur et à mesure que vous travaillerez avec cet ouvrage.

Les techniques spéciales et les principes du Shiatsu nous apprennent comment utiliser le corps efficacement sans fatigue ni tension. Les techniques de pression de base (voir pp. 45-49), nous permettent de transmettre le Ki au corps de notre patient. Les étirements et rotations qui suivent (pp. 50-51) ouvrent les Méridiens et assouplissent les articulations, ce qui améliore la circulation du Ki. En apprenant et pratiquant les techniques de niveau plus avancé, exposées vers la fin de ce chapitre (pp. 52-53), vous pourrez développer les qualités subtiles apportant puissance naturelle et vitalité à votre Shiatsu.

Concrétement n'oubliez pas que vous aurez besoin de quelques "accessoires". Tout d'abord le sol. Travaillez sur un surface ferme mais confortable, un tapis épais ou une couverture pliée feront l'affaire, mais le traditionnel matelas "*futon*" japonais de triple épaisseur reste l'idéal. Servez vous d'un oreiller pour soutenir la tête de votre partenaire, et de quelques coussins pour les chevilles et les genoux. Travaillez de préférence dans un endroit calme. C'est tout!

Outils et techniques

Lors d'une séance de Shiatsu, vous pouvez vous servir de pratiquement tout votre corps. En Shiatsu toutes les manipulations impliquent de faire passer le poids du corps dans les doigts, pouces, paumes, coudes, genoux ou pieds. L'efficacité dépend de la façon dont vous appliquez la pression sur votre partenaire. Les illustrations des pages 44-49 vous exposent la manière de faire avec les diverses parties du corps.

Pour empaumer, il suffit de couvrir une région du corps de votre partenaire avec la main ouverte et de faire passer le poids de votre corps dans la paume. Relâchez la pression avant de faire glisser votre main un peu plus loin et de vous appuyer à nouveau. Laissez votre main suivre la forme du corps de votre patient. Avec la pratique vous saurez comment répartir au mieux la pression dans les différentes parties de votre main.

Empaumer l'intérieur de la cuisse

Empaumer

C'est une des techniques les plus simples et les plus utilisées en Shiatsu. Cela revient à faire peser le poids du corps et à maintenir la pression avec la paume ouverte. Celle-ci est douce mais ferme, soutient, réconforte, et tonifie, elle encourage le Ki à circuler et restaure la circulation dans les zones de faiblesse sous-jacentes. Vous empaumerez pour faire disparaitre raideurs et réactions défensives dans toutes les parties du corps avant de poursuivre votre travail avec le pouce (voir page de droite).

Empaumer le dos

Application de la pression
Les professeurs enseignant le Shiatsu d'inspiration zen, nous rappellent de nous servir du poids du corps et non de presser comme sur un citron. "Faites peser votre corps, n'appuyez pas" disent-ils, pourtant le Shiatsu est toujours décrit en termes de pression. Il est difficile de concevoir une pression ne "pressant" pas...! Pour donner une séance de Shiatsu correcte vous devez vous pencher et faire travailler le poids de votre corps à votre place, plutôt que pousser ou de presser. Masunaga décrit ce geste comme une "pression pénétrante", qui combine trois techniques: pression perpendiculaire, pression stationnaire, pression de soutien voir pp. 48-49). Cela n'a rien à voir avec un tour de force, c'est simplement un geste qui permet au Ki du thérapeute et du patient d'interagir.

Écoutez votre partenaire
La meilleure façon d'écouter ou d'ajuster votre corps à la fréquence du Ki de votre patient, lorsque vous appuyez, est de préter attention à sa respiration. Elle peut être superficielle, profonde, retenue, ou relâchée dans un soupir. Détendez vous et laissez vous imprégner de vos sensations elles vous apprendront beaucoup.

Le pouce

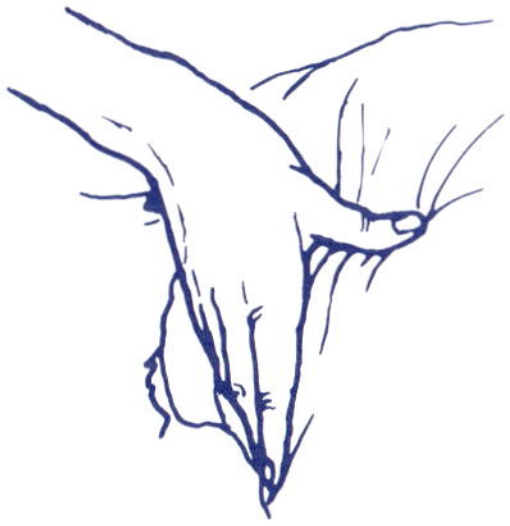

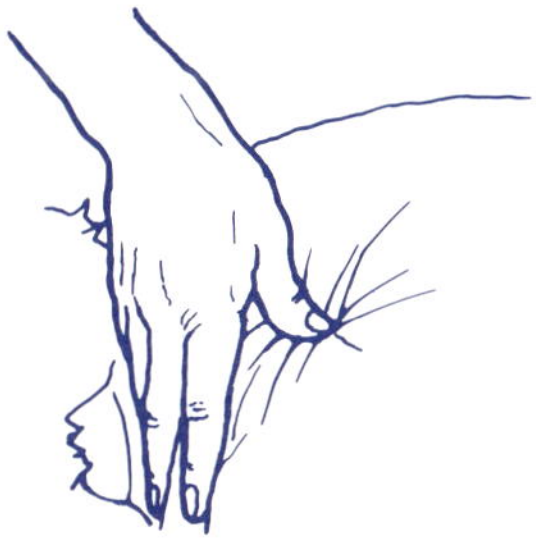

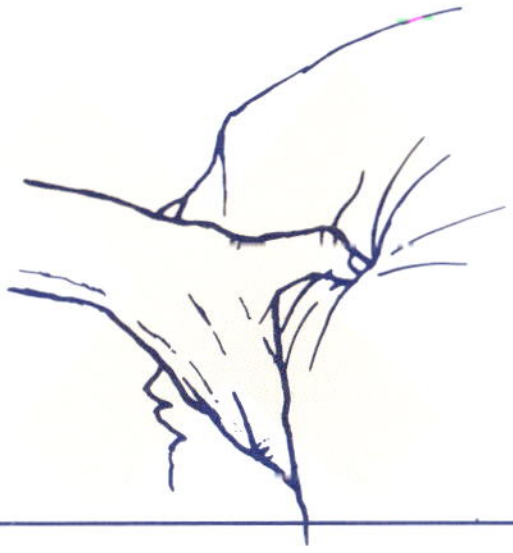

Le pouce
Le pouce pénètre plus profondément, il est précis et généralement plus stimulant que la paume. C'est le doigt le plus utilisé dans le Shiatsu. Travaillez toujours pouce tendu: considérez le comme le prolongement directe de la ligne de votre bras. Ne pliez pas le pouce à la première articulation, ne vous servez pas des muscles du pouce pour presser sur un point (voir en bas à gauche), car cela vous couperait de votre sensibilité et de vos sensations. Ce serait également fatiguant et vous amènerait à appuyer trop fort ou pas assez, en fonction de votre propre force.

Appuyez en faisant passer votre poids dans l'extrémité du pouce, manoeuvre vigoureuse, ou en tenant le gras du pouce plutôt à plat, manoeuvre plus douce. Stabilisez le pouce en étendant les autres doigts (voir ci-dessus). Ne vous servez jamais du pouce seul. Remarque: pour vos séances de Shiatsu ayez les ongles courts.

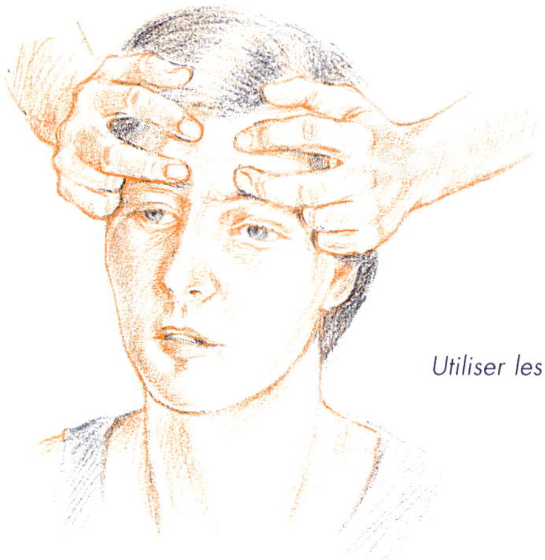

Utiliser les doigts

Servez vous de vos doigts pour travailler délicatement et avec précision sur le visage. Chaque main travaillera d'un côté de la ligne médiane. Travailler simultanément des deux mains donne une sensation de stabilité (voir ci-dessus).

Vous pouvez utiliser le pouce et un doigt en même temps pour traiter simultanément deux points proches, en général symétriques le long de la ligne médiane du corps, sur la tête, le cou, la colonne vertébrale ou la région lombosacrée. Utiliser le pouce et un doigt sera particulièrement utile lorsque vous aurez besoin de votre autre main pour soutenir une partie du corps de votre partenaire comme ci-dessous.

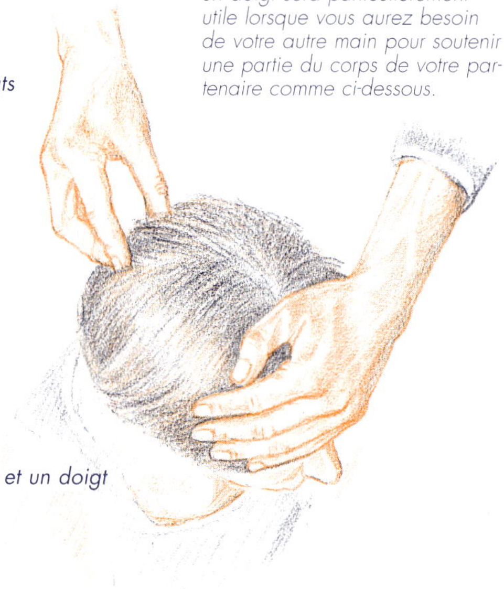

Le pouce et un doigt

Le pouce et une articulation

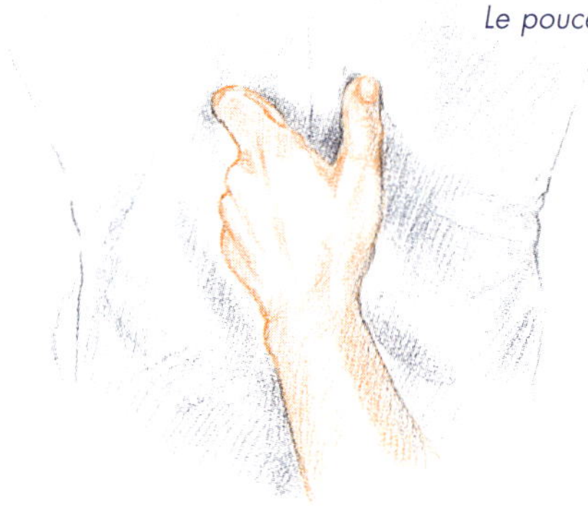

Voici une alternative plus vigoureuse à la manipulation faite avec le pouce et les doigts, en particulier si vous avez de longs doigts. Elle est recommandée pour travailler d'une main de part et d'autre du rachis sur un dos très musclé. Servez vous des articulations ou des phalanges de l'index plié pour appliquer une pression similaire à celle donnée par le gras du pouce.

La technique de la "Gueule du Dragon" est très utile lorsqu'on travaille sur l'avant bras. Les doigts et le pouce fournissent la stabilité nécessaire de chaque côté du bras. Un léger mouvement de rotation du poignet vers l'avant permet d'appliquer une pression précise grâce à la première phalange de l'index.

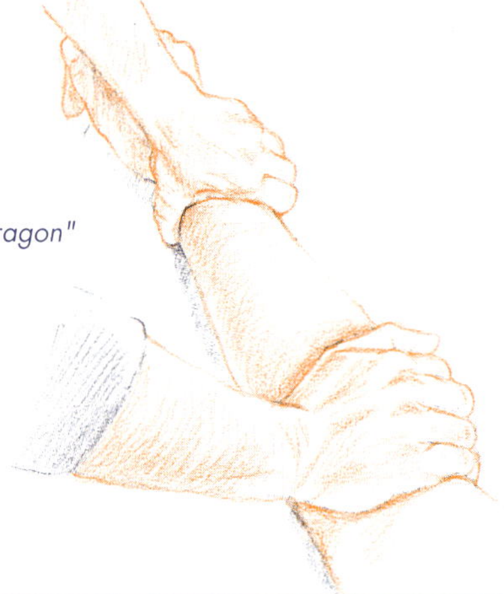

La "Gueule du Dragon"

Utiliser les coudes, les genoux et les pieds.

Il y a trois bonnes raisons pour utiliser les coudes, les genoux et les pieds: la première c'est que les pouces et les doigts se fatiguent. La seconde c'est que les coudes, genoux et pieds sont mieux adaptés pour travailler sur les parties du corps et sur les personnes plus robustes et plus résistantes. La troisième c'est que les coudes, genoux et pieds sont très efficaces lors du travail sur des muscles douloureux, contracturés ou raides. Le coude ou le genou utilisés ainsi ont des vertus sédatives. Ils vous permettront de pénétrer les zones où le Ki stagne, de façon "amicale", pour le disperser et diminuer la douleur. Le talon de la main peut être également utilisé aux mêmes fins.

La technique employant le coude est très souple. On peut s'en servir sur les épaules, le dos, les fesses, les hanches, les cuisses, les jambes et parfois même sur les bras.

Les seules techniques concernant les pieds décrites dans ce livre sont conçues pour marcher sur les pieds du partenaire. Elles sont inoffensives, faciles à réaliser et très plaisantes à recevoir. Elles procurent au praticien un petit temps de coupure du sol bien venu.

Avant de commencer utilisez vos doigts pour palper la forme et l'état de la zone sur laquelle vous allez travailler, puis placez votre coude confortablement. Votre bras doit rester ouvert au niveau du coude. Travaillez avec la partie plate du coude, pas avec la pointe (voir à droite). Faites peser votre poids sans presser.

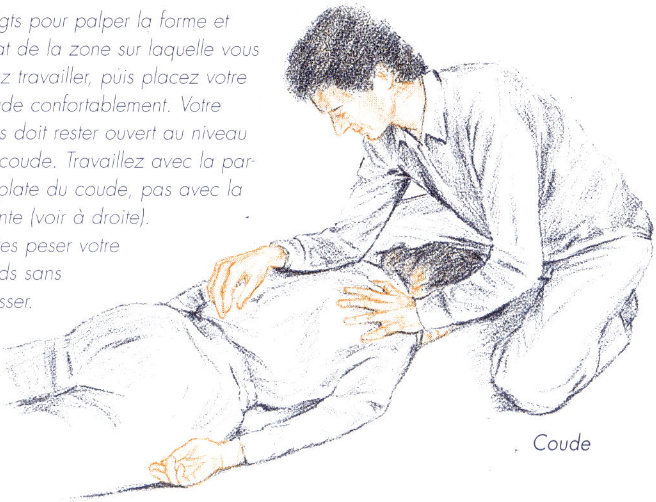

Coude

Utiliser la technique de pression avec les genoux, sur les jambes et les cuisses en particulier, exige un bon équilibre et un corps détendu. Positionnez vous confortablement à quatre pattes, les mains restent toujours en contact avec le patient. Ensuite, faites passer le poids vers les mains et posez un genoux en position adéquate sur le patient. Transferez le poids vers ce genoux lentement pour que le récepteur ressente une pression confortable.

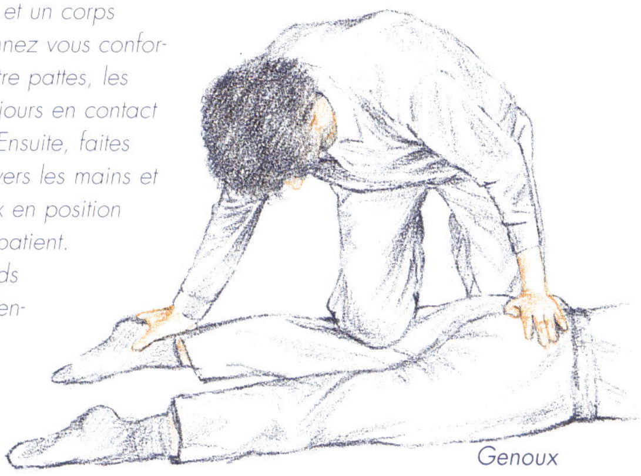

Genoux

Marcher sur les pieds du partenaire

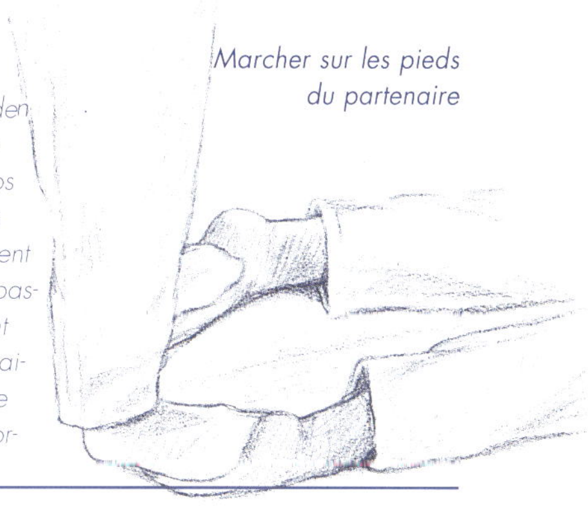

Posez les talons sur les pieds de votre patient, en lui tournant le dos, ou utilisez la plante de vos pieds (voir à droite). Vos pieds doivent toujours être partiellement en contact avec le sol. Faites passer votre poids progressivement dans les pieds de votre partenaire. Basculez d'un pied à l'autre pour trouver une position confor-

Appui contre le mur

Appui corporel

En appuyant de votre corps entier, comme nous vous le montrons sur cette page et la suivante, vous utiliserez les trois composantes de la pression pénétrante (voir à droite). Les exercices proposés sont conçus pour vous aider à différentier appui et pression (voir p. 45).

Pression pénétrante

Les indications de la page 45 sont détaillées ci-après.

Pression perpendiculaire

La pression du pouce ou du doigt sur n'importe quelle partie du corps du récepteur est appellée "pression perpendiculaire". C'est la manière la plus directe de prendre contact avec le Ki: entrer dans le vif du sujet.

Pression immobile

Faire peser le poids du corps sans bouger est une approche plus Yin du Shiatsu, passive, réceptrice. Lorsque vos mains sont immobiles vous pouvez ajuster votre perception au Ki de votre partenaire. Vous n'avez rien à faire, le Ki se manifestera car le mouvement est sa nature. Toute initiative intempestive de votre part risque au contraire d'interférer avec sa réaction.

Pression de soutien

Vous connaissez déjà le soutien que vous offre le sol (voir pp. 28-32). Les pressions de soutien sont des manipulations grâce auxquelles vous soutenez votre parte-

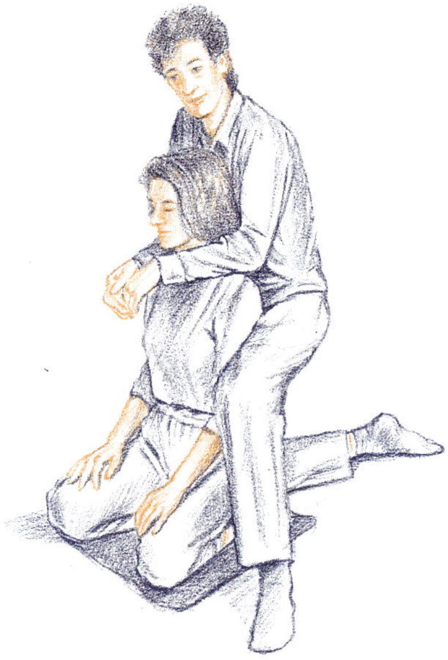

Appui sur les épaules avec les coudes

Vous pouvez découvrir ce qu'est un appui sûr très facilement: il suffit de vous appuyer tout votre soûl contre un mur solide et de prendre conscience du soutien qu'il vous procure.

Ces techniques simples d'appui sur les épaules comportent les trois composantes de la pression pénétrante: perpendicularité, immobilité, soutien. Demandez à votre partenaire de s'asseoir en tailleur sur un coussin, ou de s'agenouiller comme sur le schéma, planté et stabilisé fermement.

Détendez vous et faites peser tout votre poids à angle droit sur les épaules de votre patient. Prenez conscience du soutien qu'elles procurent. Maintenez le dos de votre partenaire avec vos genoux ou vos cuisses (voir à droite). Vous devez tous deux vous sentir à l'aise. Essayez également de vous appuyer avec les coudes sur divers points des épaules (voir à gauche).

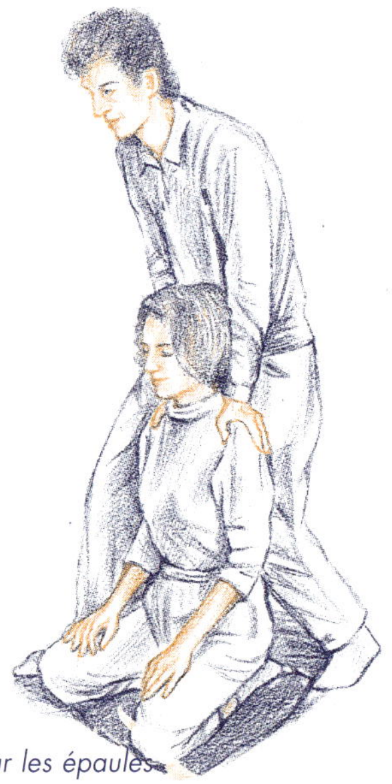

Appui sur les épaules

naire, en lui offrant toutefois une qualité de toucher particulière, véhiculant protection, respect et sécurité. C'est un des autres aspects Yin d'un Shiatsu de qualité, caché, lié à la Terre.

La main "passive"

Elle permet d'équilibrer les pressions appliquées de la main active (voir "utilisation des deux mains en liaison", p. 52).

Il arrive que l'on emploie l'ensemble du corps comme contre poids ou comme soutien, en particulier pour les manoeuvres en position assise.

Soutien mutuel

Vous serez soutenu par le sol et par le corps de votre partenaire. La qualité de l'énergie que celui-ci recevra dépend directement de la confiance que vous avez dans ses capacités physiques et dans son soutien. Le soutien est mutuel. Il mène à une confiance réciproque induisant la détente, et c'est ce moment qui ouvre la porte au changement amené par le mouvement du Ki dans le corps de votre partenaire. L'idéogramme japonais pour "Être Humain", ressemble à deux bâtons se soutenant mutuellement. Il véhicule le concept fondamental selon lequel les êtres humains ont besoin les uns des autres.

Installez votre patient confortablement sur une couverture ou sur un tapis. Commencez par la position de base à quatre pattes, puis posez les mains sur les parties les plus résistantes de son dos: les vertèbres dorsales et la région sacrée (voir ci-dessous), ou encore les fesses.
Faites passer votre poids vers l'avant, lentement, jusqu'à ce que vos bras fassent un angle droit avec son corps. Appuyez vous, appliquez une pression perpendiculaire, soutenante. Faites une pose cela permettra à l'aspect passif de la manoeuvre de pénétrer. Détendez votre dos et sur l'inspiration soulagez la pression, posez les mains dans une autre position confortable, et appuyez vous à nouveau. Souvent le partenaire expirera profondément lorsque vous appliquerez la pression. Ne vous inquiétez pas, il inspirera dès qu'il en aura besoin.

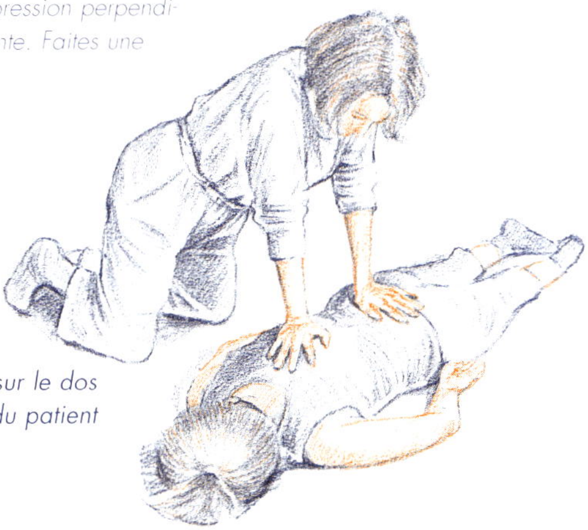

En appui sur le dos du patient

Cet exercie de soutien mutuel mélange de manière subtile les trois composantes de la pression pénétrante. Asseyez vous dos à dos, en tailleur ou jambes allongées devant vous, penchez vous légèrement en avant et adossez vous bien l'un à l'autre.
Redressez vous et ajustez le dos, adaptez vous à votre partenaire le mieux possible. Si tous deux vous vous sentez soutenus, sans que ce soit une charge, détendez vous, prenez conscience de la respiration de l'autre, appuyez vous l'un sur l'autre et "fusionnez" pendant quelques instants.

Dos à dos

Étirements et rotations

Ces manoeuvres sont importantes dans la pratique du Shiatsu. Les rotations assouplissent les articulations et positionnent les membres correctement pour pouvoir travailler sur les Méridiens. Les étirements ouvrent les Méridiens et activent le Ki. Ils facilitent le diagnostic et rendent le traitement plus efficace.

Les articulations raides et douloureuses résultent de blocages empêchant la circulation du Ki et du Sang, qui ne coulent déjà pas facilement au niveau articulaire à cause de la densité des ligaments et des tendons qui entourent les os. C'est pour cela que rotations et étirements représentent un aspect particulièrement précieux du traitement.

Lorsque vous aurez fait les exercices de ces deux pages pendant quelques temps, essayez d'y incorporer les principes des manoeuvres de niveau supérieur exposées pages 52 à 55 et efforcez vous en particulier de "garder votre *Hara* ouvert" et de "visualiser les cercles".

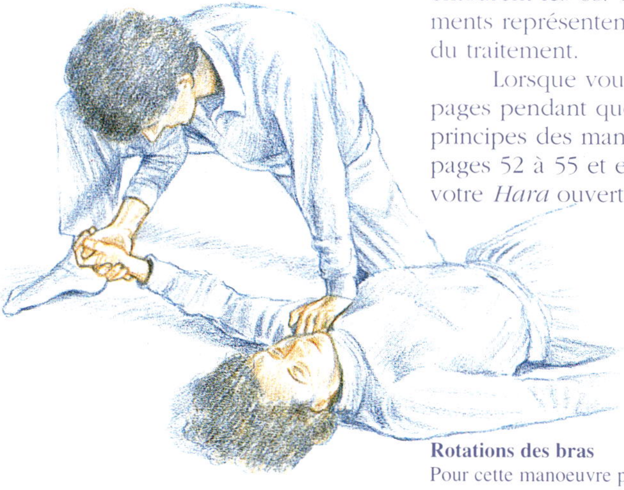

Rotations des bras

Pour cette manoeuvre prenez une position stable où vos mouvements ne seront pas bridés. Le genou le plus proche du patient restera à terre, l'autre sera plié et le pied posé au sol. Attrapez fermement le bras de votre partenaire à hauteur de l'épaule, et avec l'autre main saisissez le poignet, secouez le bras légèrement pour assouplir le coude. Vos bras ne doivent pas se croiser!

Faites quelques mouvements circulaires en plaçant le poignet en avant, en haut, en dehors de l'épaule puis en le ramenant sur le côté et en arrière, puis à nouveau vers vous tout en tirant légèrement sur le poignet et l'épaule pour étirer toutes les articulations.

Appliquez vous à élargir ce cercle progressivement pour obtenir un étirement optimal. Votre corps suivra le mouvement.

Rotations de la jambe

Pour faire tourner la jambe au niveau de la hanche, du genoux ou des chevilles nous disposons de techniques nombreuses, qui varient en fonction de l'articulation sur laquelle on travaille et de la position du partenaire. Les manoeuvres seront décrites en détail plus avant dans ce livre. Une jambe pèse lourd, vous devez toujours vous assurez que vous avez un polygone de sustentation suffisamment large pour être bien stable.

Détendez vos membres. Soulevez le membre à traiter en partant de dessous (voir "détendez vous et gardez le poids au dessous" p. 54): Ne forcez pas, ne cherchez pas à puiser votre force dans le dos.

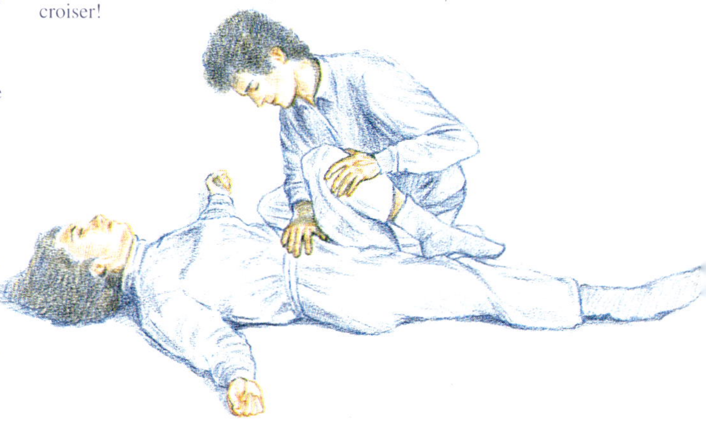

Étirement du corps entier

Étirements

Ces manoeuvres sont, la plupart du temps, incorporées aux rotations, tout simplement en marquant un temps d'arrêt et étirant le membre à certains moments pendant le mouvement. Lorsqu'elles sont faites correctement, en douceur, elles dissolvent les tensions et les blocages. Elles vous livrent également des informations précieuses sur l'état de santé du partenaire. Les mouvements lâches suggèrent un manque de tonus musculaire ou un vide de Ki. Raideurs et contractures indiquent un blocage local du Ki. Les étirements du corps entier (voir ci-dessus) servent souvent une ou deux fois par séance, généralement pour dégager le Ki, ce qui aide le patient à se détendre.

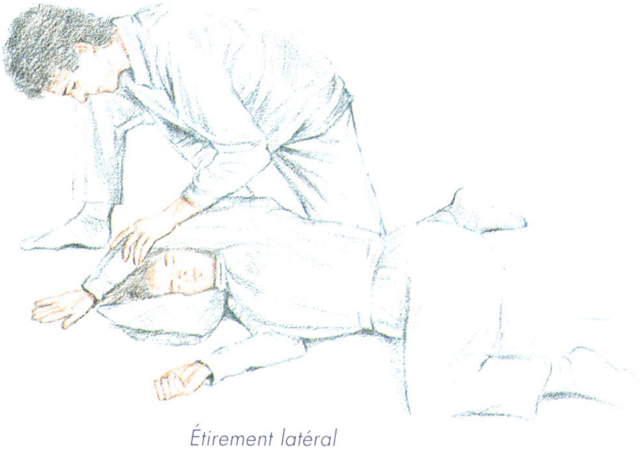

Étirement latéral

Principes et techniques avancés

Vous pouvez, à partir des principes et manoeuvres de base, améliorer votre compréhension des qualités subtiles d'une bonne séance de Shiatsu et progresser. Cela enrichira l'expérience de votre patient et améliorera votre aptitude en tant que praticien à donner un bon Shiatsu. L'assimilation de ces techniques plus subtiles libère un Ki de grande puissance, mais peuvent demander de nombreuses années d'apprentissage. Il faut pourtant bien se lancer, et vous êtes en bonne compagnie: le zen ne compte que d'éternels débutants.

Les Maîtres de Shiatsu disent: "Deux mains ressentent comme une seule" le patient perçoit quelque chose d'uni et de complet. C'est ça le véritable Shiatsu.

Utiliser les deux mains en liaison
Ce principe unique, élaboré par Masunaga, est une des caractéristiques distinctives du Shiatsu zen. Le soutien, qualité Yin, et le mouvement, aspect Yang dynamique, sont des parties intrinsèques du Shiatsu. Nos deux mains harmonisent les aspects Yin, de soutien, et Yang de notre travail. Avec de l'expérience vous sentirez que la réaction de votre partenaire reflète leur puissance unificatrice. Une main sert de soutien au patient comme au thérapeute (voir "la main passive" p.49). En restant immobile vous contactez les "centres énergétiques" du partenaire, cette main est parfois appelée la main "d'écoute" ou la main "parentale". L'autre, plus active est parfois appelée la main "enfant" et suit la circulation du Ki dans le corps, explorant innocemment l'état de santé du patient. Chaque main peut indistinctement jouer le rôle du contre poids ou de la main active, en fonction des besoins. L'essentiel est que parent et enfant soient "en contact" (voir ci-dessous).

Continuité
Pour enrichir l'expérience de votre partenaire vous devez créer un sentiment de circulation et de continuité. Cette dernière dépend de l'enchaînement de vos mouvements physiques et de votre degré de concentration.

Concentrez vous de manière à utiliser vos mains sans heurts tout au long de votre séance de travail sur le corps de votre partenaire. Suivez le Ki sur les Méridiens en glissant votre main active le long de ceux-ci sans rompre le contact, pour déceler son état et localiser les *Tsubos*. Bougez ou restez sur place, en fonction des besoins, et gardez toujours le contact avec la main passive.

Concentrez vous sur la respiration de votre patient et travaillez depuis votre *Hara* (voir page suivante).

Lorsque vous parviendrez à ce que corps et esprit agissent de concert, votre partenaire, inconscient de votre technique, fera l'expérience d'un séance de Shiatsu qui lui paraîtra particulièrement efficace. La continuité adéquate dépend de votre capacité à travailler depuis votre *Hara*.

Travailler depuis le *Hara*.
Le *Hara* correspond, à l'abdomen. C'est le centre de gravité du corps humain, mais il est également considéré comme étant le siège de notre énergie constitutionnelle, notre énergie vitale, c'est à dire la source de Ki et l'endroit où celui-ci retourne. Au Japon, avoir "un bon *Hara*" veut dire être en bonne santé, avoir beaucoup de vitalité. Être "dans son *Hara*" signifie être conscient de soi, équilibré et détendu.

Le *Hara* est nourri par le souffle, et soutenu par un régime alimentaire harmonieux, une digestion saine et le repos nécessaire.

Dans la pratique le *Hara* est l'épicentre de l'action. Le véritable Shiatsu se résume à bouger "depuis le *Hara*", ce que vous pouvez apprendre à faire en suivant les conseils concernant "garder le *Hara* ouvert" et "garder le poids au dessous" p. 54. Les exercices d'enracinement et de respiration du Chapitre Deux vous aideront à prendre conscience de votre *Hara*.

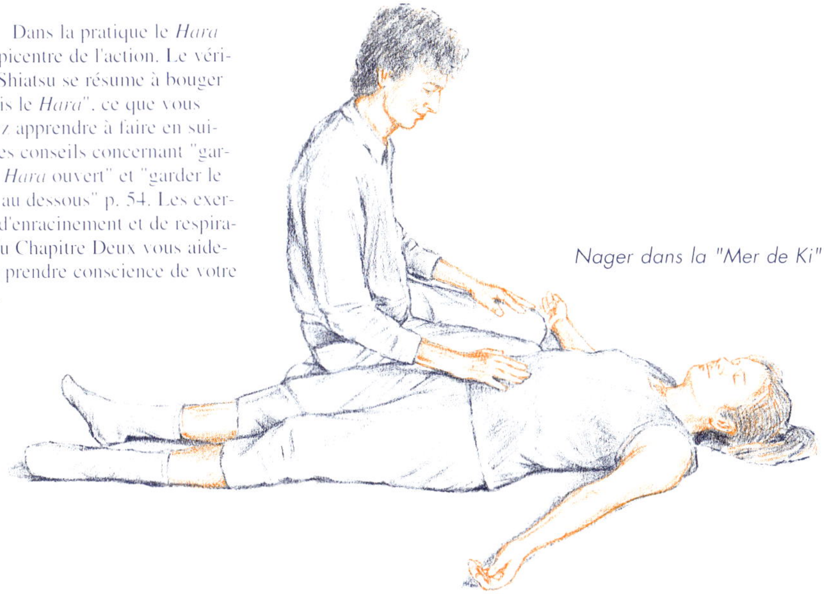

Nager dans la "Mer de Ki"

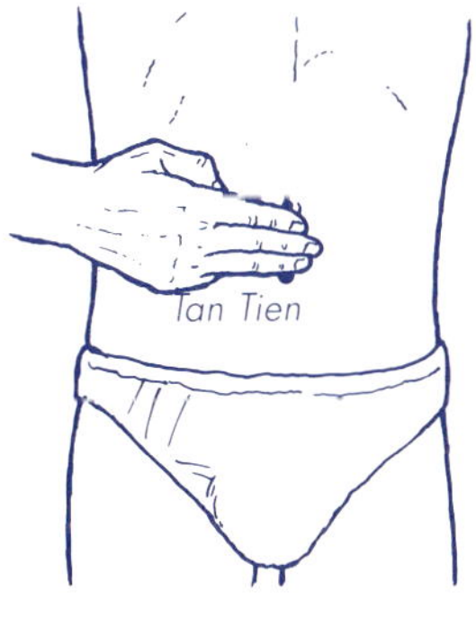

Tan Tien et Mingmen
Appelé Tan Tien ou "Mer de Ki", le centre du *Hara* est un point situé à trois travers de doigt en dessous du nombril. Le point correspondant relié au Tan Tien par l'intermédiaire des Reins est le point Mingmen, placé au centre de la colonne vertébrale entre la deuxième et la troisième vertèbres lombaires. On l'appelle également la "Porte de la Vie"ou la "Porte du Feu de la Vitalité". Le Mingmen est le siège du Yang des Reins (voir p. 80).

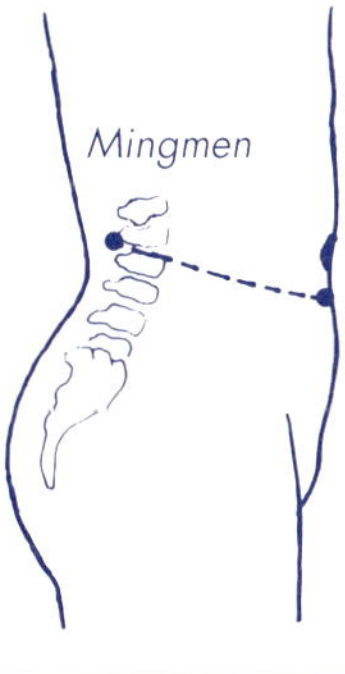

Détendez vous et gardez le poids au dessous
La règle la plus importante du Shiatsu est d'être détendu. Cela ne veut pas dire écroulé ou affaissé. C'est uniquement pour vous remémorer de travailler sans effort. Ne voûtez pas le dos, gardez les épaules basses et ayez toujours les coudes souples. Prenez les choses du bon côté et laissez votre Ki travailler pour vous, ce qu'il fera si vous oeuvrez depuis votre *Hara*. La détente vous permet de vous relier à la Terre. Maintenir le poids au dessous, principe empreinté à l'*Aïkido*, est une façon de convoyer l'énergie du sol vers le corps. Quelle que soit votre position, imaginez que le haut du corps et les membres supérieurs sont légers et que le bas du corps est lourd, comme s'il était tiré fortement vers la Terre. Exemple: lorsque vous tendez le bras pour travailler avec vos doigts, votre pouce, ou la paume de la main, soyez conscient du poids de votre coude. Puisez l'énergie dans la Terre et faites la monter dans les parties les plus lourdes de votre corps. Dirigez légèrement le Ki grâce à l'esprit et laissez la Terre vous offrir un sentiment d'élévation et la puissance nécessaire à cette traction. C'est là l'essence d'une séance de Shiatsu détendue.

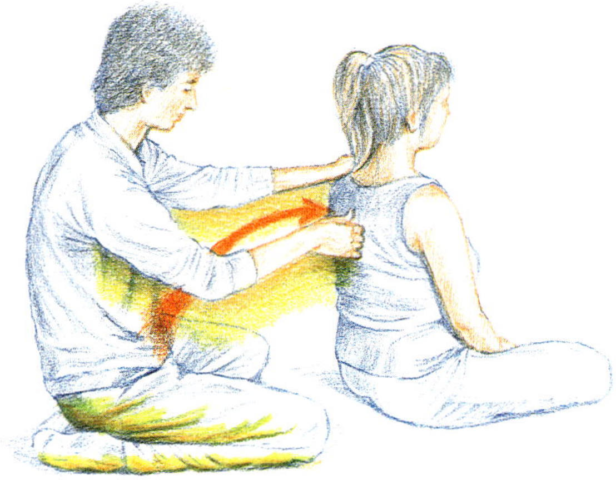

Garder le poids au dessous

Garder le Hara ouvert et visualiser des cercles

Garder le *Hara* ouvert
En tant que praticien votre but sera de garder le *Hara* ouvert dans tous vos mouvements. Vous pouvez apprendre à le faire en vous efforçant de garder un polygone de sustentation très large lorsque vous donnerez un Shiatsu, même en position du *Seiza* (voir p. 32). Écartez les genoux d'au moins la largeur du poing. Vos gestes couleront plus facilement depuis le Tan Tien et vous continuerez à être connecté au Ki du patient. Si votre centre de gravité reste bien dans votre *Hara*, vous serez capable de travailler sans perdre l'équilibre.

La position des bras est tout aussi importante. Si vous êtes trop près de votre partenaire vous affaiblirez la puissance de votre Ki et compenserez par votre force musculaire, ce qui vous fatiguera.

Visualiser des cercles
C'est sur des courbes harmonieuses et ouvertes que le Ki circule le mieux. Imaginez une sphère souple placée devant votre corps, vous l'entourez de vos bras, la tenez contre votre poitrine. Des sphères plus petites soutiennent vos aisselles et gardent toutes les articulations ouvertes et souples. Cela vous aidera à stimuler votre Ki et à garder votre *Hara* ouvert.

Trouver la position adéquate

En combinant tous les principes énnoncés dans ce chapitre, votre Shiatsu deviendra une activité agréable, puissante et efficace. Vous pouvez appliquer l'ensemble de ces principes à tout moment. Efforcez vous de les intégrer à votre travail sur votre partenaire.

Vous découvrirez naturellement la position adéquate pour vous. Si vous ne tenez pas compte des recommandations il est fort probable que le Shiatsu vous paraisse ardu. Il n'existe pas de posture idéale, mais ces règles doivent vous guider et vous servir de point de repère. Les schémas de cette page illustrent bien la différence entre le travail dans une position adéquate conforme aux règles, et l'amateurisme.

Sur le schéma ci-dessous, le corps du thérapeute est trop étiré et travaille en tension. Le résultat semblera inconsistant et inquiétant. En prenant un pas de recul pour créer une base plus large (voir ci dessous à gauche), le Hara sera au centre de gravité, comme il devrait toujours l'être. Le praticien, installé dans une position confortable, peut appliquer des pressions perpendiculaires.

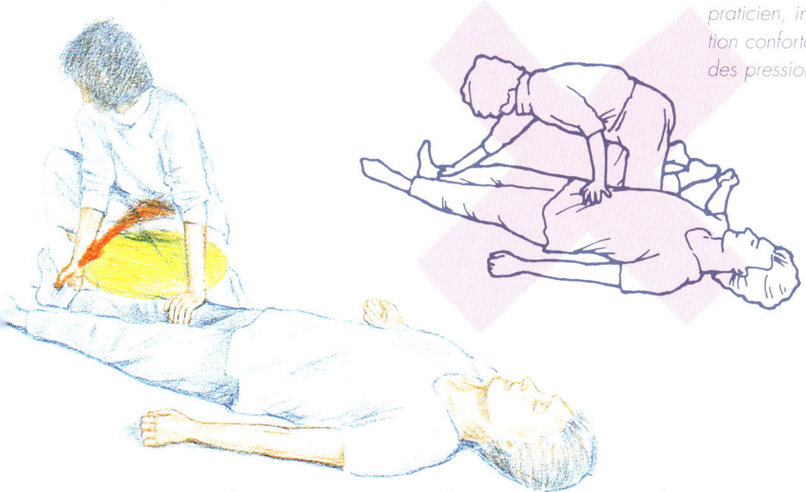

Sans polygone de sustentation suffisamment large (voir à droite), et en travaillant trop près du partenaire, le praticien arrondit le dos qui finira par être douloureux. Il ne peut alors pas appliquer les pressions du pouce voulues car son bras et son doigt sont pliés. Dans la bonne position (voir à gauche) il est équilibré, installé dans une position confortable, et travaille avec le pouce et les doigts tendus. Son travail donnera l'impression d'être plus fluide.

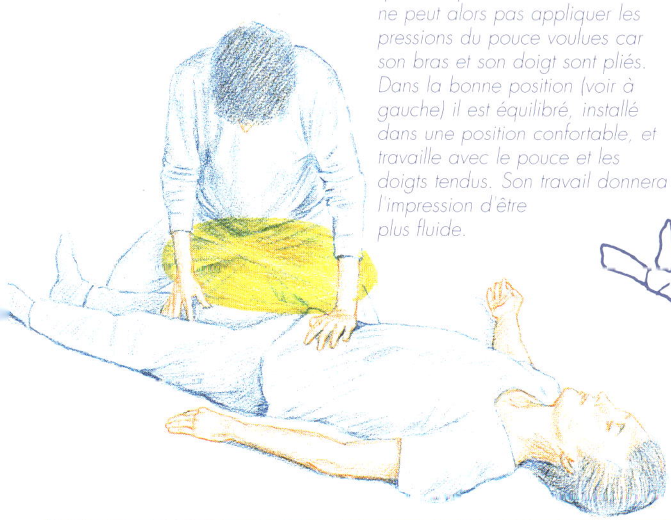

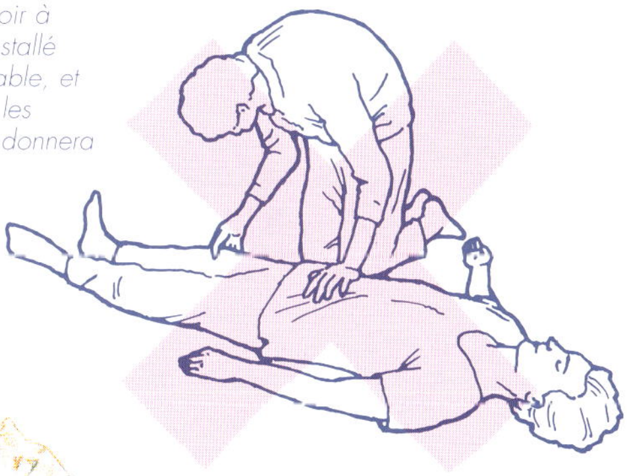

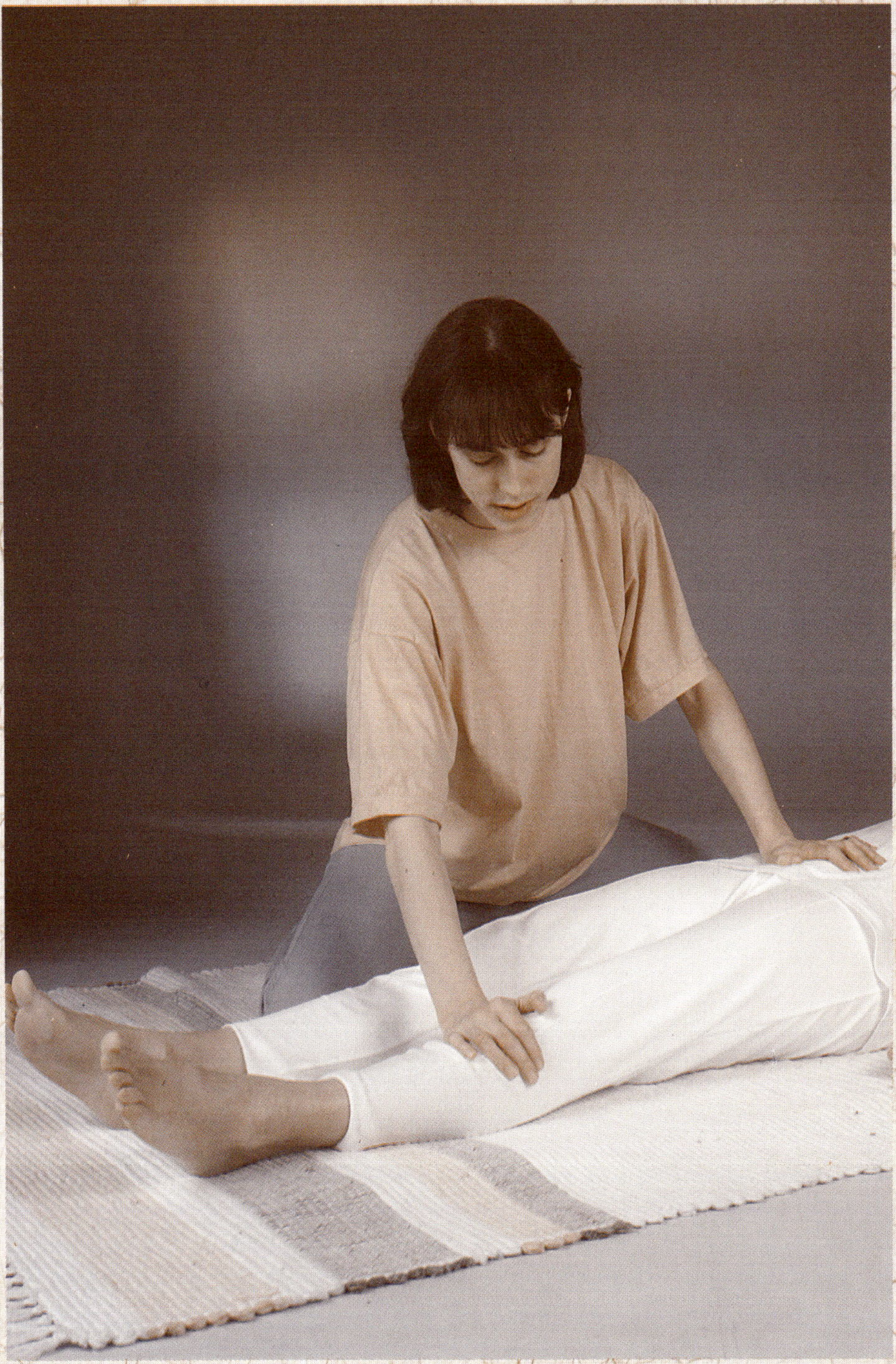

CHAPITRE QUATRE

Séance de Shiatsu Élémentaire

Dans la pratique, le partenaire actif est le "donneur", mais dans le Shiatsu, la communication établie par le contact physique est à double sens. Vos mains agissent et "écoutent". Vous serez soutenu par le corps de votre patient et répondrez intuitivement à ses sensations, ce qui signifie que vous donnerez et recevrez en même temps.

De même, lorsque vous serez l'objet d'un Shiatsu vous incarnerez un des deux éléments de cet échange réciproque. Acceptez vos perceptions et réagissez naturellement aux sensations et émotions qui émergent. Lâchez prise consciemment et plongez dans l'expérience. Il est possible que vous vous sentiez tendu, le Shiatsu frise parfois la douleur, mais ce doit être une douleur supportable, qui vous aide à dépasser le problème, rien de plus. Lorsque vous sentirez la pression, respirez normalement et laissez les tensions se résoudre. Votre partenaire parviendra rapidement à suivre votre souffle. La tradition nous précise qu'apprendre à recevoir un Shiatsu prend aussi longtemps qu'étudier comment le donner.

Les meilleures séances de Shiatsu se déroulent souvent dans le calme et la détente, peu de mots sont échangés, ce qui ne doit pas vous empêcher de parler si le coeur vous en dit. Donneur et récepteur doivent tous deux exprimer ce qu'ils ressentent, l'inconfort, les tensions. Ils peuvent avoir tous deux les mêmes intuitions pendant une séance. Il est important qu'ils en parlent car elles peuvent être d'une aide précieuse. Toutefois, ne laissez pas la discussion interrompre la fluidité du travail.

Un exemple de séance élémentaire vous est donné pages 58-59. Lisez le chapitre dans son entier avant de passer à la pratique. Ensuite faites entrez votre partenaire dans le local, le coin que vous avez préparé pour la séance de travail et expliquez lui ce que vous allez faire. Ce rituel vous mettra tous deux à l'aise, même s'il connait déjà le Shiatsu. Demandez lui comment il va, sans vous attardez là dessus. Si vous êtes tendu pourquoi le cacher? Un échange franc clarifiera certainement la situation et votre nervosité s'évanouira progressivement. Demandez à votre patient de s'allonger, et mettez vous au travail.

Résumé

La séance de Shiatsu élémentaire décrite ci-après concerne l'ensemble du corps. Ayez soin de toujours garder le contact avec celui de votre patient lorsque vous changerez de position: cela le réconfortera et assurera la fluidité de votre travail. Déplacez vous prudemment pour éviter les bousculades.

PROCUBITUS

La séance débute en haut du dos. Passez de l'étirement initial à la "fente avant" (voir p. 61)

Passez du dos à la jambe la plus proche de vous (voir p. 64). Penchez vous par dessus votre partenaire pour travailler sur l'autre jambe.

Agenouillez vous à la tête de votre patient pour terminer en travaillant sur les épaules (voir pp. 66-67).

DÉCUBITUS

Lorsque votre partenaire est allongé sur le dos, commencez par entrer en contact avec son Hara (voir p. 68).

Passez ensuite à la jambe la plus proche de vous. Penchez vous au dessus de lui pour atteindre l'autre jambe (voir p. 70).

Terminez ce travail sur les jambes en détendant les hanches (voir p. 71).

Séance élémentaire

Dans la première partie de votre séance, votre partenaire sera couché sur le ventre (procubitus). Commencez au niveau du dos, puis des fesses, des jambes et des pieds. Vous remonterez aux épaules pour terminer. Installez votre patient confortablement, les bras le long du corps pour que les épaules reposent tranquillement sur le sol. Dans cette position, certaines personnes auront besoin d'un coussin (voir p. 67) mais la plupart seront à l'aise la tête simplement tournée sur le côté. Rappelez leur de changer de côté de temps à autre pour éviter les raideurs de la nuque. Demandez leur de vous dire si vous appuyez trop fort ou si au contraire à certains endroits la sensation est particulièrement plaisante. Quelques réactions sur le vif peuvent vous en dire long.

Travailler sur le dos
Pour la plupart des gens le dos et les épaules sont des endroits où le contact peut se faire en toute sécurité. Structurellement cette zone est solide et les Méridiens Yang associés à la protection du corps y descendent.

De nombreuses personnes souffrent du dos, ou de tensions dans les épaules dûes à un surcroît de travail et à la fatigue. Le dos de votre partenaire peut supporter la totalité de votre poids. En vous y appuyant vous pourrez l'aider à se détendre et à relâcher les tensions des muscles fatigués et douloureux.

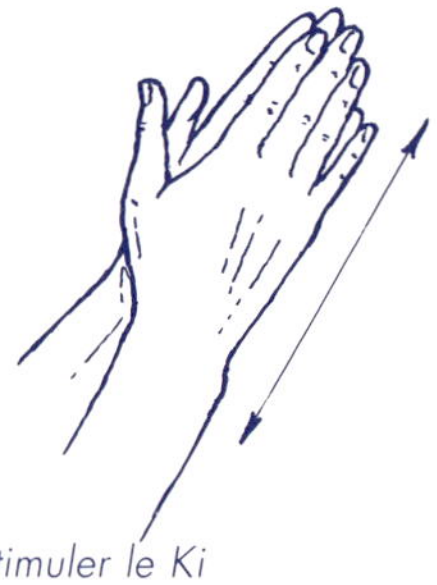
Stimuler le Ki

Agenouillez vous près de votre partenaire dans la position du Seiza. Déplacez légèrement son bras vers l'extérieur pour avoir suffisamment de place si c'est nécessaire. Respirez dans votre Hara. Placez vos mains à hauteur de votre poitrine et frottez les l'une contre l'autre rapidement et fermement pendant une petite minute, gardez les épaules basses. Cela stimulera la circulation du Ki dans votre corps, réchauffera vos mains et les sensibilisera dès le début de la séance.

Gardez les mains jointes et concentrez vous pendant quelques instants sur vos propres sensations avant d'entrer en contact avec votre patient.

Lorsque vous serez prêt, posez la main simplement sur le bas du dos de votre patient, dans la région lombaire, restez ainsi quelques instants, cela lui donnera le temps de s'habituer à votre présence. Concentrez vous progressivement sur le rythme et l'amplitude de sa respiration.

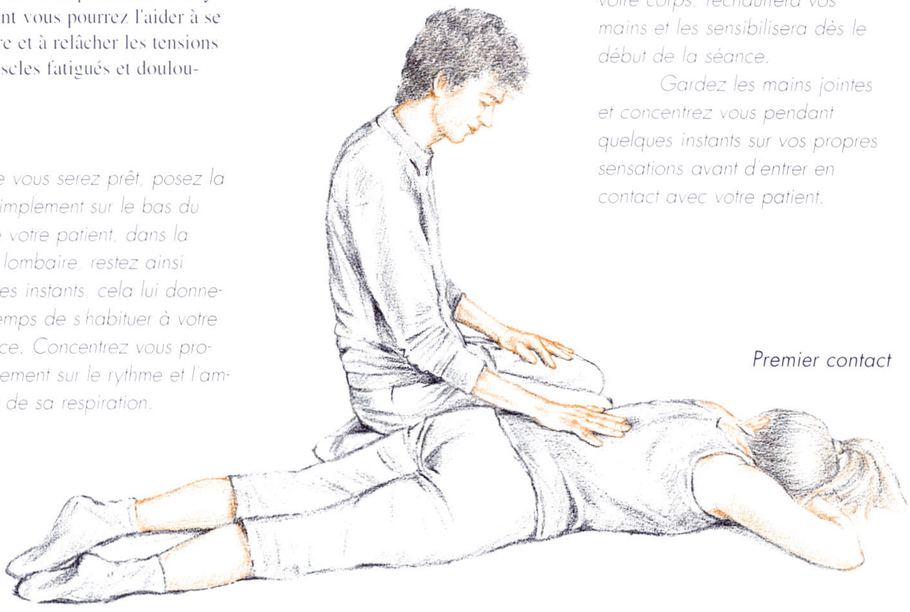
Premier contact

Prendre contact avec le haut et la bas de la colonne vertébrale
Agenouillez vous sans enlever la main de sur le corps de votre partenaire et placez vous perpendiculairement à lui. Repositionnez vos mains. Posez la première sur le sacrum et l'autre sur le thorax (région dorsale voir p. 49). Penchez vous vers l'avant. Détendez votre rachis, respirez normalement et restez concentré sur la respiration de votre patient pendant quelques instants.

Utilisez la méthode suivante pour ouvrir la cambrure lombaire et relâcher les muscles contracturés avant d'appliquer directement une pression sur le dos. Reportez votre poids sur vos hanches et vos genoux et amenez la main du haut du dos vers la région fesses-hanches du côté le plus proche de vous. Passez l'autre main du bas du dos vers la limite de la cage thoracique le plus en dehors possible. Penchez vous de nouveau vers l'avant et utilisez le poids de votre corps pour créer un étirement entre vos deux mains. Demander à votre partenaire d'expirer peut vous faciliter la manoeuvre.

Gardez la pose quelques instants, puis soulagez votre pression en reportant le poids vers l'arrière. Amenez les mains l'une après l'autre dans la position opposée et recommencez l'étirement. Faites ce mouvement deux fois sur chaque côté.

Étirements lombaires croisés

Tournez votre corps vers la tête de votre partenaire. Placez les mains sur le haut du dos, entre les omoplates, les doigts pointés vers l'extérieur et les talons des mains à deux ou trois centimètres de chaque côté du rachis (voir p. 44). Avancez votre Hara et penchez vous au dessus du dos de votre patient en appliquant une pression perpendiculaire. Ensuite reportez votre poids vers l'arrière et baissez les mains l'une après l'autre. À chaque fois que vos deux mains seront à la même hauteur, penchez vous vers l'avant et appliquez une pression perpendiculaire.

Lorsque vous vous raprocherez de la région lombo-sacrée, déplacez votre pied vers l'extérieur pour créer une base plus large et travailler plus à l'aise (voir ci-dessous). Reportez votre poids vers l'arrière, les bras perpendiculaires au bas du dos et à la région lombo-sacrée. Penchez vous et adoptez la bonne posture. Ensuite rapprochez votre pied

pour terminer par une pression perpendiculaire sur le sacrum. Efforcez vous de bouger les jambes en douceur: votre partenaire vous donnera toute la stabilité dont vous aurez besoin.

Posture en fente avant

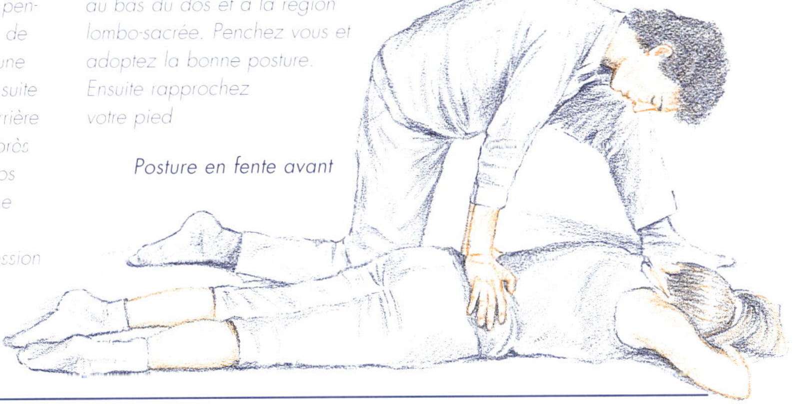

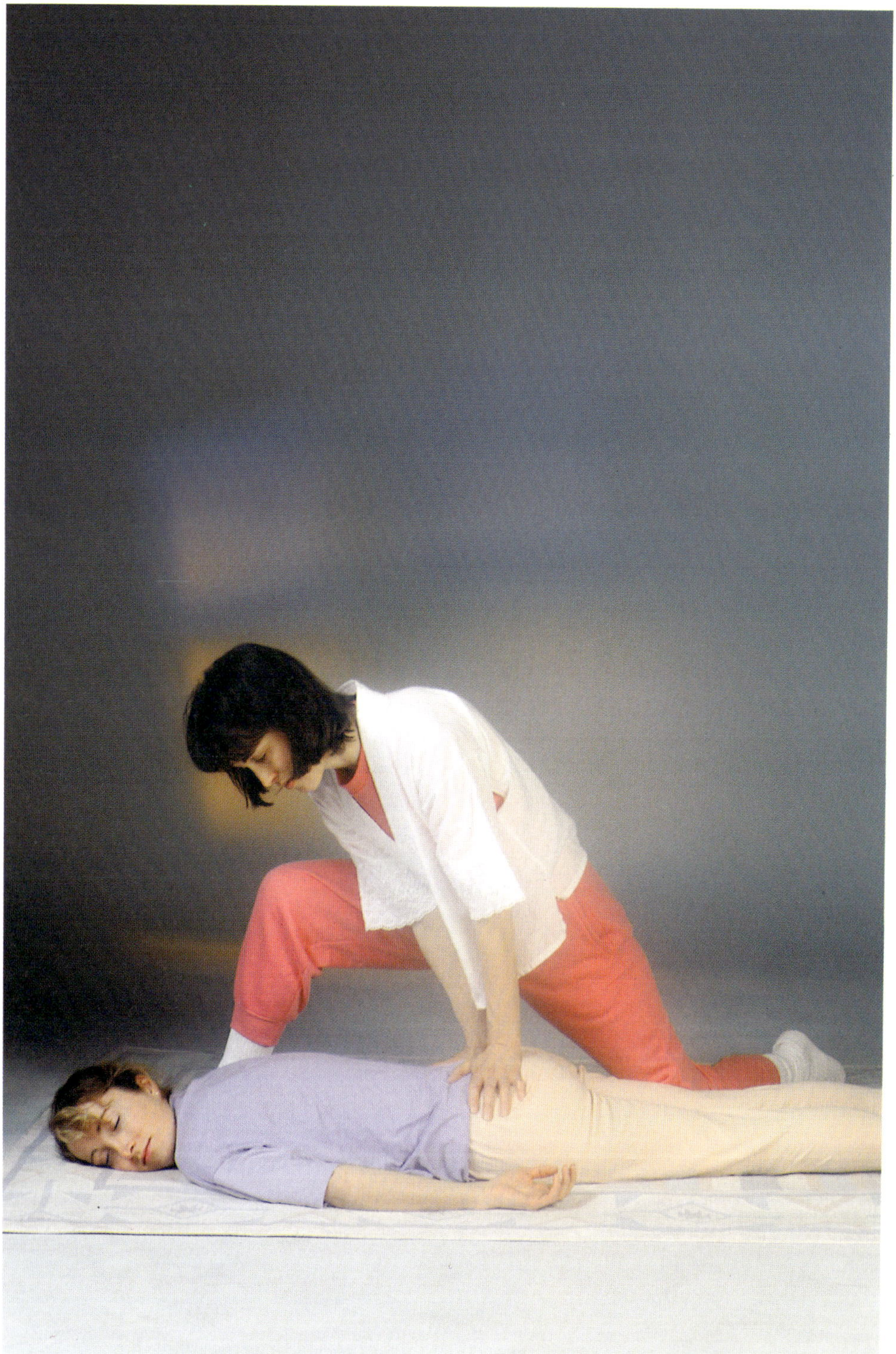

Empaumer le bas du dos en fente avant.

Le bassin et la région lombo-sacrée

La région fesses-hanches-bassin est souvent affectée par les tensions, une mauvaise posture et un mode de vie sédentaire. Beaucoup d'entre nous ne savent absolument pas jusqu'à quel point les tensions s'accumulent dans cette région et peuvent mener à un mauvais alignement des hanches et de la colonne vertébrale, l'inverse étant également vrai.

Les émotions élémentaires telles que la colère et la haine, affectent cette région et se traduisent par des coups de pied et des trépignements. La sexualité naturelle s'exprime par la mobilité du bassin et le balancement naturel des hanches. Mais la plupart du temps nous réprimons tout cela. Souvent les voies d'expression saines de sentiments si naturels manquent cruellement. S'engager dans un sport, faire de la musique, et aller danser avec des amis vous aidera beaucoup.

Le Shiatsu peut soulager de nombreux troubles issus de la mauvaise circulation dans cette région tels: maux de dos, sciatiques, varices, douleurs menstruelles, troubles de la vessie, problèmes sexuels chez l'homme comme chez la femme.

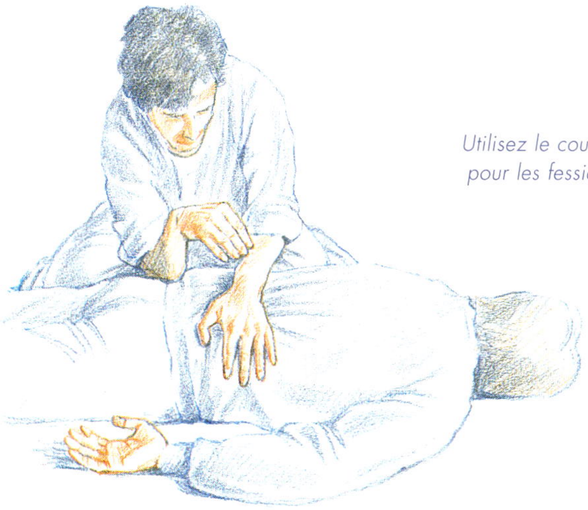

Utilisez le coude pour les fessiers

Les muscles fessiers sont les plus grands du corps. Ils recèlent une multitude de tensions et les travailler avec le pouce est très fatigant. Utilisez plutôt le coude. Placez vous perpendiculairement à votre partenaire et soutenez vous d'une main sur le bas de son dos (voir ci- dessus). Utilisez le coude du bras libre à plat et appuyez sur les fesses du côté le plus proche de vous. Vous pourrez faire peser votre poids tranquillement, permettant ainsi à votre partenaire de se détendre. Ensuite faites passer votre poids vers l'avant, sur l'autre fesse. Vous sentirez instinctivement les points où vous pouvez sans crainte peser lourdement.

Compression sacrée

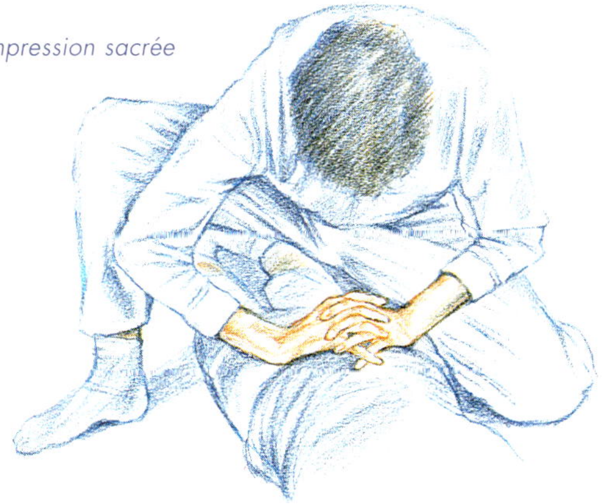

Les jambes

Pour être bien enraciné il est important d'améliorer la circulation énergétique dans les jambes. De nos jours beaucoup de personnes vivent presqu'exclusivement "dans leur tête" sans avoir conscience des tensions dans les muscles de leurs jambes qui les coupent imparablement de la Terre. Ces graines de "Superman", ambitieux, mus par leur intellect, se refusent la détente dont ils ont besoin. Les rêveurs, eux, ignorent les aspects physiques, liés à la Terre, de leur réalité et en conséquence n'en obtiennent aucune énergie et ne réalisent ainsi jamais leurs rêves. Ces deux catégories de personnes peuvent continuer sans changer quoi que ce soit jusqu'à ce que la maladie les oblige à prêter attention à leur corps. Le Shiatsu peut prévenir bien des maux en ramenant les gens à la Terre, en contact avec leur corps.

Débuter la séance

En Shiatsu, pour traiter la jambe, commencez par vous octroyer un polygone de sustentation large. Vérifiez que la jambe de votre partenaire est détendue, le genou et les orteils tournés légèrement vers l'intérieur. Si les jambes vous paraissent raides, placez un coussin sous les chevilles.

C'est votre première occasion de mettre en pratique le principe selon lequel: "les deux mains se connectent" (voir p. 52). Équilibrez vous et maintenez vous légèrement d'une main sur le sacrum de votre partenaire. Penchez vous vers l'avant depuis votre *Hara* pour appliquer de l'autre main une pression immobile perpendiculaire en descendant le long de la jambe.

Empaumer la jambe la plus proche

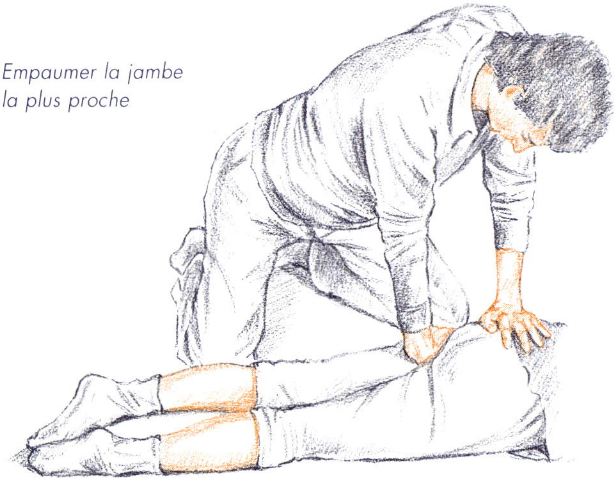

Travailler sur le mollet

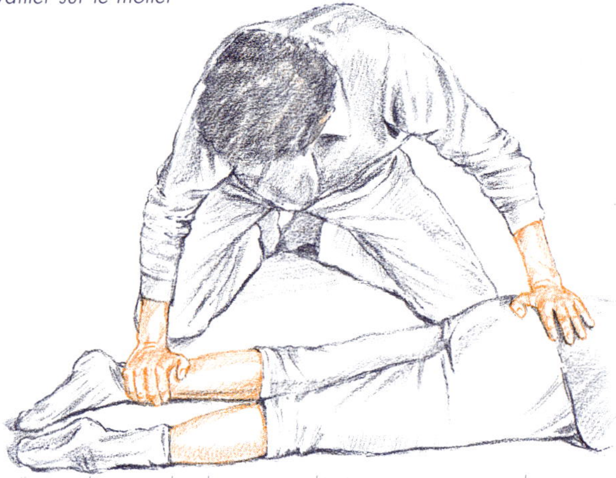

Appuyez sur la partie la plus haute de la cuisse. Pointez les doigts en dehors (voir schéma du haut) cela vous évitera de gêner votre partenaire en touchant ses organes génitaux par inadvertance. Descendez en suivant le milieu de la jambe en dirigeant votre pression directement vers le centre. Ne descendez la main que de quelques centimètres à chaque fois, en soulageant la pression en portant le poids vers votre arrière train à chaque fois que vous changerez de position.

Au fur et à mesure que vous descendrez le long de la jambe tournez la main pour pointer la main en dedans. Travaillez légèrement au niveau du genou Tout en gardant une base large empaumez le mollet pour terminer au dessus de la cheville (voir ci-dessus). Appliquez une pression moyenne du talon ou de la paume de la main. Veillez à ce que votre main soit détendue pour bien suivre la forme de la jambe au cours du travail (voir p. 44).

Sans bouger la main passive, faites glisser la main active vers l'extrêmité pour empaumer l'autre jambe de la même manière. Changez votre main de soutien lorsque vous prendrez position de l'autre côté.

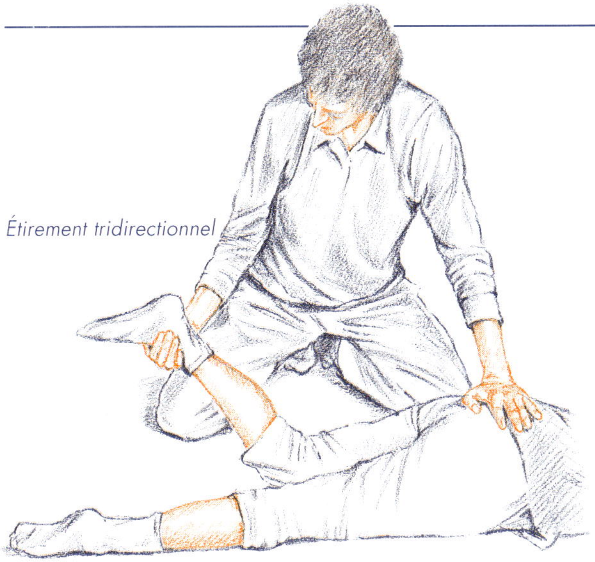
Étirement tridirectionnel

Étirement tridirectionnel

Cet étirement concerne les articulations de la hanche, du genou et de la cheville. Il soulage les tensions et permet au Ki de circuler dans les jambes.

Revenez au côté le plus proche de vous. La main passive est toujours sur le sacrum, de l'autre attrapez la cheville de votre partenaire et levez le mollet (voir à gauche), en étirant le genou et la cuisse.

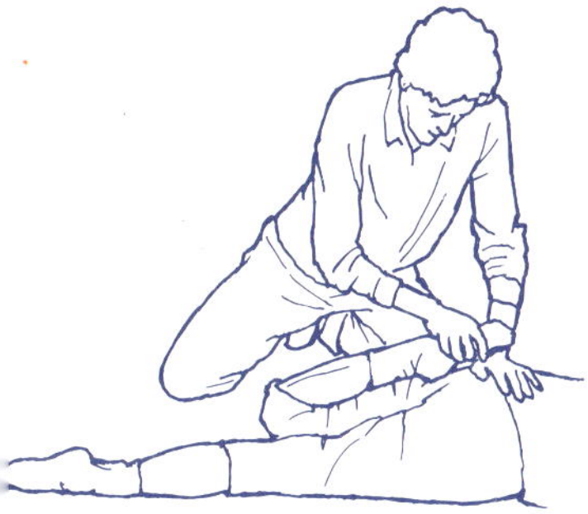

Étirez le pied complètement, vers les fesses (voir à gauche). Appuyez doucement mais fermement, puis glissez la main vers les orteils pour étirer davantage le pied. Maintenez la pose quelques instants, puis ramenez le pied en arrière en dehors pour soulager l'articulation du genou.

Pliez la jambe pour amener le pied vers la fesse la plus éloignée de vous et étirez la. Suivez le mouvement avec votre corps (voir à gauche).

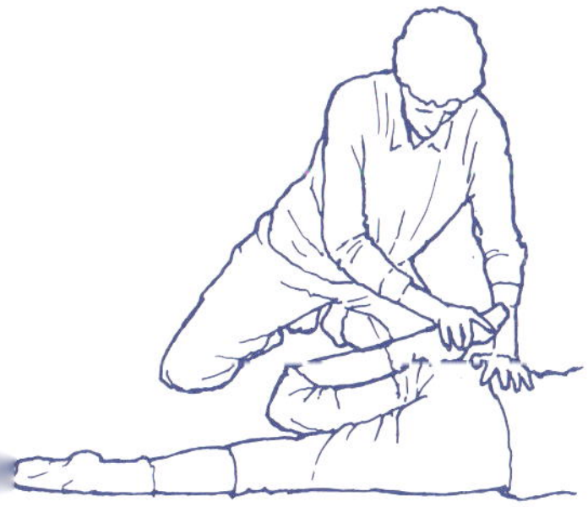

Relachez la jambe et faites lui faire un mouvement circulaire en ramenant le pied vers vous en rasant la fesse la plus proche de vous (voir à gauche). Posez ensuite le pied sur le sol, les orteils pointés légèrement vers l'intérieur. Ensuite passez à l'autre jambe et faites lui subir l'étirement tridirectionnel.

Le pied

Pour que la mise à la terre soit la meilleure possible, il est important de travailler sur les pieds de votre partenaire. Le travail que vous avez accompli jusqu'à présent avec ces manoeuvres élémentaires s'adresse principalement au Ki Yang circulant le long des Méridiens descendant dans le dos et sur les parties extérieures de la tête. De nombreuses manoeuvres de Shiatsu pratiquées sur les pieds aident à équilibrer le Yin et le Yang dans l'ensemble du corps.

Une des techniques les plus simples et des plus efficaces est de marcher ou de vous tenir debout sur les pieds de votre partenaire. Essayez de marcher progressivement vers l'avant, jusque sur la plante des pieds en vous appuyant doucement sur un pied puis sur l'autre (voir p. 47). Reculez d'un pied sur l'autre en marchant sur les talons. Cela vous reposera d'avoir été longtemps agenouillé avant de passer aux manipulations suivantes.

Une coupure naturelle
Terminer l'enchainement sur les pieds crée une coupure naturelle au traitement de Shiatsu, que votre partenaire et vous même apprécierez à sa juste valeur. Vous pourrez en profiter pour vous détendre et vous étirer avant de vous positionner à hauteur de la tête du patient pour poursuivre le traitement. Avant de commencer à traiter les épaules et le dos, demandez lui de tourner la tête de l'autre côté. Il est utile de le lui rappeler gentiment de temps à autre car les séances de Shiatsu peuvent être si relaxantes que la personne peut "sombrer". Ce serait domage qu'une nuque raide et douloureuse gâche les bienfaits du traitement.

Le haut du dos et les épaules
Nous avons tous connu un jour ou l'autre des douleurs dans les épaules et le haut du dos. Cette dernière phase des manoeuvres en procubitus permet de résoudre les tensions et peut également être bénéfique aux poumons, soulager la sensation d'oppression et aider à l'expectoration. Servez vous du poids de votre corps de la même manière qu'auparavant à l'aide de pressions du pouce et des paumes. Détendez vous lors de ces manoeuvres, prenez plaisir à ce que vous faites et laissez le poids travailler pour vous deux.

Prendre contact avec le dos.

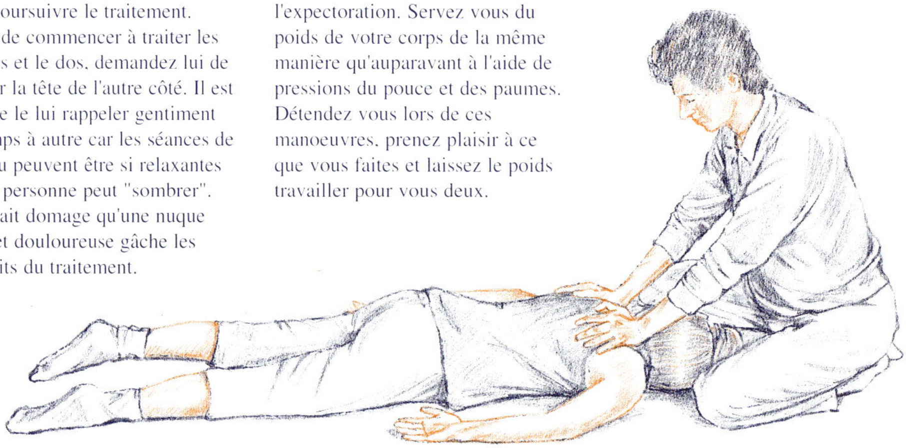

Agenouillez vous à la tête de votre partenaire, pas trop près de lui. Trop proche, il se sentira oppressé, trop loin vous travaillerez en tension ou votre appui ne sera pas perpendiculaire. Imaginez un cercle dans lequel vous travaillerez (voir p. 54).

Les genoux sont bien écartés à hauteur des oreilles de votre partenaire. Appuyez vous confortablement vos mains dans la pente des épaules. Maintenez la pose et détendez vous.

Vous empaumerez le dos comme vous l'avez déjà fait plus tôt (voir p. 44). Appuyez vous sur les muscles paravertébraux, deux à trois centimètres de chaque côté du rachis. Commencez à la base de la nuque, descendez entre les omoplates. Cela affectera certainement la respiration de votre partenaire, veillez à ce que vos mouvements soient coulants doux et votre pression continue et équilibrée. Poursuivez en descendant le dos, une main après l'autre tout en maintenant des pressions perpendiculaires.

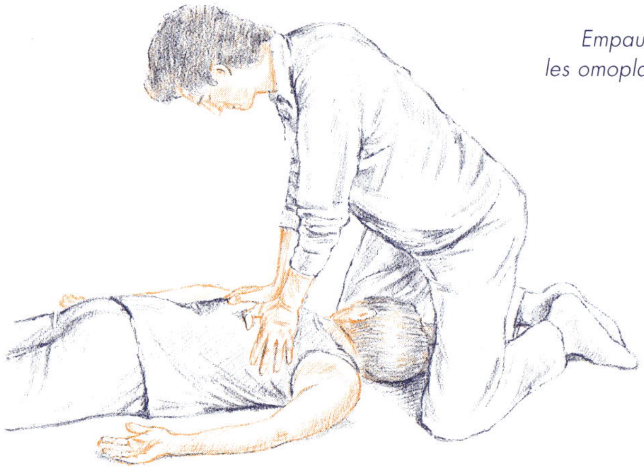

Empaumer les omoplates.

Revenez en haut du dos, travaillez des deux pouces le long des muscles paravertébraux, deux à trois centimètres de chaque côté du rachis. Commencez à hauteur de la vertèbre la plus saillante à la base de la nuque, et terminez au niveau du bas des omoplates.

Pressions du pouce de chaque côté du rachis.

Tracez une ligne imaginaire allant d'une épaule à l'autre en passant par la base de la nuque de votre partenaire. Avec le gras du pouce travaillez progressivement par pressions en direction de l'extrémité de l'épaule (voir ci-dessous). Certains points peuvent être délicats, travaillez prudemment. Gardez les coudes détendus et penchez vous depuis les hanches.

Servez vous de l'autre main comme soutien.

Ensuite tracez une seconde ligne imaginaire deux à trois centimètres plus bas. Appuyez avec le pouce, de dedans en dehors, le long des muscles compris entre l'épine de l'omoplate et le haut de l'épaule. Recommencez plusieurs fois sur chaque épaule.

Pressions du pouce le long des épaules.

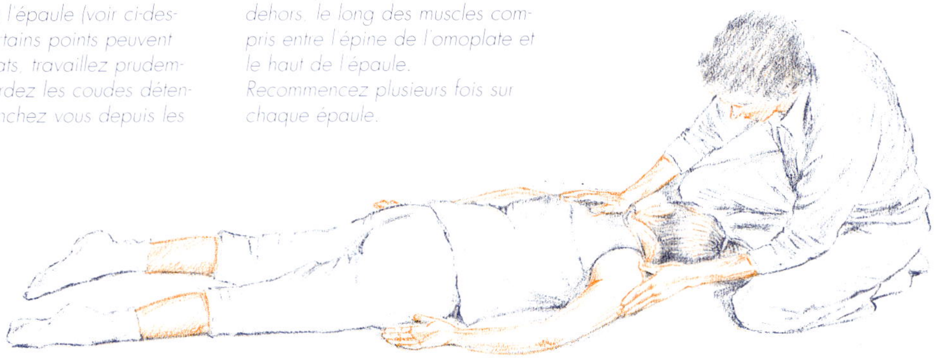

Retournement

Pour terminer votre enchaînement en procubitus, laissez vos mains reposer sur le haut du dos de votre partenaire pendant quelques instants pour vérifier comment il se sent. Ensuite demandez lui de se retourner pour passer en décubitus. Restez agenouillé là où vous êtes. Posez les mains sur son front ou sur ses tempes pendant quelques instants. C'est un geste de soutien qui vous permettra de rester en contact avec lui pendant cette phase de transition.

Remarque:

Certaines personnes supporteront assez mal les pressions appliquées sur le thorax lorsqu'elles sont allongées sur le ventre. D'autres auront du mal à garder la tête tournée complètement sur le côté. Dans de tels cas mettez leur un oreiller sous la poitrine (voir à droite), cela peut suffire à solutionner le problème.

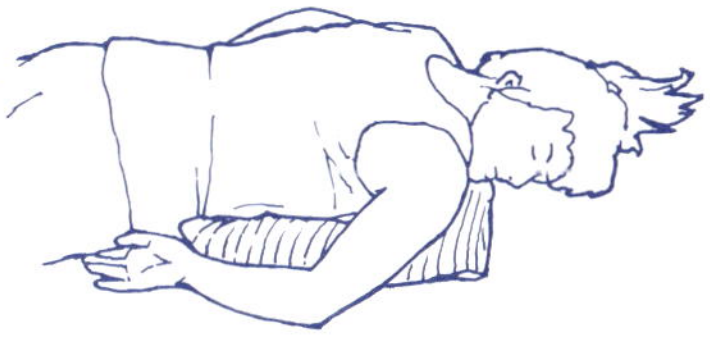

Décubitus

Il faut prendre de nombreux égard lorsqu'on donne un Shiatsu sur une personne en décubitus. La poitrine, le diaphragme et le ventre sont le siège de nombreuses émotions. Couchée sur le dos les personnes sont obligatoirement plus ouvertes, certaines peuvent se sentir à découvert, plus vulnérables. Travailler en face à face peut s'avérer intense et complexe. Respectez votre partenaire et prenez certains égards, poursuivez cependant votre séance de Shiatsu de façon détendue et harmonieuse. Il ne faut pas tomber dans l'excès et devenir trop précautionneux. Un contact sain et ferme peut être très restructurant et tonifiant pour votre patient.

Pour cette partie de la séance, commencez par prendre contact avec son *Hara*. Ensuite travaillez sur l'intérieur des bras et des mains, puis revenez au *Hara* avant de vous occuper des jambes.

Méridiens Yin
Le Ki des Organes Yin circule à l'avant du corps et sur les faces internes des membres, parties qui sont en général protégées par le corps. Les Organes Yin sont traditionnellement associés aux émotions en médecine orientale.

Asseyez vous en position de Seiza à côté de votre partenaire. Posez la main sur son Hara les doigts pointés vers le haut et le talon de la main au dessous du nombril. Détendez votre bras ne vous appuyez pas, ne pressez pas. Observez ce qui se passe, soyez attentif à la respiration, simplement présent, avec lui pendant quelques instants avant de commencer. Même un débutant peut entrer profondément en contact avec le Ki de son partenaire.

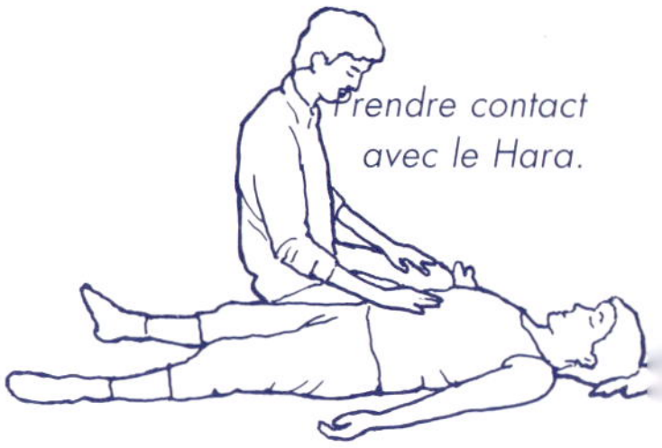

Prendre contact avec le Hara.

Vérifiez le niveau de détente
Si vous sentez que votre partenaire essaie de vous aider en bougeant ou en soutenant son bras demandez lui de "lâcher prise". C'est quelque chose qu'il vous faudra vraisemblablement redemander souvent, en particulier lorsque vous apprendrez à faire les étirements complets et les rotations. Beaucoup de gens pensent que perdre le contrôle de la situation pour se détendre profondément en présence d'une autre personne n'est pas si facile.

Prenez le bras de votre partenaire au poignet ou à la main et soulevez le. Passez l'autre main du Hara vers l'épaule. En faisant passer votre poids légèrement vers l'arrière étirez le bras complètement. Ensuite passez la main la plus proche de l'épaule vers le coude. En soutenant le bras fléchissez l'avant bras et faite le tourner.

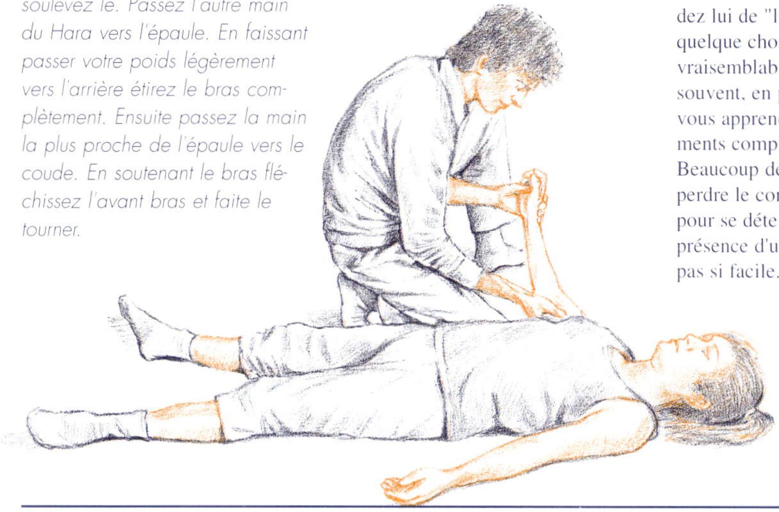

Assouplir le bras

Placez le bras de votre partenaire à angle droit par rapport à son corps. La paume et l'intérieur du bras ouverts vers le ciel. Agenouillez vous en prenant appui sur les orteils ou accroupissez vous, veillez à conserver un polygone de sustentation assez large. Appuyez la main passive sur l'avant de l'épaule. Empaumez le bras de l'autre main et descendez centimètre par centimètre veillez à ce que vos deux mains soient bien détendues, et épousent correctement la forme du membre.

Empaumer le bras.

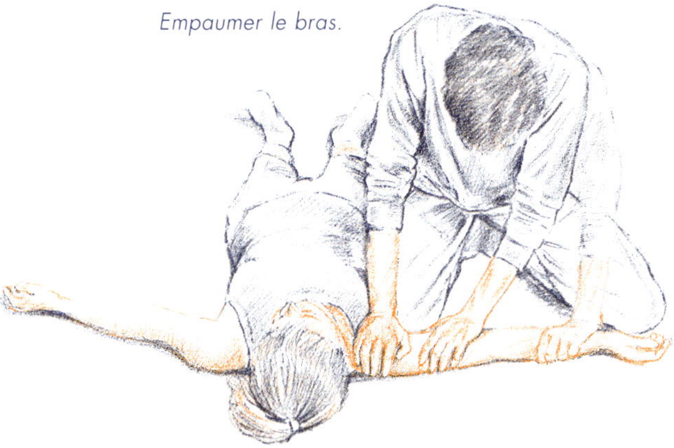

Le Ki réagit très bien au niveau des mains et des pieds. Travailler sur les mains est très gratifiant et détendant pour le patient. Donnez un Shiatsu aux paumes de celui-ci en vous servant de vos pouces. Adoptez les prises spéciales et faites les étirements. Les doigts du patient sont tournés vers vous, passez son auriculaire et son pouce sous vos auriculaires. Vous soutenez ainsi le dos de sa main avec vos doigts (voir à droite). Ensuite travaillez pouces tendus en pressant systématiquement sur l'ensemble de la paume (voir schéma d'extrême droite). Vous pouvez appuyer le dos de vos mains sur vos genoux pendant que vous travaillez.

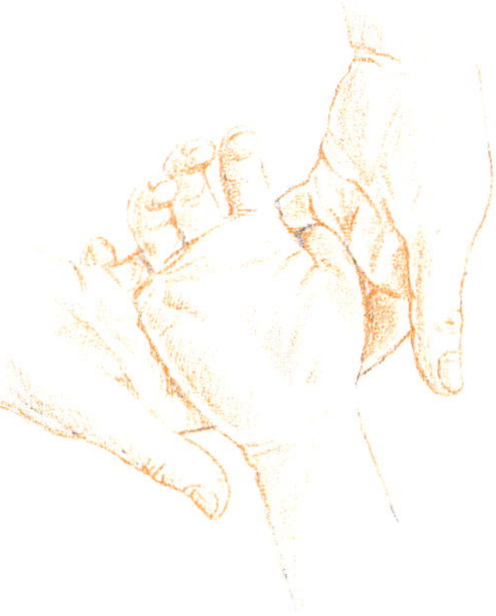

Travailler sur les paumes.

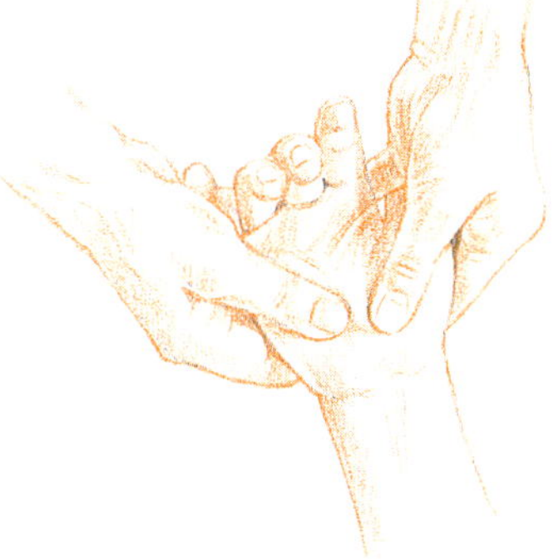

Les principaux Méridiens commencent ou finissent tous au niveau des doigts ou des orteils. La manoeuvre de Shiatsu utilisée pour stimuler les extrémités des Méridiens consiste à presser fermement les côtés des doigts du partenaire entre votre pouce et les articulations de votre index. Travaillez sur chaque doigt et sur le pouce l'un après l'autre en commençant à la base du doigt et terminant à son extrêmité.

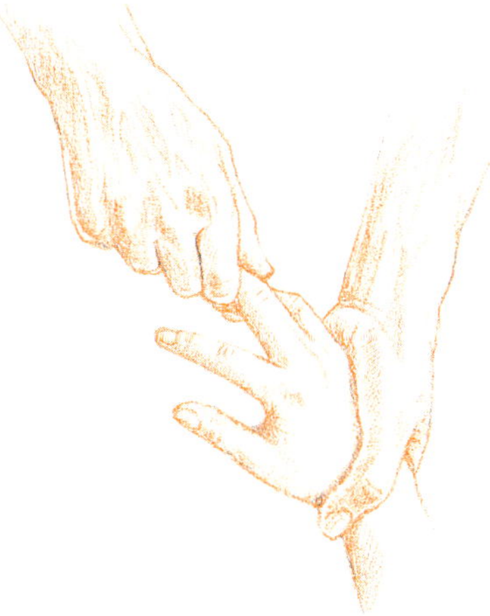

Étirer les doigts.

Le Ki trouve sa voie de lui-même

Dans certains types de Shiatsu le praticien met un point d'honneur à suivre le sens des Méridiens Yin et Yang montant et descendant le long des membres afin de "tonifier" le Ki. Dans le Shiatsu zen on considère qu'il est plus important de rester en contact avec le centre et de travailler vers l'extérieur. Les Méridiens Yin montent à la surface de la partie interne de la jambe, ce qui ne nous empêchera pas de travailler en descendant vers le pied, même si cela va "à contre sens" de la circulation du Ki.

Les mains établissent le contact et ouvrent les Méridiens et le Ki circule spontanément lorsque le contact est bon et que le praticien applique consciencieusement des "pressions pénétrantes". Il n'y a pas besoin de diriger le Ki, il va là où il doit aller.

Après avoir travaillé sur ses bras et ses mains, revenez au Hara de votre partenaire. Agenouillez vous le plus près possible de lui perpendiculairement à son corps, les genoux bien écartés. Si votre polygone de sustentation est suffisamment large vous pourrez travailler jusqu'au pied sans tension ni effort excessif. Posez la main passive confortablement sur le Hara de votre partenaire, et la main active en haut de la cuisse, doigts en dehors. Si vous avez besoin d'un peu plus de hauteur, redressez vous sur vos genoux.

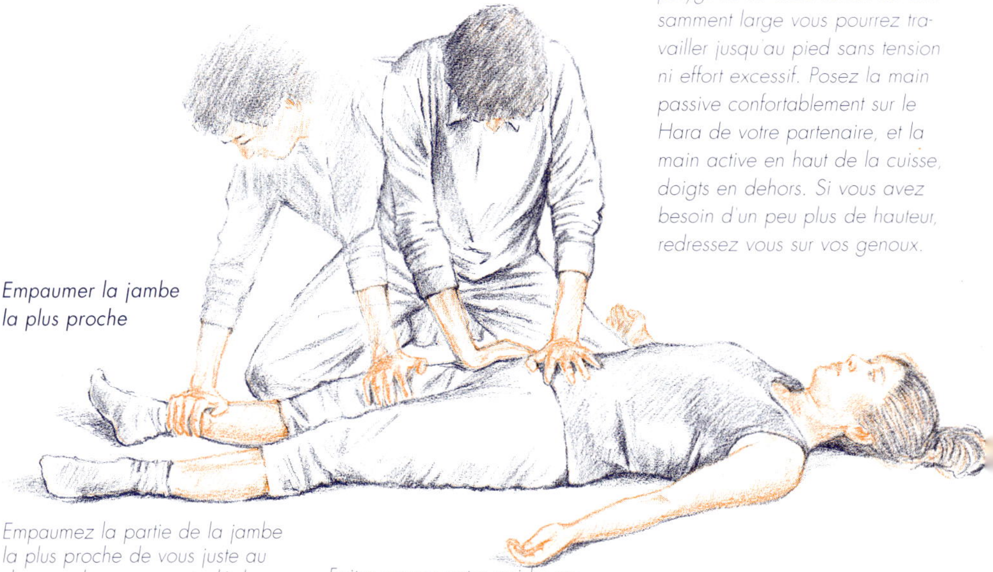

Empaumer la jambe la plus proche

Empaumez la partie de la jambe la plus proche de vous juste au dessous du genou, puis déplacez vous par étapes jusqu'à la cheville en glissant la main d'un point à un autre sans jamais rompre le contact. Passez à l'autre jambe, où avec le talon de la main vous appliquerez plus de poids sur le tibia. Les doigts s'enrouleront naturellement autour du mollet pour soutenir le mouvement.

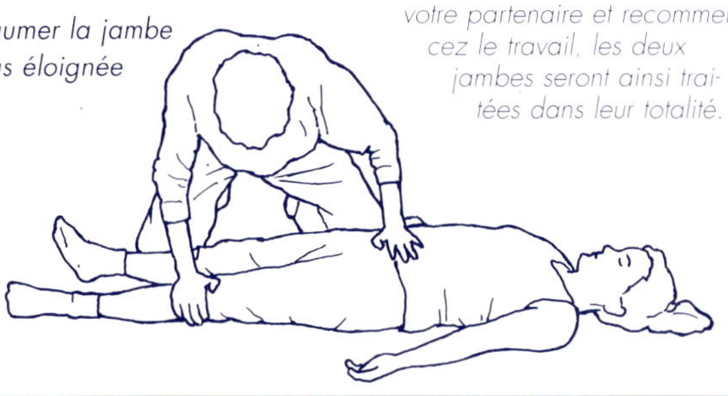

Empaumer la jambe la plus éloignée

Faites passer votre poids vers l'avant pour empaumer la partie interne de la jambe la plus éloignée de vous. Lorsque vous basculez votre poids d'avant en arrière et appliquez des pressions de votre main active, maintenez constante la pression exercée sur le Hara par votre main passive. Empaumez la jambe du haut de la cuisse jusqu'à la cheville. Ensuite passez de l'autre côté de votre partenaire et recommencez le travail, les deux jambes seront ainsi traitées dans leur totalité.

Le pied

Après avoir empaumé les jambes, descendez jusqu'au pied. Vous pouvez terminer en attrapant simplement le pied sous la cheville et en pressant tout le long des côtés, en faisant basculer votre poids vers l'arrière et en les étirant doucement vers le bas. Vous pouvez également essayer d'appliquer, très prudemment, en gardant l'esprit fortement concentré sur le *Hara*, les étirements et assouplissements destinés aux hanches et au bas du dos.

Accroupissez vous aux pieds de votre partenaire, les genoux bien écartés, les bras à l'intérieur des genoux et le dos bien droit. Empaumez les talons de votre partenaire et soulevez les un peu du sol (voir ci-dessous). Maintenez la pose et respirez. Dans un mouvement souple et en gardant le dos aussi droit que possible, expirez et tendez les jambes jusqu'à ce que vous puissiez soulever les jambes de votre partenaire d'un angle d'environ 30 degrès. Avancez-vous un peu et reposez vos bras sur vos cuisses (voir ci-dessous). Le poids du corps de votre partenaire vous permettra de rester bien ancré à la terre pendant que vous basculerez votre propre poids vers l'arrière pour étirer la colonne vertébrale. Pendant tout ce temps restez détendu et respirez librement.

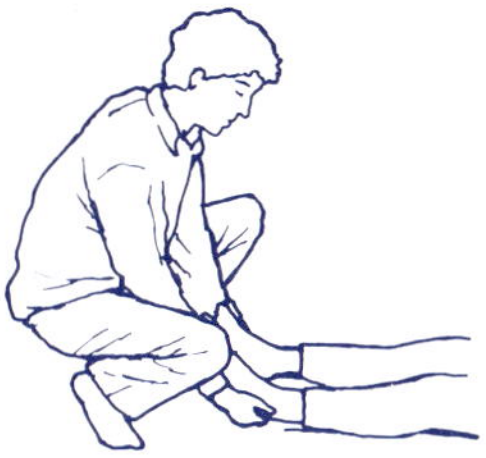

Soulevez les pieds

Appuyez vous sur vos cuisses

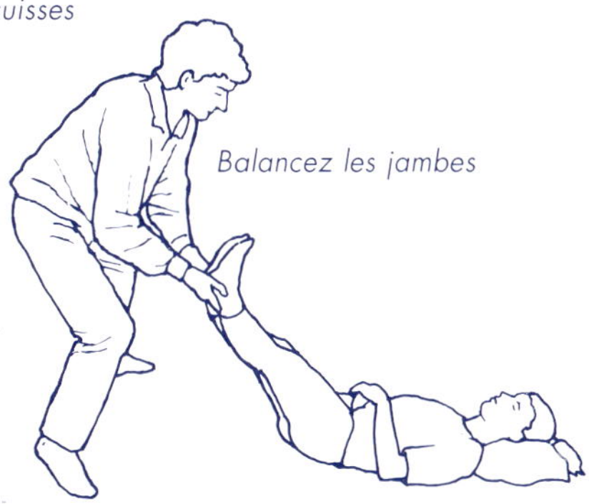

Balancez les jambes

Lorsque vous vous sentirez prêt et bien à votre aise, et pas avant, essayez de balancer les jambes de votre patient dans un large mouvement oscillatoire pour assouplir la taille et la région lombaire, ce qui soulagera les dos fatigués et douloureux. Commencez par des petits balancements d'un côté à l'autre, les coudes toujours appuyés sur les cuisses. Ensuite faites passer votre poids d'un pied à l'autre tout en balançant ses jambes. Poussez ses pieds en haut en dehors loin de vous alternativement d'un côté puis de l'autre quelques fois avant de vous reposer (voir à gauche et en haut à droite). Abaissez les jambes du patient prudemment jusqu'au sol. Pour votre bien être, maintenez votre Hara le plus bas possible et votre dos droit.

Terminer la séance

La manière dont vous terminez une séance de Shiatsu a autant d'importance que votre façon de la commencez. Il n'existe aucun modèle immuable, mais on termine souvent par les pieds, comme dans l'enchaînement que nous vous avons proposé, ce qui permet au patient de bien s'enraciner. Il arrive cependant que la séance finisse par les mains ou la tête ou encore la nuque. À ce moment servez vous de votre toucher autant que de votre voix pour signaler à votre partenaire que la séance est terminée. Après un petit temps d'arrêt, posez la main sur son épaule ou encore serrez son poignet cela suffira à faire passer le message. Le mieux reste cependant de contacter le *Hara* et de dire à votre patient que pour le moment le travail est terminé. Vous constaterez certainement que celui-ci est très détendu. Dites lui d'ouvrir les yeux et de s'orienter avant de se relever lentement. Demandez lui comment il se sent, laissez lui le temps de se ressaisir.

DEUXIÈME PARTIE

Voie du Ki

TRAVAIL SUR
LES MÊRIDIENS

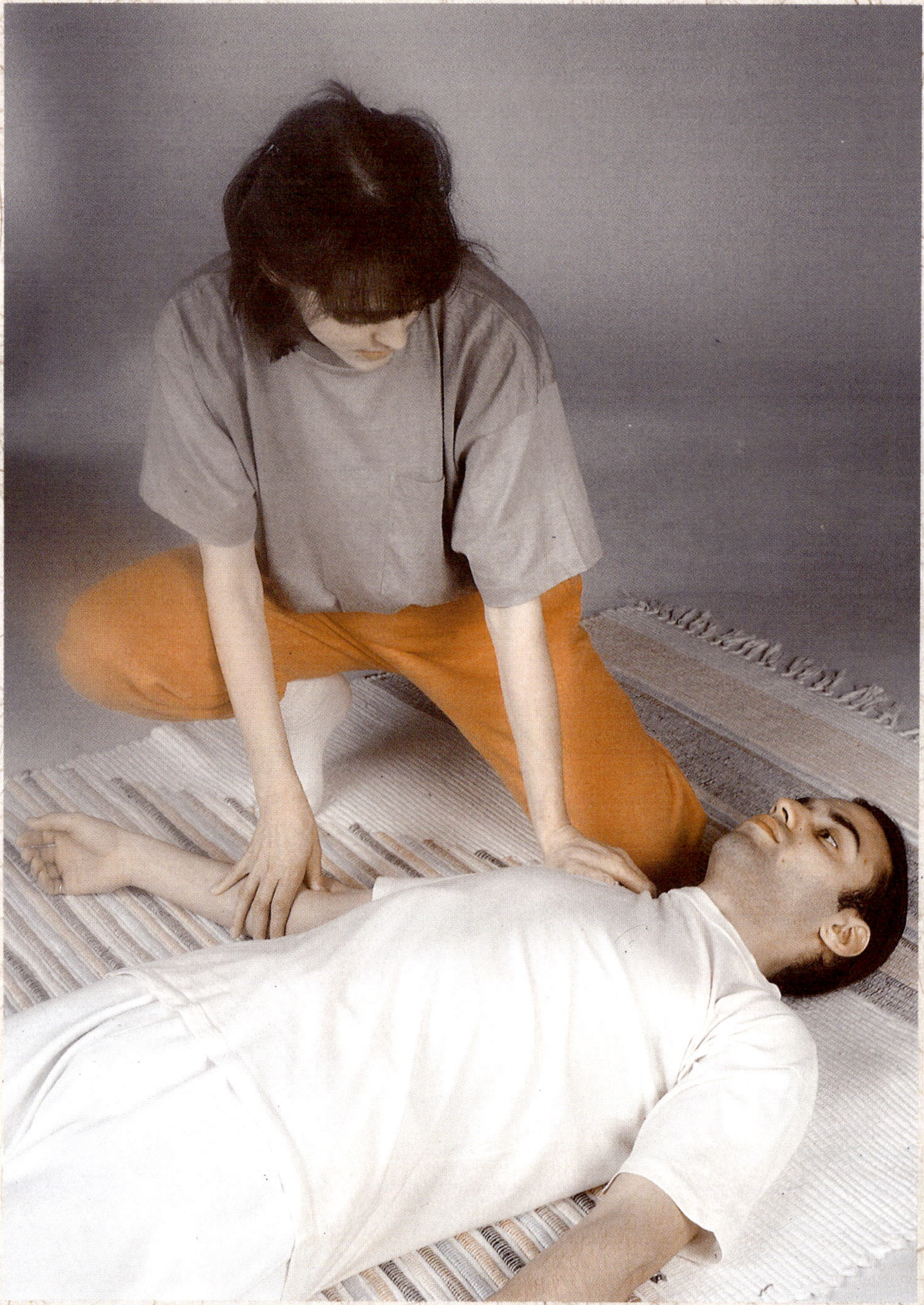

CHAPITRE CINQ

Tableaux du Ki

Depuis l'Antiquité les Chinois interprètent le comportement du Ki en fonction de ses manifestations. Les zones douloureuses, enflées, irritées, ou rouges surgissant lors des maladies sont considérées comme des zones de perturbation ou de blocage du Ki se manifestant à la surface du corps. Les Chinois découvrirent que certains désordres, même internes, pouvaient être améliorés en pressant ou en frottant les régions sensibles. D'autres "points douloureux" furent découverts qui semblaient eux aussi apporter une amélioration certaine lorsqu'on appuyait dessus. Au début ces points furent utilisés relativement au hasard, mais certains d'entre eux se sont à chaque fois avérés efficaces dans des états de santé donnés. D'autres furent découverts et il en fut pris note. Progressivement l'utilisation de ces points fut systématisée, et l'expérience permit de montrer clairement que tous les aspects du corps sont liés entre eux par un réseau de Méridiens subtils. Ces canaux conduisent le Ki profondément dans tous le corps et également à fleur de peau. Douze Méridiens élémentaires finirent par être associés aux principaux organes du corps.

Symptômes et signes de maladie peuvent être considérés comme faisant partie d'un tableau manifestant le déséquilibre du Ki dans certains Méridiens. Ils reflètent un mauvais fonctionnement de l'Organe correspondant ou une perturbation dans le corps, le long d'un de ces canaux.

Les principaux Méridiens passent près de la surface de la peau et peuvent être influencés grâce au Shiatsu, à des points bien précis de leur trajet, ce qui rééquilibre les Organes, restaure et maintient l'équilibre de l'ensemble du corps. L'étude des Méridiens est une étape indispensable qui transformera votre Shiatsu, le faisant passer du simple traitement général, relaxant ou stimulant, au traitement curatif plus précis et plus efficace.

Les principaux Méridiens sont présentés pages 76 et 77, la nature des points, ou "*Tsubos*" décrite page 78, l'ordre des Méridiens et le mouvement cyclique de leur Ki exposés page 79. Pages 80 81 vous trouverez un résumé des fonctions des Organes.

Les principaux Méridiens

Le Ki est réparti dans le corps par un réseau complexe de Méridiens subtils. Douze "Méridiens élémentaires" ou "Méridiens réguliers" relient les organes entre eux, coulant près de la surface de la peau en suivant des voies précises, sur le côté de la tête et du tronc et le long des membres. La plupart des points classiques d'acupuncture se trouvent le long de ces douze Méridiens élémentaires.

Huit "Méridiens extraordinaires" coulent un peu plus profondément croisant les douze élémentaires, agissant comme des réservoirs de Ki. Un réseau de Méridiens subsidiaires vient complèter ce système.

Deux des Méridiens extraordinaires, les Méridiens "de la ligne du milieu" ont des points qui leur sont propres, et peuvent être assimilés au groupe des Méridiens élémentaires. Ces quatorze "Méridiens Principaux" sont le sujet de ce livre.

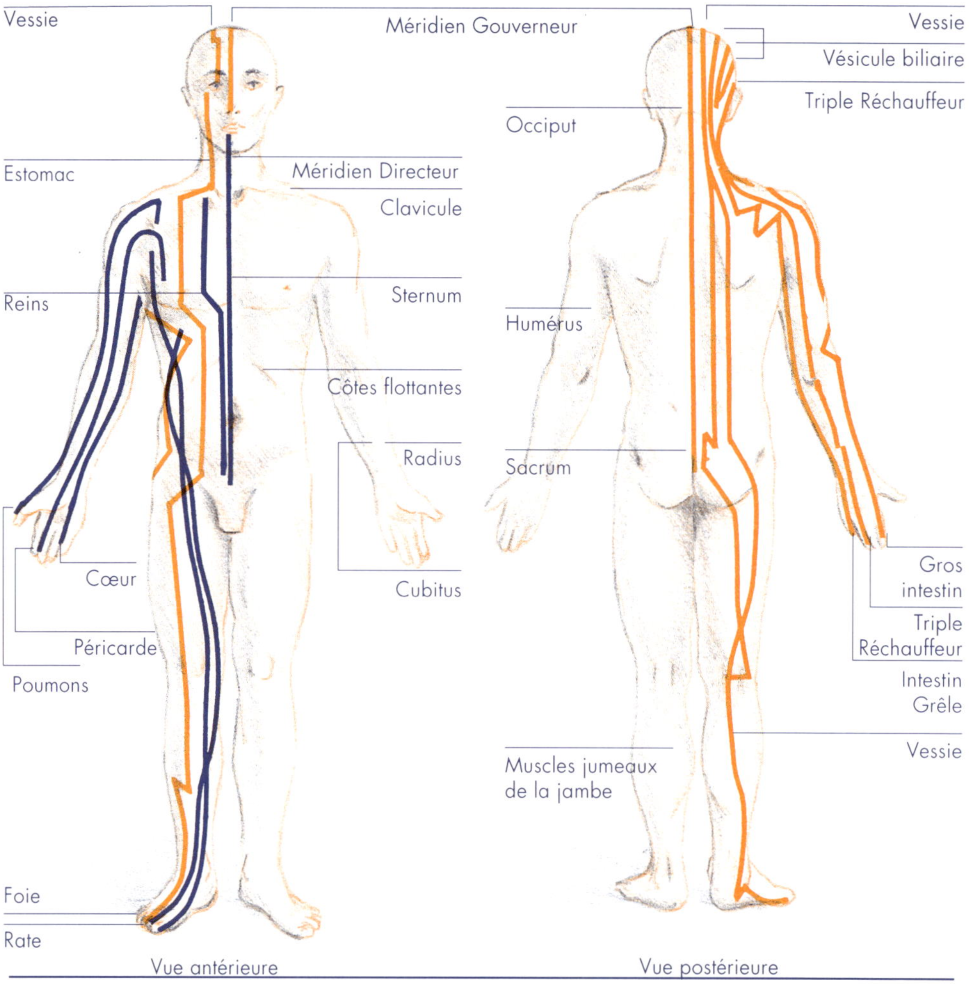

Les Méridiens de la ligne du milieu

Les pressions du pouce et des doigts peuvent se faire le long des Méridiens de la ligne médiane. Mais en général c'est avec la main passive que le thérapeute gardera le contact avec ces deux Méridiens lors de la séance de Shiatsu (voir p. 49). Restez en contact avec la main passive posée sur le *Hara*, la poitrine, ou le bas du dos, et de la main active travaillez hors de ces zones. En laissant la main passive sur les Méridiens de la ligne médiane, la circulation centrale du Ki est reliée aux Méridiens réguliers.

Les Méridiens de la ligne médiane également appelés "Méridien Gouverneur" et "Méridien Directeur" contrôlent tous les autres. Le Méridien Gouverneur remonte le long du rachis et revient vers l'avant de la tête. Il contrôle tous les Méridiens Yang. Les Méridiens Yin sont gouvernés par le Méridien Directeur, qui suit la ligne médiane du corps sur l'abdomen et le torse et remonte le cou jusqu'à la bouche.

Abréviations concernant les Méridiens utilisées dans ce livre:

P. *Poumon*
G.I. *Gros Intestin*
E. *Estomac*
Rat. *Rate*
C. *Coeur*
I.G. *Intestin Grêl*
V. *Vessie*
R. *Reins*
Péric. *Péricarde*
T.R. *Triple Réchauffeur*
V.B. *Vésicule Biliaire*
F. *Foie*
R.M. *Méridien Directeur*
D.M. *Méridien Gouverneur*

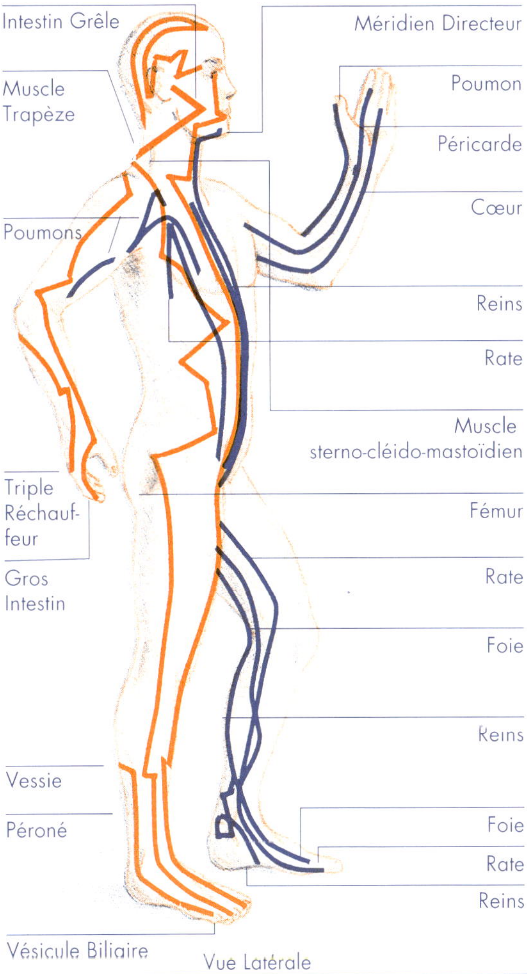

Vue Latérale

Les trajets superficiels de tous les principaux Méridiens sont indiqués clairement sur les vue antérieure, postérieure et latérale des schémas de ces deux pages. Les Méridiens Yin, en bleu, circulent des pieds vers la poitrine puis vers l'extrémité des membres. Les Méridiens Yang, en orange, passent tous dans le dos et sur la face externe des membres, sauf celui de l'Estomac (voir p. 88). Ils vont du bout des doigts vers la tête puis descendent vers les pieds.

Dénomination des Méridiens

Le nom complet de chaque Méridien dérive de l'Organe auquel il est relié, du membre sur lequel il court, de son heure d'activité, de sa situation dans le bras ou la jambe, et de sa polarité Yin ou Yang.

Ainsi le nom complet du Méridien des poumons est **Méridien des Poumons Taiyin de la Main** [2].

[2]N.d.T.: *Précis d'acupuncture chinoise*, Éditions en langue étrangère 24, Bai Wan Zhuang, Beijing, Chine 1990.

Points classiques

Les 365 points classiques, ou *Tsubos*, situés le long des Méridiens furent pratiquement tous découverts et répertoriés à l'époque du *Classique de l'Interne* de l'Empereur Jaune, le plus ancien recueil médical chinois. Depuis, les siècles de pratique ont permis de reconnaître ces points à cause de leur influence prévisible sur certaines fonctions et régions du corps.

Certains points réagissent en cas de maladie donnée, ils s'irritent et sont sensibles à la pression, c'est pourquoi on peut les utiliser pour diagnostiquer et traiter une pathologie. Ceux ayant des caractéristiques similaires furent ainsi regroupés et progressivement le réseau de Méridiens du corps put être établi.

Le plus ancien système de traitement des points sensibles et des douleurs resta cependant traditionnellement en usage. Les Chinois appellent ces points des "Ah Shi" (ou Ashi), ce qui signifie "voilà", "c'est là", en réaction à la pression appliquée sur une zone malade. Le traitement de Shiatsu ne se limite pas aux points d'acupuncture classiques. Cherchez tous les "creux", tous les points où les pressions pénétrantes les plus profondes sembleront satisfaisantes au patient. C'est à ces endroits là que vous pourrez travailler le plus efficacement sur le Ki.

Idéogrammes chinois

Les idéogrammes chinois sont une représentation imagée d'objets ou de concepts. Vous constaterez d'après l'exemple ci-dessous que les idéogrammes pour point de pression, ou "*Tsubo*", et "Méridien" reflètent en eux même une partie de leur structure.

Tsubo normal

Les Tsubos sont des sortes d'ouvertures donnant sur les Méridiens. La pression que vous y exercerez sera acceptée et le Ki y réagira. Votre partenaire se sentira réconforté et soutenu. La douleur semblera "positive", de soulagement. Certains Tsubos sont plus lâches, plus ouverts que d'autres.

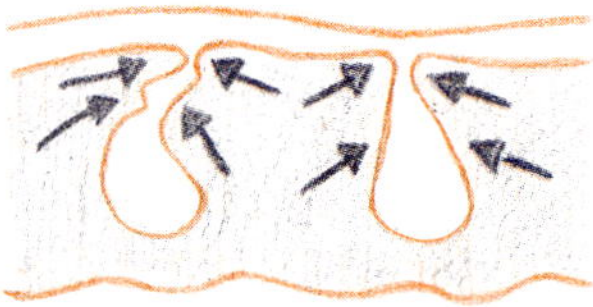

Tsubo bloqué

Les tension physiques bloquent le Ki et perturbent ou ferment les Tsubos qu'il est alors difficile de pénétrer (voir pp. 162-163). Les pressions appliquées sur ces points s'avèrent parfois inconfortables ou douloureuses. Ne travaillez pas trop longtemps sur eux, vous vous fatigueriez et votre partenaire n'en tirerait aucun profit.

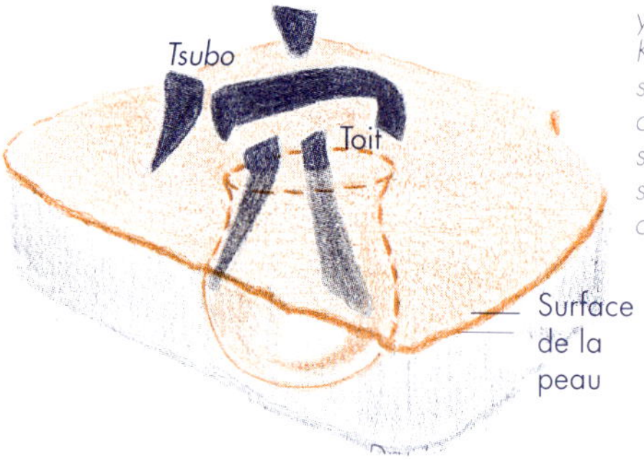

Le Tsubo est un point de pression, où le Ki peut se rassembler, une sorte de "dépression", "d'ouverture" où l'on peut atteindre le Ki et l'influencer en y appliquant une pression. Sa structure est plus tridimentionnelle que le terme point ne le suggère.

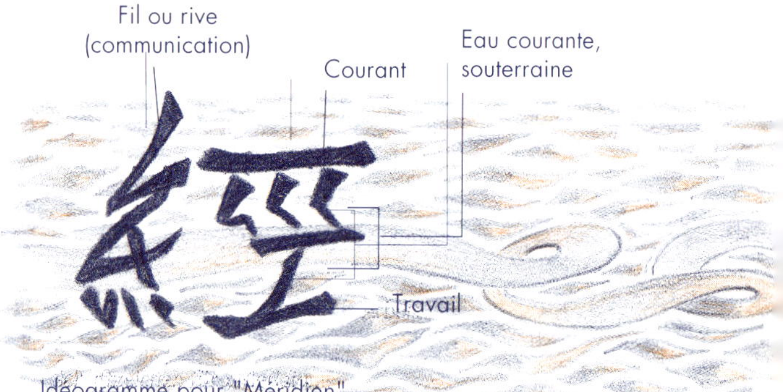

Idéogramme pour "Méridien"

Les Chinois ont toujours aimé utiliser l'eau comme métaphore pour le Ki. Les Méridiens sont comme des cours d'eau et les points semblables à des tourbillons, des vortex, des remous au coeur du courant. Les Méridiens et les points se trouvent entre les muscles et les autres tissus du corps. Ces tissus sont comme les berges d'une rivière: c'est l'eau qui crée le canal, mais ce sont les berges qui influencent le flux.

L'horloge circadienne chinoise
Selon la tradition, le Ki circule sur les douze Méridiens réguliers dans un ordre donné. L'horloge chinoise (voir à droite) représente le cheminement du Ki au fur et à mesure de sa progression sur les Méridiens. Ce mouvement fait passer le Ki dans les Organes Yin et Yang par paire: le Méridien des Poumons (Yin) est associé à celui du Gros Intestin (Yang), et ainsi de suite. Chaque paire d'Organes Yin Yang appartient au même élément (voir ci-dessous et page 25).

L'activité du Ki s'intensifie successivement sur chaque Méridien dans un mouvement de vague qui parcourt l'ensemble du corps, décrivant ainsi un cycle en 24 heures. Chaque Méridien a donc un pic d'activité qui dure deux heures et une phase de ralentissement lui correspondant, douze heures plus tard. Observer l'heure d'apparition des symptômes au cours de la journée revêt donc de l'importance puisque cela peut indiquer un déséquilibre du Méridien correspondant. En ce qui concerne la santé, ce modèle fait ressortir l'heure idéale pour pratiquer certaines activités ou s'exercer.

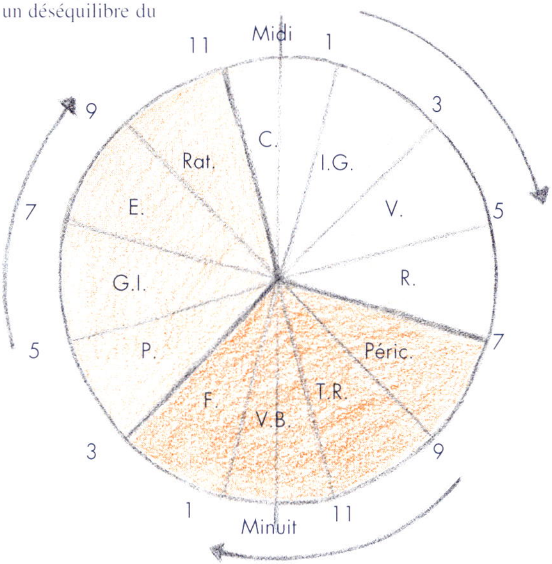

Courbe représenant le cycle de Ki
Ce diagramme représente le mouvement du Ki dans les diverses paires de Méridiens Yin et Yang. Il circule de manière cyclique commençant au niveau du Méridien des Poumons, émergeant à l'extérieur du torse, puis circule de manière ininterrompue pour terminer au niveau du Méridien du Foie, où le Ki rejoint le Méridien des Poumons pour recommencer son parcours. Chaque Méridien Yin est relié à un méridien Yang sur la main ou le pied. Tous les Méridiens Yin se rejoignent au niveau de la poitrine, tous les Yang au niveau de la tête.
Les méridiens Yin et Yang peuvent être divisés en trois groupes de quatre. Chaque groupe a alors une paire Yin-Yang sur la main et une autre sur le pied. Ces deux couples appartiennent au même élément. Les enchaînements exposés aux chapitres 6, 7 et 8 s'adressent aux divers groupes de quatre Méridiens.

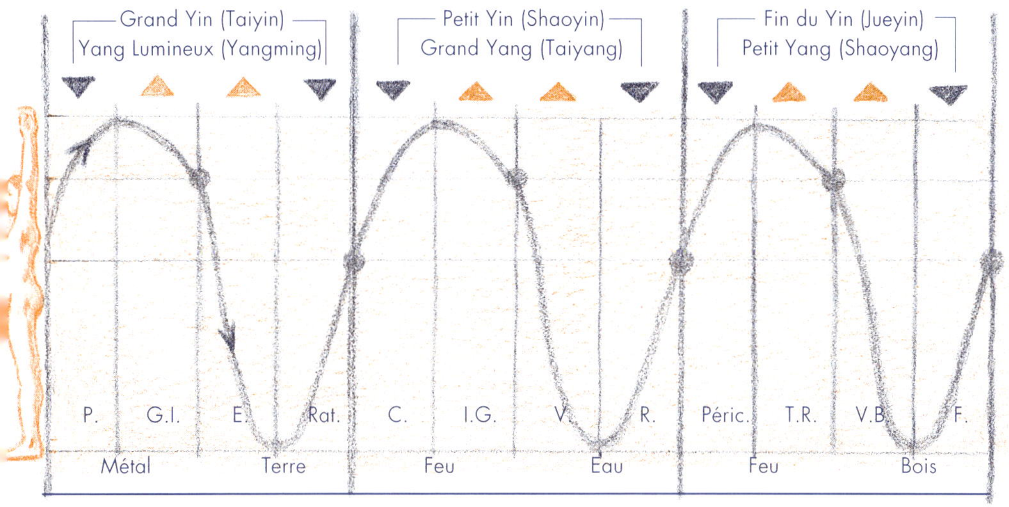

Organes Yin et Yang et leurs Méridiens

La physiologie et l'anatomie traditionnelles orientales ont une conception du corps très différente de celle de la médecine moderne occidentale. Les Organes Yin et Yang formant le coeur du système sont décrits selon leur fonction et leurs corrélations plutôt que par rapport à leurs place, forme, structure ou chimie. Prenons l'exemple du Triple Réchauffeur, Organe qui dans la médecine chinoise a des fonctions spécifiques d'équilibrage des foyers (partie) supérieur, moyen et inférieur du corps, et n'a pas de contrepartie physique (voir également p. 132). La médecine chinoise confère aux Organes des rôles beaucoup plus larges que la physiologie moderne. Les Méridiens leur étant associés intègrent la partie au tout. La démarche de la médecine orientale a toujours été l'observation des modèles et des relations plutôt que l'analyse des composants. Comprendre les caractéristiques fondamentales des Organes vous permettra de reconnaître plus facilement ceux qui sont impliqués dans une maladie et la nature du déséquilibre sous jascent.

Fonctions des Organes Yin

Il y a cinq Organes Yin: Poumons, Rate, Coeur, Reins, et Foie. Ce sont les Organes "pleins". Ils présentent toutes les caractéristiques Yin: intérieurs, profonds, cachés. Les Organes Yin sont les plus importants du corps. Ils sont responsables de la transformation, circulation et du stockage du Ki et du Sang, substances pures indispensables au corps. Tous ces Organes ont des caractéristiques plus ou moins Yin ou Yang. Leurs fonctions sont exprimées selon la direction et la qualité du mouvement de leur Ki. Certains Organes sont plus directement concernés par le Ki, d'autres par le Sang. Ils sont situés plus ou moins haut dans le corps. Les Poumons sont tout en haut, comme un couvercle et ont une action descendante. Tout en bas comme des racines, les Reins maintiennent et stockent le Ki et l'envoient également vers le haut. La Rate propulse aussi le Ki vers le haut alors que le Foie adoucit et facilite la circulation du Ki quelle que soit sa direction.

Fonctions des organes Yang

Les organes Yang assistent les Yin. Le Yang se rapporte plus à la surface ou à l'extérieur des choses. Globalement les Organes Yang ou Viscères "creux" sont ceux composant le tractus digestif. Ils ne sont définis que par leurs membranes extérieures. Ils reçoivent, transforment la nourriture et éliminent les déchets. Vus ainsi on peut considérer qu'ils sont reliés à l'extérieur et que leur contenu n'est pas raffiné, pas directement utilisable par le corps, en trop par rapport à ses besoins. La Vésicule Biliaire fait exception, c'est un Viscère creux stockant un liquide pur du corps, la bile, qui participe à la digestion.

Les Poumons *reçoivent l'air, transforment le Ki de l'air et de la nourriture en Ki humain. Ils dispersent le Ki vers la peau pour assurer sa défense, le font circuler dans les Méridiens et envoient l'excédent vers le bas pour qu'il soit stocké dans les Reins.*

Le Foie *stocke le sang et facilite tous les mouvements du Ki.*

La Vésicule Biliaire *stocke la bile et assiste le Foie.*

L'Estomac *, reçoit la nourriture et la boisson et envoie les parties les plus pures vers la Rate et les moins pures vers l'Intestin Grêle. le Ki de l'Estomac est descendant.*

L'Intestin Grêle *sépare et absorbe les fluides purs et transmet les impurs à la Vessie, ainsi que les solides impurs au Gros Intestin.*

La Vessie *stocke et élimine les "eaux usées".*

Le Gros Intestin *excrète les déchets solides après avoir absorbé les fluides.*

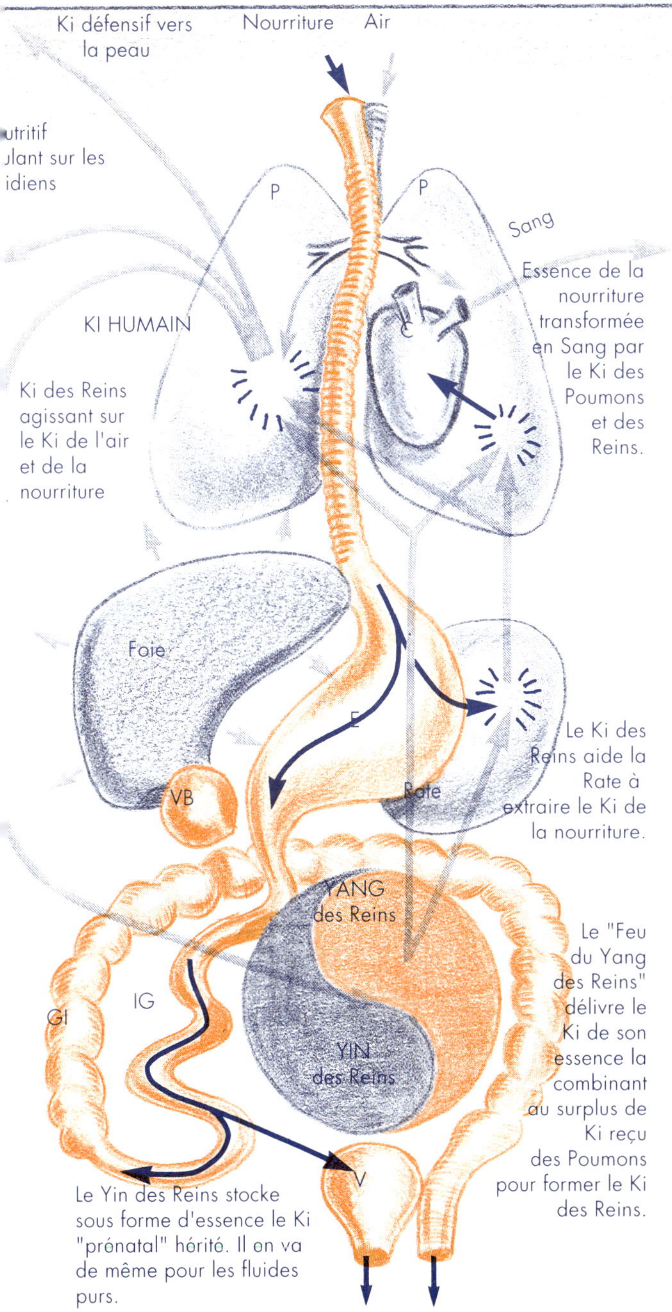

FONCTIONS DES ORGANES ET
TRAJETS DU KI ET DU SANG

Organes Yin

Organes Yang

Le Péricarde, *enveloppe musculaire externe du coeur, a son propre Méridien. En tant qu'Organe il assiste simplement le coeur.*

Le Coeur *fait circuler le Sang dans les vaisseaux. Il abrite l'Esprit.*

La Rate *transforme et fait monter le Ki et l'essence de la nourriture vers les Poumons. L'essence se transforme en Sang, le Ki de la nourriture en Ki Humain.*

Les Reins *font monter le Ki vers la Rate pour activer la transformation de la nourriture, et vers les Poumons pour celle du Ki en Sang. Les Reins stockent le Ki "hérité" ou Ki "prénatal" sous forme d'essence qui est la base de notre constitution, influence notre croissance, notre maturité, et la reproduction. Le Ki des Reins est un mélange de l'essence prénatale et du Ki postnatal. Les Reins sont les racines et les fondations du Yin et du Yang dans le corps.*

Lors de la naissance, de la séparation, lorsque nous sommes seul dans notre propre peau, le premier souffle vient dans un cri. C'est l'éveil à la vie nouvelle. Chaque matin vous entamez une nouvelle journée. Étirez vous, ouvrez vous et inspirez profondément. Prenez conscience de l'espace vous entourant, et de celui à l'intérieur de vous même. Expirez détendez vous et lâchez prise. Premier et dernier, détendu et contracté, ouvert et fermé, faites respecter vos limites.

Ce sont les Poumons et le Gros Intestin qui s'expriment dans leur totalité.

L'enfant se tourne vers sa mère pour trouver soutien et chaleur. La mère tend les bras pour tenir l'enfant et l'étreindre. Plus tard il nous faudra aller voir plus loin pour combler nos besoins. Devenez un chasseur-collectionneur, vos sens à l'écoute, recherchant des informations particulières: apprenez la discrimination. Allez au marché ou cueillez des fruits et des herbes sauvages, étudiez ou sortez pour nouer des contacts.
Le Ki de l'Estomac et de la Rate: toujours en avant.

CHAPITRE SIX

Méridiens Antérieurs

POUMONS-GROS INTESTIN
ESTOMAC-RATE

Ce chapitre et les deux suivants, étudient tous trois les paires d'Organes liés entre eux dans leur travail. Ils décrivent les fonctions des trajets de leurs Méridiens (voir pp. 84-85, 88-89), donnent des exemples d'exercices pour chaque paire d'Organes (voir pp. 86-87 et 90-91), et terminent avec des explications détaillées concernant une séance de base pour chaque groupe de Méridiens (voir pp. 92-103).

Les quatre Méridiens étudiés dans ce chapitre sont les premiers dans le cycle circadien du Ki (voir p. 79). Dans l'ensemble ils concernent nos besoins d'absorption d'énergie et des valeurs nutritives puisées dans notre environnement après la naissance. Ils nous débarrassent et renvoient ce dont nous n'avons pas besoin. Vous pouvez travailler sur chacun de ces Méridiens avec votre partenaire en décubitus, couché sur le dos.

Les dessins de la page de gauche évoquent l'expression corporelle archétypale des qualités du Ki de chaque paire d'Organes. Ce chapitre étudie la première paire d'Organes: Poumons et Gros Intestin (page de gauche, dessin du haut). Ils s'ouvrent sur l'extérieur et surveillent la limite entre l'intérieur et l'extérieur. Les Poumons prennent l'énergie de l'air et rejettent les gaz viciés. Ils contrôlent également la peau, qui "respire". Le Gros Intestin absorbe les fluides et excrète les déchets solides.

La seconde paire d'Organes, Estomac et Rate, sont les Organes de la digestion (page de gauche, dessin du bas). Leurs Méridiens passent à l'avant du corps. La Rate s'ouvre dans la bouche et contrôle le goût. Le Méridien de l'Estomac passe au centre de la poitrine. Pour l'enfant au sein, la bouche, le mamelon et l'étreinte chaude ne font qu'un. C'est ainsi que nait l'association que nous faisons de la nourriture et de la boisson avec la sécurité et le confort.

Lorsque vous aurez appris les trajets et les points (*Tsubos*) de ce chapitre et des suivants, vous disposerez des bases nécessaires pour établir vos propres enchaînements. N'oubliez pas d'appliquer dans votre travail les principes et techniques appris dans les chapitres précédents.

Méridien des Poumons
Le Méridien des Poumons commence profondément dans la région du plexus solaire (le Réchauffeur Moyen, voir p. 132) et descend vers le Gros Intestin, Organe Yang associé aux Poumons, pour s'y lier. Faisant un coude autour de l'Estomac, il traverse le diaphragme, se divise et pénètre dans les Poumons. Il se réunit ensuite et remonte le long de la trachée vers la gorge et se divise à nouveau. Il est sous-cutané dans la région sous-claviculaire, creuse, à l'avant de l'épaule (1. P.). De là il passe sur l'épaule et descend à la partie antérieure du bras le long de la limite extérieure du biceps brachial. Il atteint le tendon externe du biceps dans le pli du coude (5 P.) et continue à descendre le long de l'avant bras jusqu'au poignet juste au dessus de la base du pouce (9. P.). Le Méridien franchit l'éminence thénar pour se terminer à l'angle unguéal interne du pouce.

LE MÉRIDIEN DES POUMONS
Taiyin de la Main

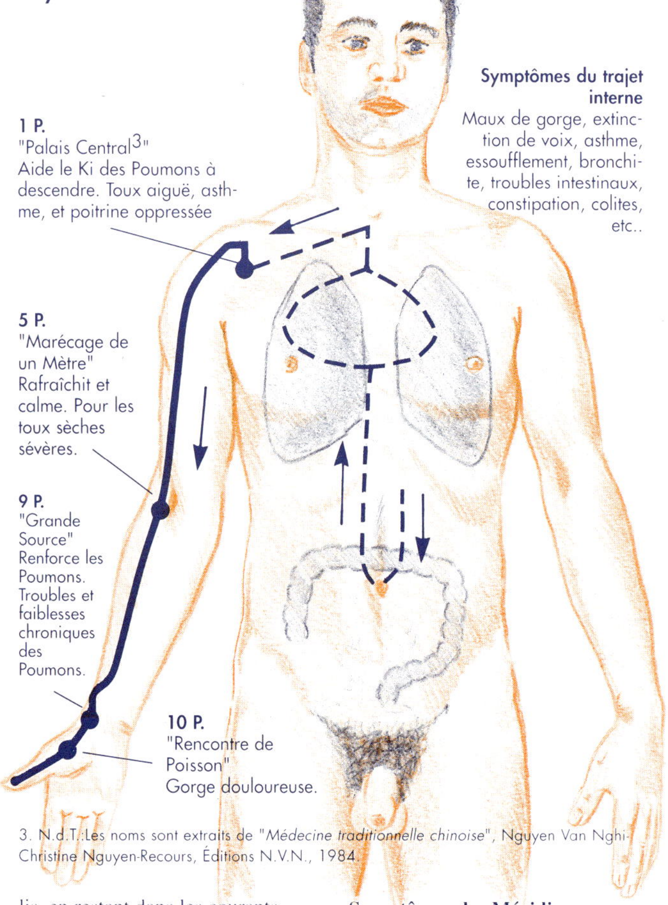

3. N.d.T.:Les noms sont extraits de "*Médecine traditionnelle chinoise*", Nguyen Van Nghi-Christine Nguyen-Recours, Éditions N.V.N., 1984.

Méridien des Poumons, fonctions et symptômes associés.
Les Poumons régissent le Ki. Ils le reçoivent, transforment et distribuent dans le corps: vers la peau pour se défendre, sur les Méridiens pour nourrir et énergétiser tout le corps. Il descend vers les autres Organes, plus particulièrement les Reins, où le Ki postnatal excédentaire s'ajoute à nos réserves constitutionnelles.

Si les Poumons sont faibles ils ne peuvent pas fournir suffisamment de Ki à la peau pour sa défense, et les influences climatiques peuvent envahir le corps par les pores. Selon la médecine orientale c'est ainsi que nous "attrapons" froid, de la fièvre, le torticolis, en restant dans les courants d'air. Une faiblesse chronique des Poumons engendre souvent une grande fatigue, fréquemment associée à un souffle court, et à un teint pâle. Si les Poumons ne peuvent pas faire circuler le Ki, il s'accumule, produisant un torse raide et étroit, encombré, avec toux ou asthme.

Les autres symptômes associés aux Poumons peuvent obliger à traiter plusieurs Méridiens. Par exemple une toux sèche irritante, gorge et peau sèches obligent souvent à travailler également sur le Méridien des Reins.

Symptômes des Méridiens
Les douleurs et autres symptômes surgissant le long du trajet superficiel d'un Méridien sont appellés "symptômes des Méridiens". Vous les soulagerez en travaillant sur le Méridien correspondant. Celui des Poumons est concerné lors des douleurs de la poitrine et de l'épaule, des douleurs le long du bras ou dans le pouce et les nuques raides.

MÉRIDIEN DU GROS INTESTIN Yangming de la Main

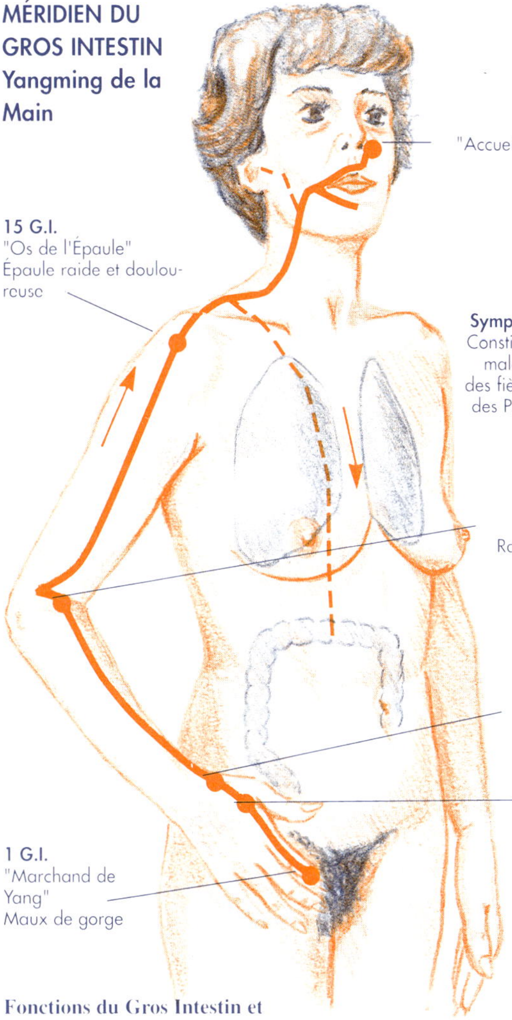

Trajet du Méridien du Gros Intestin

Le Méridien du Gros Intestin commence à l'angle externe de l'extrémité de l'index. Il monte le long du bord radial de l'index, passe entre les deux premiers métacarpiens aboutit entre les deux tendons du pouce au niveau de l'articulation du poignet (5 G.I., tabatière anatomique). Puis il monte en suivant le bord antéro externe de l'avant bras, le long du radius, jusqu'au coude. Le point 11 G.I. est situé à l'extérieur du pli du coude, visible lorsque le bras est fléchi. De là, le Méridien continue jusqu'au point 15 G.I. à l'extérieur de l'épaule. Il passe ensuite sur l'omoplate et rejoint le Méridien Gouverneur au dessous de la septième vertèbre cervicale au point 14 D.M. où il se réunit avec tous les Méridiens Yang. De là il redescend profondément dans le creux sus-claviculaire ou il rejoint les Poumons puis le Gros Intestin, son Organe associé.

La branche colatérale part du creux sus-claviculaire, monte sur la face latérale du cou (muscle sterno-cléido-mastoïdien), arrive sur la joue et entre dans la gencive inférieure. Ensuite elle contourne la lèvre supérieure, et se termine sur le côté de la narine opposée, où elle s'unit au Méridien de l'Estomac.

Fonctions du Gros Intestin et symptômes associés

Le Gros Intestin reçoit de l'Intestin Grêle les restes de nourriture et de boisson, absorbe plus de fluides et excrète les déchets. Il peut se déséquilibrer suite à un mauvais régime alimentaire, une maladie aiguë, une faiblesse de l'état général, ou à cause de l'inquiétude. Ces symptômes sont cependant le plus souvent mieux soignés par le traitement d'un Méridien associé.

De nombreux troubles intestinaux réagissent, par exemple, mieux au traitement appliqué au Méridien du Poumon, des Reins, de la Rate ou de l'Estomac. Pour les problèmes surgissant à cause de l'inquiétude, ou la constipation associée à une grande faiblesse ou à l'essoufflement, traitez les Poumons. Les personnes faibles ou frileuses sont souvent sujettes à des selles acqueuses ou a des diarrhees, associées à des gargouillements, des distentions et une gène abdominale. Dans ce cas traitez la Rate, qui contrôle la transformation des fluides.

Agissez sur le Méridien du Gros Intestin pour les douleurs de l'épaule et le *Tennis elbow*, ainsi que les blocages et douleurs des organes des sens, sans oublier congestion nasale, sinusites et maux de dent.

Travaillez sur ce Méridien depuis le coude vers la main, pour les constipations liées à la chaleur ou à la fièvre.

EXERCICES DES MÉRIDIENS

Poumons et Gros Intestin

Les exercies gymniques de longévité et de bonne santé font partie de la tradition orientale. Certains d'entre eux renforcent plus particulièrement des Organes et améliorent la circulation du Ki sur les Méridiens. Nous vous indiquons ci-dessous quelques exercices pour les Poumons et le Gros Intestin.

Le point commun de ces exercices traditionnels est l'importance attachée au souffle. Une bonne respiration est la source de la vitalité. Les Poumons gouvernent la respiration, contrôlent le Ki, et s'ouvrent dans le nez. Le Méridien du Gros Intestin se termine dans le nez et aide à réguler la respiration. De nos jours les gens souffrent énormément à cause de fosses nasales encombrées voire obstruées, des sinusites d'origine allergique et de troubles généraux dûs à la pollution de l'air des villes et de la climatisation.

La nourriture raffinée, traitée, et dé-naturée affaiblit le Gros Intestin, ce qui provoque souvent des allergies. Le Poumon et le Gros Intestin sont tous deux fortement affectés par l'inquiétude, le stress, les effets de la vie sédentaire. Marcher, nager, faire de la bicyclette et de l'escalade, des exercices plus classiques et une respiration nasale profonde, contrent un grand nombre de ces influences négatives.

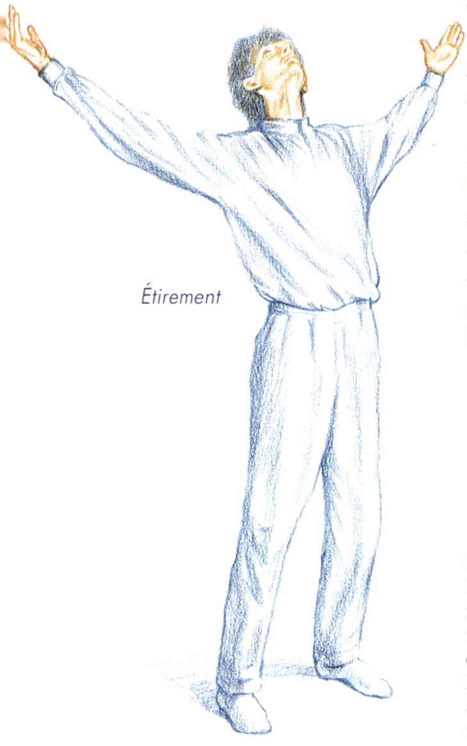

Étirement

Bailler stimule l'oxygène du Sang. Pour provoquer un baillement frottez vous le visage près de la bouche et du nez, puis ouvrez et étirez la bouche. Inspirez et levez les bras et décrivez des cercles avec eux, en regardant vers le ciel. Gardez la pose un moment, bras tendus vers l'arrière (voir ci-dessus). Sentez comme le Ki circule le long des Méridiens. Expirez en baissant les bras.

Étirements de *Makko Ho*

Masunaga a adopté une série d'étirements extraits du *Makko Ho*, méthode d'exercice japonaise, pour chaque paire de Méridien. Désormais largement associés au Shiatsu, ils sont bénéfiques au thérapeute comme au patient.

Pour le Poumon et le Gros Intestin, commencez vos exercices debout pieds écartés à la largeur des épaules. Accrochez vos pouces entre eux dans le dos, expirez et penchez vous en avant depuis les hanches, en étirant les bras en haut, en dehors. Les genoux seront légèrement fléchis (voir à droite). Respirez et détendez vous, un peu plus à chaque respiration. Redressez vous très lentement sur l'expiration.

Makko Ho

Étirer les Méridiens du Poumon et du Gros Intestin ou étirement de Makko Ho.

Méridien de l'Estomac
Le Méridien de l'Estomac commence à l'aile du nez près de 20. G.I.. Il croise le Méridien de la Vessie au point 1. V. sur le front. De 1. E., juste au dessous de l'oeil, il passe dans la gencive supérieure, suit une ligne courbe autour de la bouche et redescend pour rejoindre les Méridiens Gouverneur et Directeur. Ensuite, passant par la gencive inférieure, il remonte suivant l'angle maxilaire inférieur et devant l'oreille jusqu'au front.

De la mâchoire il descend le long de la gorge dans le creux sus-claviculaire où une branche interne descend jusqu'à l'Estomac et la Rate. Le tronc principal superficiel se poursuit sur le torse et l'abdomen, pour atteindre le bas ventre, où une deuxième branche profonde la rejoint partant de l'Estomac.

Le Méridien descend sur la face antérieure de la cuisse, passant juste à l'extérieur de la rotule. À 36 E. au dessous du genoux, le Méridien se divise à nouveau. La branche superficielle suit le bord antéro-externe du tibia, le long du pied pour se terminer à l'angle inguéal externe du deuxième orteil. Sur le dessus du pied une autre colatérale rejoint le Méridien de la Rate.

Estomac et Rate dans la digestion
L'Estomac et la Rate jouent tous deux un rôle dans la digestion, et on considère souvent qu'il faut les traiter de concert. Le Ki de la nourriture est la base du Ki du corps et du Sang, il est donc important de renforcer l'Estomac **et** la Rate dans toutes les maladies chroniques.

L'Estomac souffre surtout de sécheresse et de chaleur. Il "aime l'humidité et déteste la sécheresse". S'il ne bénéficie pas de suffisamment de fluide, la digestion sera difficile, la bouche et les lèvres desséchées.
L'Estomac dirige le Ki vers le bas. Si celui-ci est perturbé, il est possible qu'il se rebelle et parte vers le haut, ce qui cause des nausées, donne envie de vomir ou provoque des maux de tête.

MÉRIDIEN DE L'ESTOMAC
Yangming du Pied

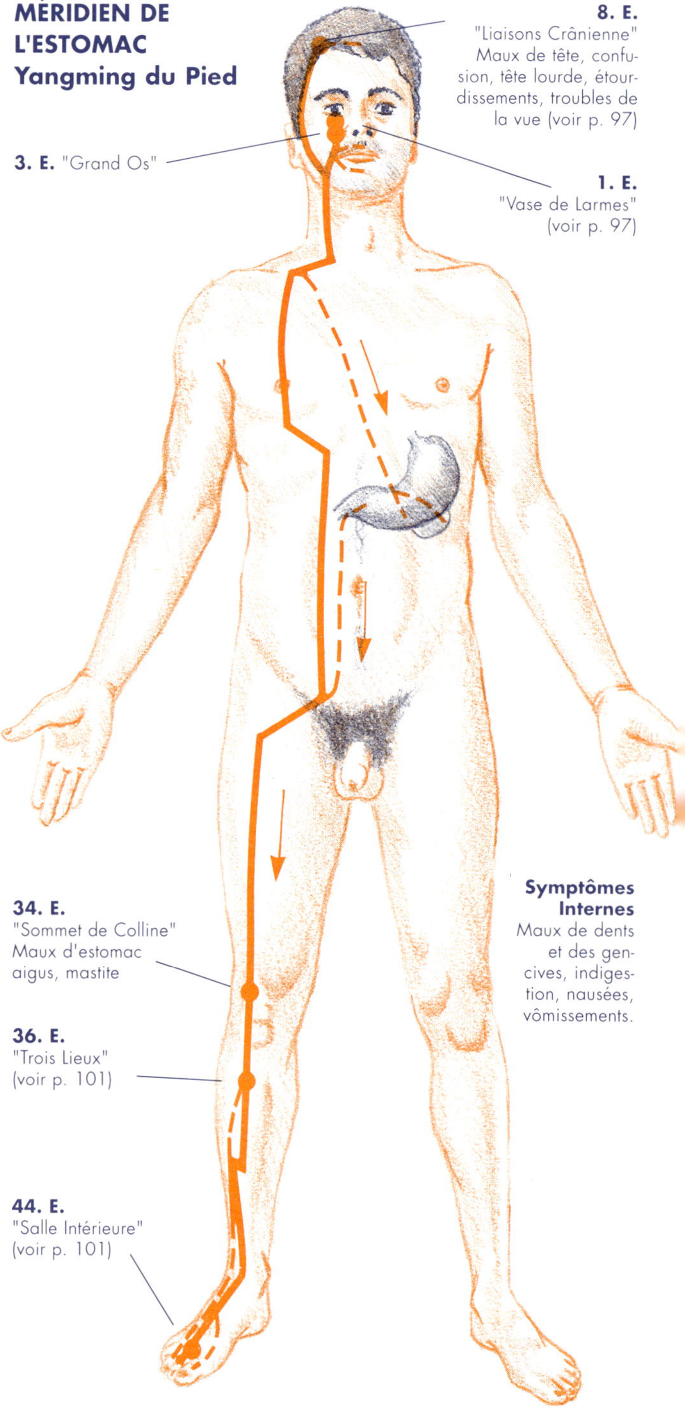

8. E.
"Liaisons Crânienne"
Maux de tête, confusion, tête lourde, étourdissements, troubles de la vue (voir p. 97)

3. E. "Grand Os"

1. E.
"Vase de Larmes"
(voir p. 97)

34. E.
"Sommet de Colline"
Maux d'estomac aigus, mastite

Symptômes Internes
Maux de dents et des gencives, indigestion, nausées, vômissements.

36. E.
"Trois Lieux"
(voir p. 101)

44. E.
"Salle Intérieure"
(voir p. 101)

MÉRIDIEN DE LA RATE Taiyin du Pied

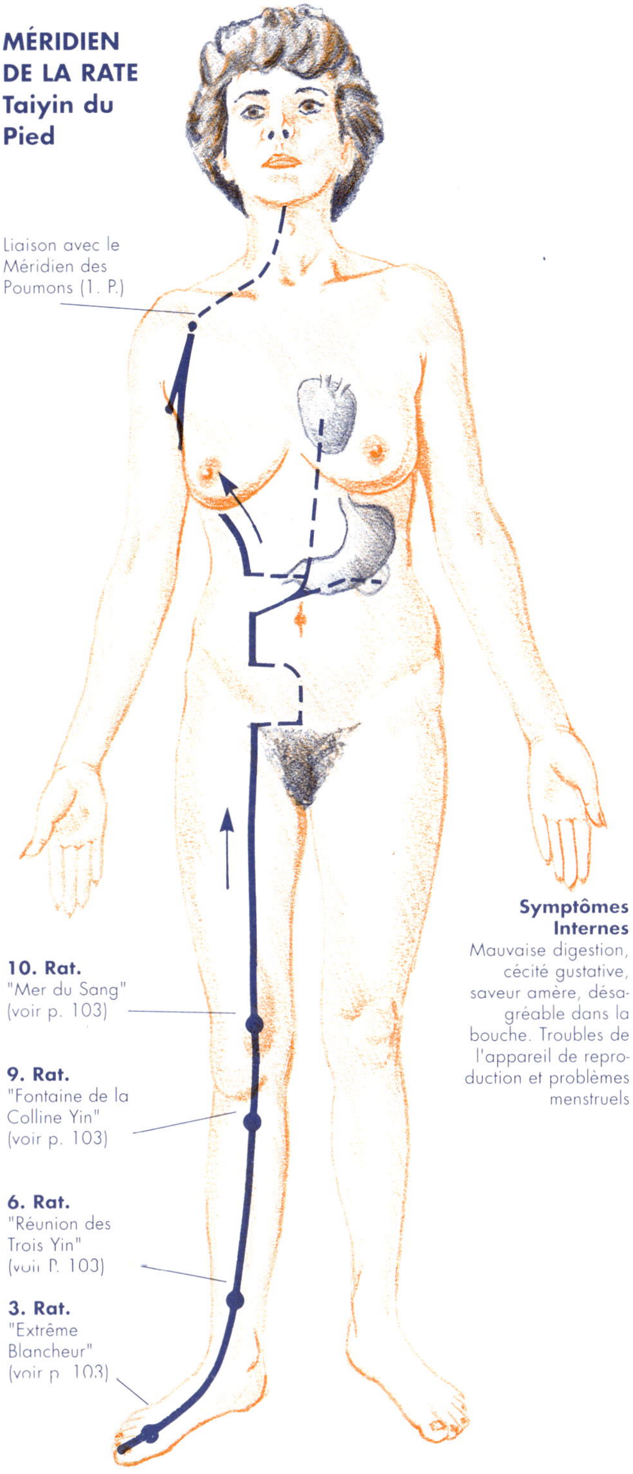

Symptômes Internes
Mauvaise digestion, cécité gustative, saveur amère, désagréable dans la bouche. Troubles de l'appareil de reproduction et problèmes menstruels

Méridien de la Rate
Il débute à l'angle inguéal interne du gros orteil, monte en suivant le bord interne du pied jusqu'à la voute plantaire puis traverse la face antérieure de la malléole interne au point 6. Rat.. Il monte ensuite le long de la jambe juste derrière le tibia, passe derrière le genou sur la face interne, et monte sur la face interne de la cuisse.

De l'aîne il entre dans l'abdomen où il rejoint le Mérdien Directeur, puis refait surface brièvement avant de pénétrer la Rate et l'Estomac. Le tronc principal traverse alors le diaphragme et le torse où il croise le méridien des Poumons au point 1. P.. Il remonte le long de l'oesophage jusqu'à sous la langue. Une branche colatérale de l'Estomac, interne, transporte le Ki vers le Coeur.

Fonctions de la Rate
Le principal rôle de la Rate est de transformer et de transporter. Elle transforme la nourriture et véhicule le Ki nutritif vers les Organes, muscles, membres, et jusqu'aux Coeur et Poumons, puisqu'il est la base du Ki du sang. Son Ki chaud, Yang, transforme également les fluides du corps. La Rate aime la sécheresse, et hait l'humidité. La nourriture froide, comme de trop nombreuses boissons froides peuvent l'affaiblir. Manque d'appétit, et mauvaise digestion, fatigue, faiblesse musculaire, lourdeur des membres, selles acqueuses, diarrhées et ballonnements comptent parmi les symptômes.

Le Ki de la Rate aide aussi à "tenir le Sang", à éviter les hemorragies, il "maintient les Organes" en place. Ecchymoses, saignements, hémorroïdes, veines variqueuses et toutes formes de prolapsus sont des symptômes signant la faiblesse de la Rate.

EXERCICES DES MÉRIDIENS

Estomac et Rate

Les exercices suivant permettent d'harmoniser l'Estomac et la Rate. Leurs Méridiens passent à l'avant du corps. La Rate abrite l'intellect. Trop de travaux intellectuels, d'études, associés à de mauvaises habitudes alimentaires peuvent affaiblir la Rate. De la même manière, difficultés de concentration et mauvaise mémoire sont les symptômes d'une Rate faible. L'exercice physique est la contrepartie idéale du travail intellectuel.

Dans la théorie des Cinq Éléments, le sens du goût est associé à la Rate (voir p. 25). La cécité gustative, comme la présence d'un goût déagréable amer ou âcre dans la bouche, ou encore un penchant marqué pour le sucre, saveur spécifique des Organes associés à la Terre, indiquent un déséquilibre Rate-Estomac.

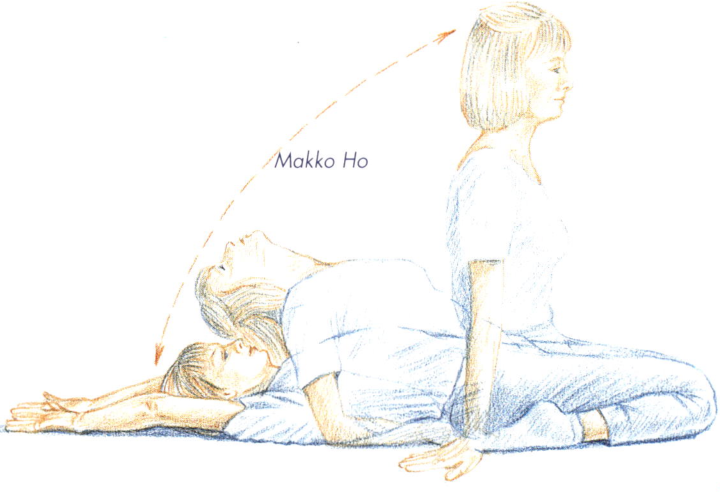

Assis en position de Seiza (voir p. 32) allez le plus bas possible entre vos talons. Ne forcez pas si vos genoux sont douloureux, restez simplement assis ainsi jusqu'à ce que vous vous sentiez à l'aise.

Appuyez vous sur vos mains, ouvrez la poitrine. Ensuite appuyez vous sur les coudes, et progressivement descendez complètement (voir à gauche). Allongez les bras au dessus de la tête si cela vous semble confortable. Expirez à chaque fois que vous adoptez une nouvelle posture. Dans la position finale respirez trois fois profondément. Redressez vous en passant très lentement par toutes les étapes que nous venons de décrire.

La posture du chameau

Cette posture de Yoga est une alternative d'étirement pour les personnes dont les genoux ne permettent pas l'exercice de Makko Ho, plus puissant. Vous pouvez partir d'une position confortable, assise sur un coussin coincé entre vos talons.

Agenouillez vous, posez les mains sur les talons pour soutenir votre corps. Sur une expiration profonde, levez le bassin vers l'avant pour former un arc de cercle. Maintenez la pose quelques instants, respirez, relâchez.

Stress et tensions dans les mâchoires.

Vous ne pensez surement pas que le visage a besoin d'exercice, et pourtant! Stress et tensions contractent souvent inconsciemment les muscles de la mâchoire, ce qui peut conduire à serrer et grincer des dents la nuit, phénomène très courant.

Le meilleur exercice qui soit pour détendre les muscles de la face est de bien mâcher votre nourriture, ce qui a un effet immédiat sur l'Estomac. Vous pouvez également étirer, grimacer, et bouger les mâchoires, ou encore faire des vocalises pour exprimer vos sentiments. Exercice traditionnel plus subtil, passez votre langue le long de vos gencives pour saliver. Concidérée comme un fluide précieux, la salive est associée à la Rate: avalez la et détendez vous.

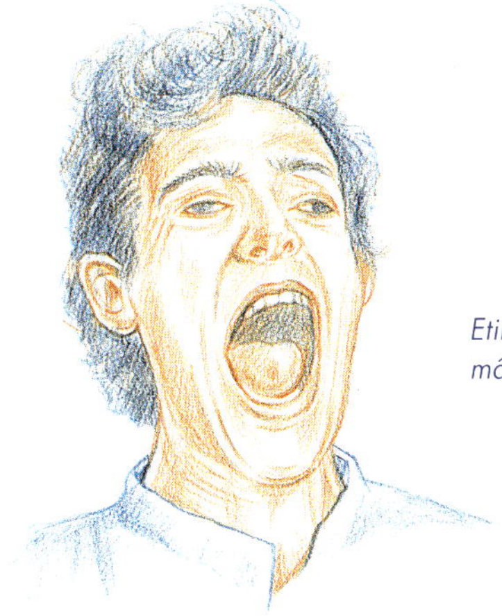

Etirement des muscles de la mâchoire

Détendre le plexus solaire

Tensions du diaphragme et de l'estomac

Plexus solaire, diaphragme, estomac sont souvent maintenus sous tension, ce qui inhibe la respiration et la circulation du Ki et du Sang vers les Organes digestifs.

Enfoncez les doigts légèrement dans la zone située juste au dessous de l'appendice xiphoïde, le long des côtes, penchez vous en avant pour appliquer progressivement une pression (voir à gauche). Expirez toujours très lentement lorsque vous vous penchez. Inspirez, redressez vous. Recommencez le mouvement plusieurs fois. Cette manoeuvre a une action purifiante et revigorante.

Séance de Shiatsu pour les Méridiens antérieurs

Vous atteindrez facilement les Méridiens des Poumons, Gros Intestin, Estomac et Rate de votre partenaire si celui-ci est couché sur le dos (décubitus).

Travailler sur les Méridiens des Poumons et de la Rate, renforce le Ki et améliore sa circulation dans le corps. Il réchauffe les membres et facilite la digestion. Ne perdez pas de vue leurs fonctions spécifiques lorsque vous appliquerez les pressions de Shiatsu sur ces Méridiens (voir p. 84 et 89).

Les Méridiens du Gros Intestin et de l'Estomac (voir p. 85 et 88), se rejoignent sur le visage. En cas de troubles oculaires, de problèmes de nez, de sinus, de dents, et de gencives travaillez dessus. Les manoeuvres expliquées pages 92 à 103 commencent au niveau du bras, se poursuivent à la tête et la nuque et se terminent sur la jambe.

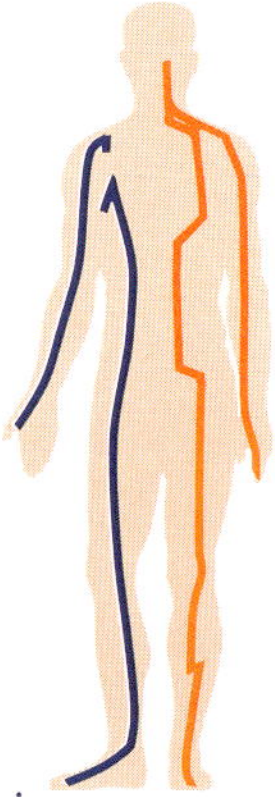

Préparation silencieuse
Détendez vous, assis près de votre partenaire en position de *Seiza* et établissez le contact avec lui en posant la main sur son *Hara*. Calmez vous et centrez vous en prenant conscience de ce que vous ressentez et en acceptant ces sensations. Concentrez vous sur sa respiration, c'est très important. Cela améliorera votre travail sur le Méridien des Poumons.

De la main la plus extérieure, ramassez le bras de votre partenaire, l'autre main quittera le Hara pour se poser sur son épaule. Levez son bras, faites le passer au dessus de la tête, tourner et redescendre vers le côté. Répétez le mouvement plusieurs fois (voir également p. 50). Pour finir posez le membre sur le sol, à 45 ° du corps du partenaire pour pouvoir commencer le travail sur le Méridien des Poumons.

Rotation initiale du bras

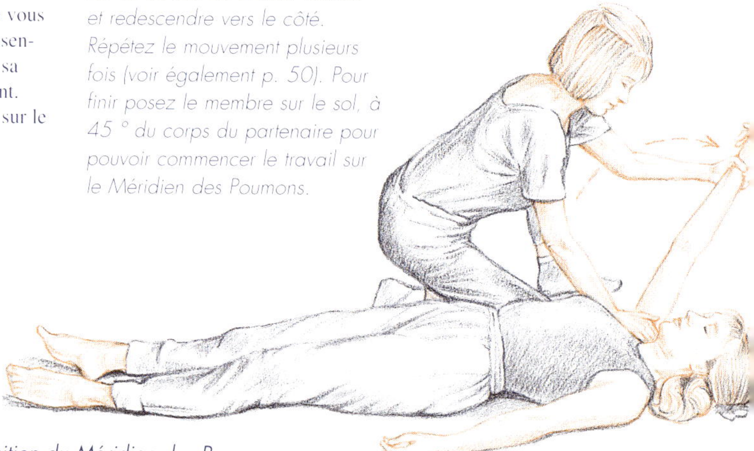

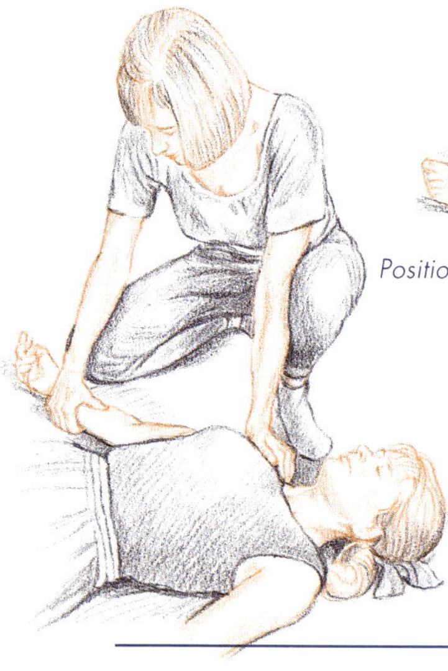

Position du Méridien des Poumons

Afin de pouvoir vous appuyer confortablement et de contacter le Ki du Méridien des Poumons, écartez vous un peu du bras. La paume de la main sera tournée vers le ciel, et vous travaillerez face au bras. Soutenez l'épaule de votre patient de la main la plus proche de lui. Ensuite appuyez dans la partie creuse à l'avant de l'épaule correspondant aux points 1. P. et 2. P., et posez l'autre main n'importe où sur le bras (voir à gauche). Faites une pose et détendez vous. Vous pourrez alors empaumer le Méridien en descendant, tout en gardant les genoux largement écartés.

De la main active localisez le biceps brachial. Appuyez de tout votre poids dans l'espace entre l'humérus et le muscle, le long de la ligne imaginaire tracée entre votre pouce et le talon de la main posée sur l'épaule. Relâchez la pression, faites glisser votre main de 5 cm environ, relâchez et recommencez la pression. Continuez ainsi sur l'avant bras en descendant vers la main, empaumant étapes par étapes jusqu'au poignet côté pouce. Finissez en pressant doucement sur le côté du pouce (voir à droite).

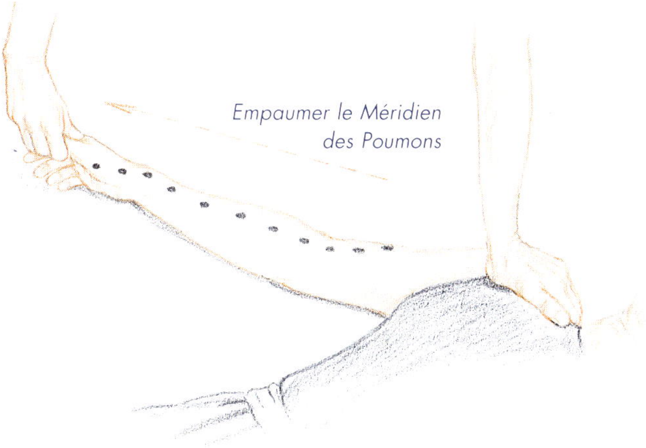

Empaumer le Méridien des Poumons

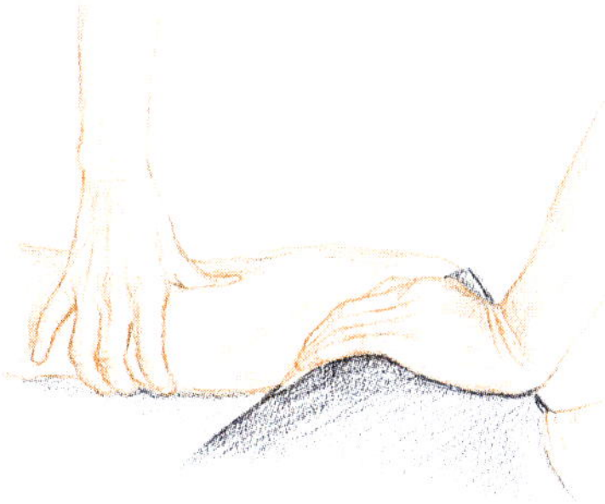

Explorer le sillon bicipital

Pour travailler sur les Tsubos, soutenez le bras de vos doigts et servez vous du pouce en extension pour explorer le sillon situé entre le biceps et l'os. Glissez votre pouce le long de ces points, en maintenant toujours le contact. Travaillez sur le point 5. P. (voir p. 84), à l'extérieur du tendon du biceps à hauteur du coude. Continuez avec votre pouce en descendant le long du Méridien immédiatement sur le bord interne du radius vers le point 9. P., à la base du pouce (voir p. 84). Faites une pose à chaque Tsubo que vous trouverez sur votre chemin et travaillez le.

Restez détendu

N'oubliez pas de toujours garder les épaules basses, détendues, d'allonger les bras et de vous appuyer en partant du *Hara*. N'écrasez pas, ne pincez pas avec le pouce, cela ne servirait à rien et en plus serait douloureux.

Terminez en attrapant fermement la base du pouce de votre partenaire et pressez vigoureusement le long des bords jusqu'aux côtés de l'ongle. Utilisez votre pouce pour presser le long du bord interne du pouce sans oublier le "ventre" des muscles de l'éminence ténard où se trouve le point 10. P., point sédatif pour les gorges douloureuses.

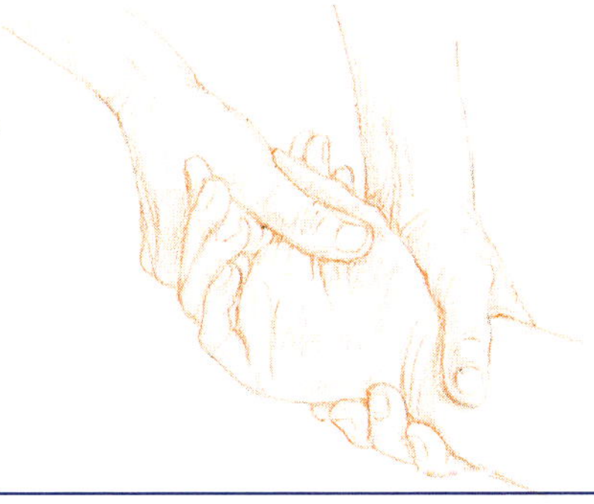

Travailler du pouce sur le point 10. P. de l'éminence thénard

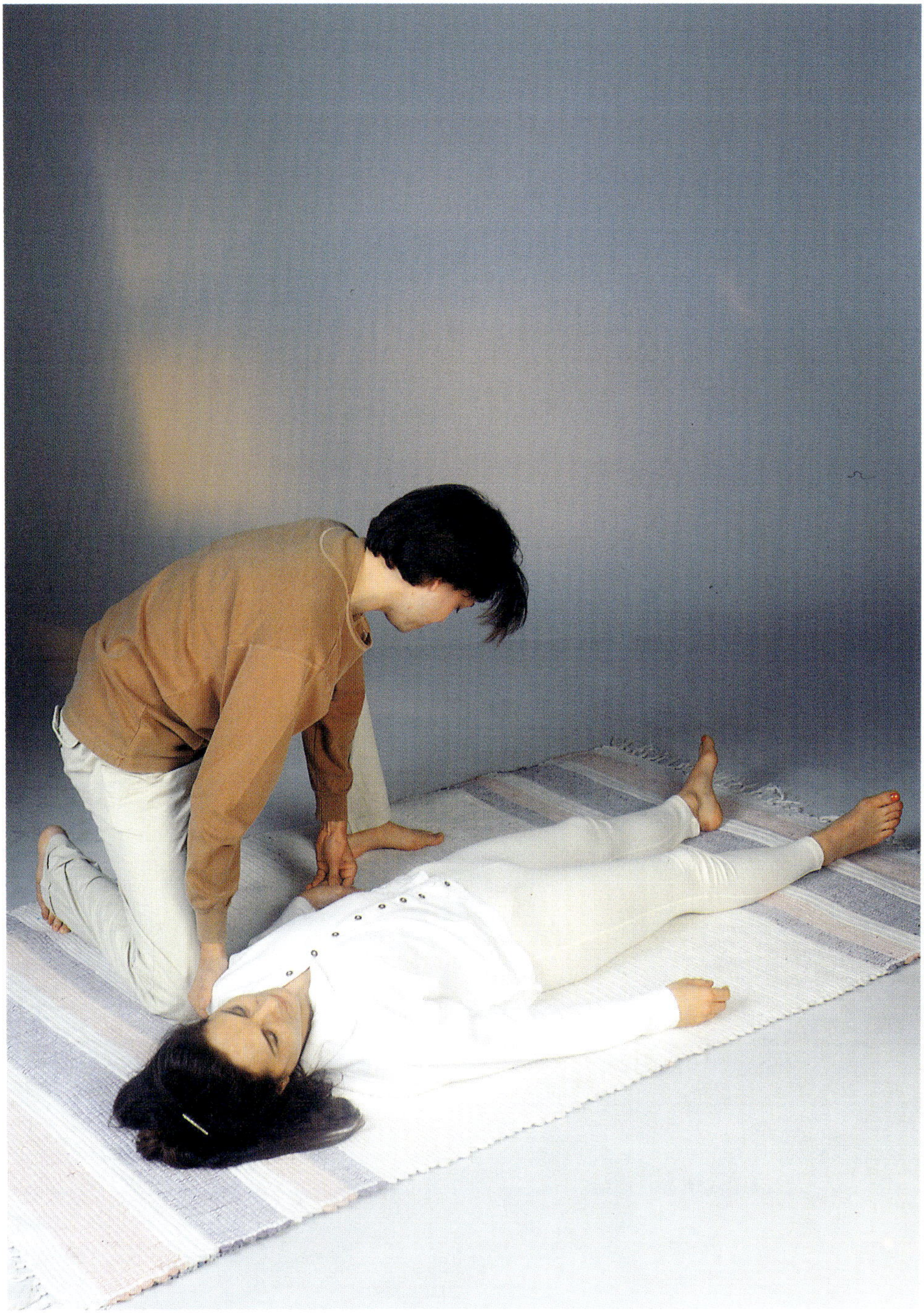

Travailler le Méridien du Gros Intestin avec le pouce

Méridien du Gros Intestin
Vous pourrez travailler sur ce Méridien en ajustant quelque peu votre posture. Il vous suffit de faire tourner la main de votre partenaire légèrement vers l'intérieur (voir ci-dessous) pour amener le bord de l'avant bras le plus haut possible. Le Méridien du Gros Intestin passe près de celui des Poumons, mais comme c'est un canal Yang, il court plus près du bord externe du bras, le long du bord osseux.

Empaumer le Méridien du gros intestin

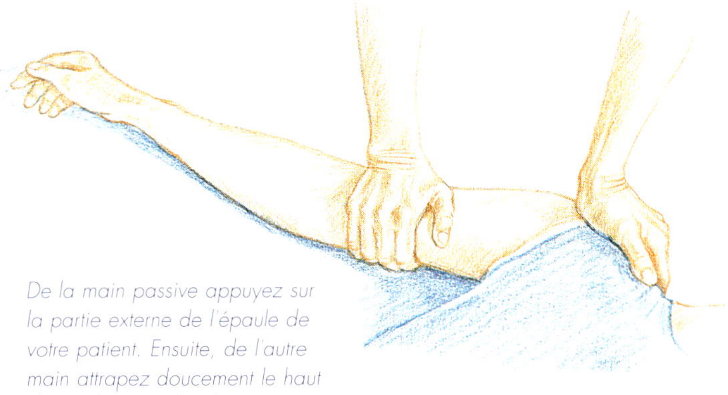

De la main passive appuyez sur la partie externe de l'épaule de votre patient. Ensuite, de l'autre main attrapez doucement le haut de son bras et cherchez à percevoir le Méridien du Gros Intestin le long de l'humérus (voir ci-dessus). Travaillez avec la partie charnue du pouce à plat et le talon de la main. Descendez la main étape par étape, passez le coude et appuyez vous doucement ainsi jusqu'au poignet en suivant le bord osseux de l'avant bras.

Lorsque vous serez familiarisé avec le trajet de ce Méridien, pensez à utiliser votre pouce pour pénétrer plus profondément lors du travail sur l'avant bras (voir à droite). Descendez le long du Méridien jusqu'au point 11. P., à l'angle externe du pli du coude lorsque le bras est fléchi. Utilisez ce point en cas de fièvre et d'excès de chaleur, d'éruption transitoire, et de démangeaisons. Au dessous du coude ayez recours à la technique de la "Gueule du Dragon" (voir p. 46) pour descendre étape par étape du

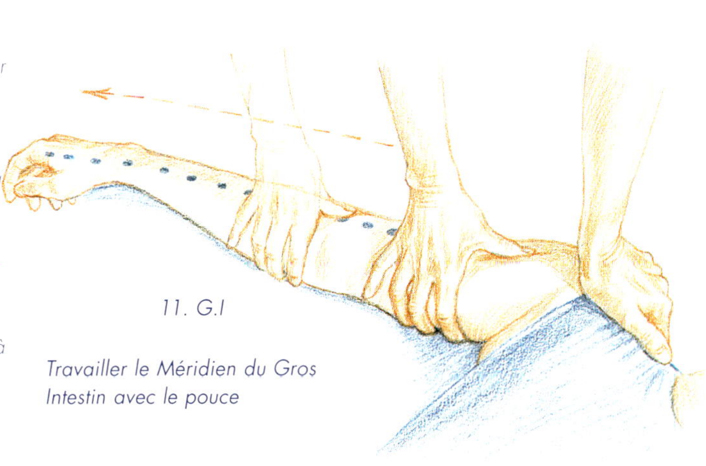

Travailler le Méridien du Gros Intestin avec le pouce

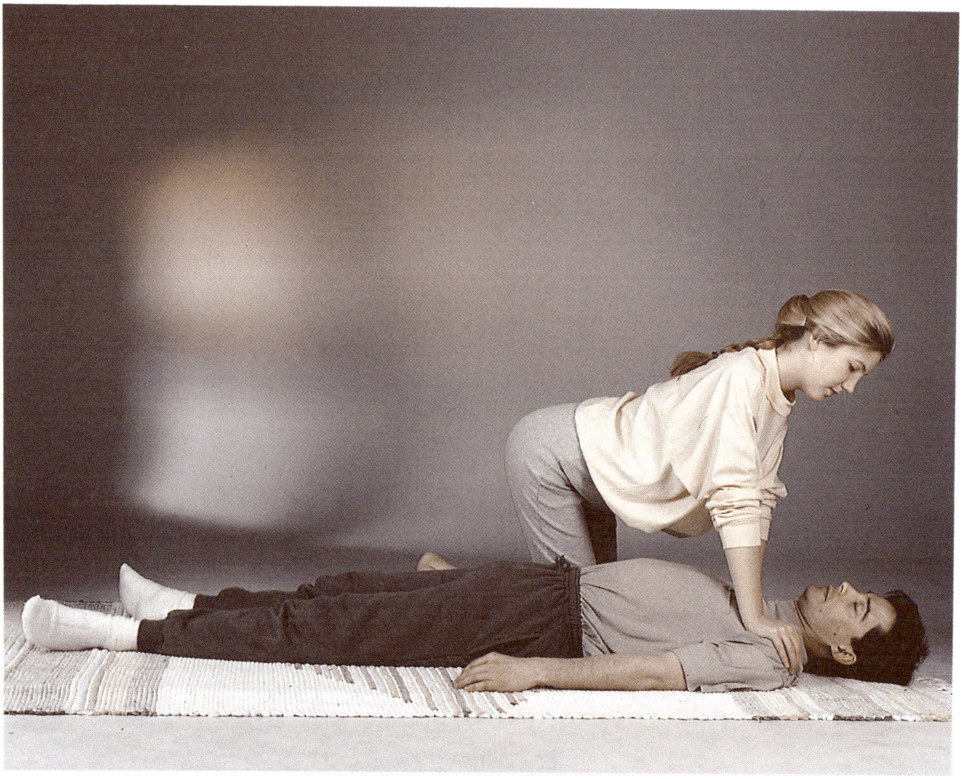

Appui sur les épaules (voir Chapitre 9)

4. Gros Intestin
Le pouce et l'index serrés, le point se trouve localisé au sommet de l'éminence formée par les parties molles. Demandez à votre patient de détendre ses muscles et pressez fermement vers le bas et le bord du 2ème métacarpien. Ce point, utilisé très fréquement, soulage les douleurs, maux de tête, de machoire, et de dents. Il renforce le Yang et le Ki défensif, expulse du visage les symptômes liés aux Vent, Froid, et à la Chaleur, tels que rhumes à répétition, éternuements, yeux douloureux, rhume des foins. Il a une action interne descendante puissante qui aide à soulager la constipation et favorise les accouchements.
Attention: ne pas utiliser ce point en cas de grossesse.

Au niveau de l'articulation du poignet utilisez votre pouce pour appliquer des pressions sur le point 5. G.I., situé entre les deux tendons du pouce. Cela soulagera les douleurs du poignet et du pouce.

Le Méridien du Gros Intestin se termine sur l'index. Utilisez votre pouce et travaillez le long du bord jusqu'à l'ongle, faites une pose avant de terminer et de rompre le contact tranquillement. Faites alors le tour de votre patient pour travailler sur les Méridiens des Poumons et du Gros Intestin de l'autre côté du corps.

Travailler sur le visage et le cou
Lorsque vous aurez terminé le travail sur les bras, faites une pose et, restant toujours en contact avec votre partenaire, par exemple en touchant légèrement son épaule, agenouillez vous en écartant suffisamment les genoux de part et d'autre de ses oreilles. Ne vous mettez pas trop près de lui cela limiterait vos mouvements et pourrait lui sembler oppressant. Travailler sur le visage demande beaucoup de sensibilité et de déférence. Approchez vos mains de la tête ou de la nuque dans un état d'esprit très détendu. Appuyez les deux mains sur les épaules de votre patient et détendez vous.

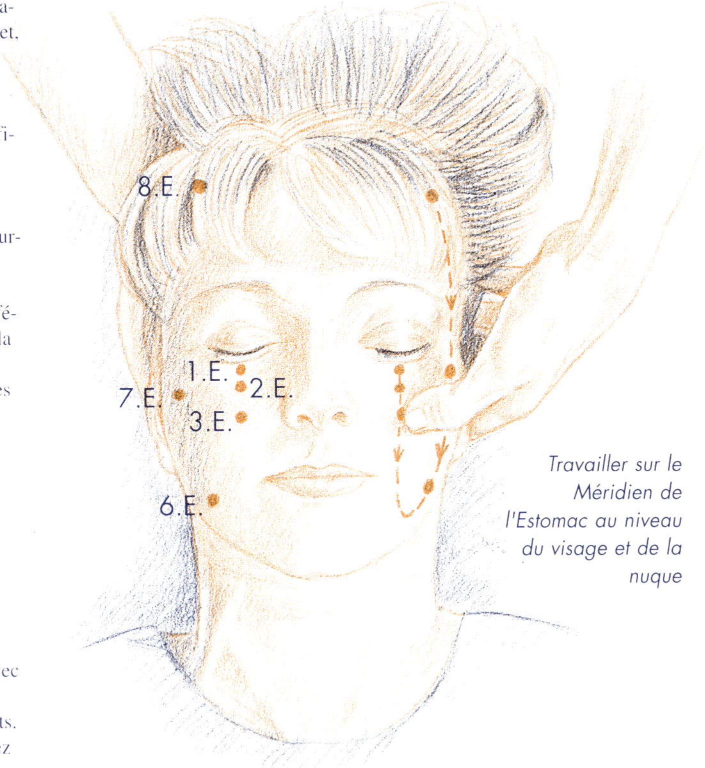

Travailler sur le Méridien de l'Estomac au niveau du visage et de la nuque

Détendre la nuque
Posez la paume de vos mains avec souplesse sur les tempes et les oreilles pendant quelques instants. Ensuite du bout des doigts suivez le bord de l'os occipital à la base du crâne derrière les oreilles. Faites rouler la tête plusieurs fois de droite à gauche pour assouplir la nuque. Ensuite posez le bord de vos mains sur le sol, glissez vos doigts plus loin sous la tête et recroquevillez les dans le creux sous l'os occipital. Penchez vous vers l'arrière, depuis le *Hara*, pour ouvrir et détendre la nuque, cela soulèvera la tête de votre partenaire. Profitez en pour glisser vos paumes dessous afin que la tête soit confortablement installée dans vos mains. Laissez vos doigts en place: ils forment une coupe qui soutient la tête, ce qui est une sensation plaisante pour votre patient. Faites une pose.

Faites rouler la tête de votre partenaire sur le côté, bercez la, balancez la dans la paume ouverte d'une de vos mains. De la main libre travaillez sur les deux branches du Méridien de l'Estomac (voir ci-dessus) avec le pouce tendu. Commencez au point 8. E., juste à l'intérieur de la ligne d'implantation des cheveux sur le côté du front. Le Méridien descend le long du visage et passe environ deux centimètres devant l'oreille. Cherchez les Tsubos, dont le point 7. E., entre le bord de l'arcade zygomatique et la fourchette mandibulaire et 6. E., en dessus de l'angle maxillaire inférieur, sur le masséter, font partie.

L'autre branche de ce Méridien commence sur le bord de la fosse orbitaire au point 1. E., et 2. E.. Le point 3. E., se trouve à la verticale des précédents au niveau du bord inférieur de l'aile du nez. Traiter ce point en cas d'éternuements et de problèmes de nez.

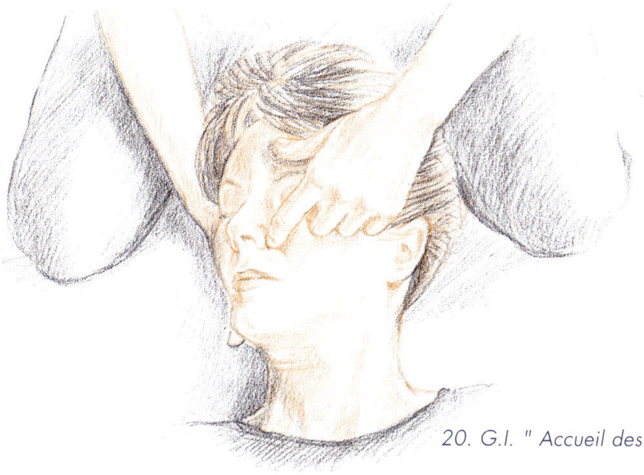

Le point 20. G.I., "Accueil des parfums", est le dernier du Méridien du Gros Intestin. Comme son nom l'indique, stimuler ce point aidera à dégager les nez et sinus encombrés et douloureux. L'index ou l'auriculaire seront peut être plus appropriés pour le stimuler. Doigt tendu appuyez vous de tout le poids de votre bras décontracté, en faisant un petit angle en haut en dedans vers le nez (voir à gauche).

20. G.I. " Accueil des parfums"

Toujours en berçant la tête doucement, travaillez en descendant le long du Sterno-cléido-mastoïdien, muscle prohéminent sur le côté de la nuque. Le Méridien du Gros Intestin suit le muscle en haut et le Méridien de l'Estomac se trouve, lui, un peu plus en avant. Posez la partie charnue du pouce sur le muscle, les doigts de la main active soutiendront l'arrière de la nuque du partenaire. Essayez de ne percevoir qu'une sensation, comme si vos deux mains coopéraient conectées l'une à l'autre (voir p. 52). Modifiez quelque peu la position de la tête de votre patient pour faciliter la relaxation tout en travaillant sur ces deux Méridiens.

Travailler sur le côté opposé

Placez la main active sous le crâne dans la même position que l'autre. Ensuite faites rouler la tête doucement sur le côté pour répéter de ce côté du visage et de la nuque, le travail effectué sur les Méridiens de l'Estomac et du Gros Intestin.

Travailler sur le cou

Soulever la nuque et étirer la colonne vertébrale

Remettez la tête de votre patient dans sa position naturelle. Baissez vos mains, qui se chevaucheront pour encercler et soutenir la nuque, plus bas que le crâne. Vos pouces resteront appliqués correctement contre la mandibule de votre partenaire. Soulevez la tête en haut en arrière, en cambrant doucement le cou. Le mouvement partira de vos hanches, et vous permettra d'étirer légèrement la colonne vertébrale.

Reposez la tête au sol dans une position confortable, en tirant légèrement en arrière sur la crête occipitale sous le crâne.

Terminez votre enchaînement comme vous l'avez commencé, en vous appuyant sur les épaules de votre patrenaire. Rompez le contact doucement après quelques instants.

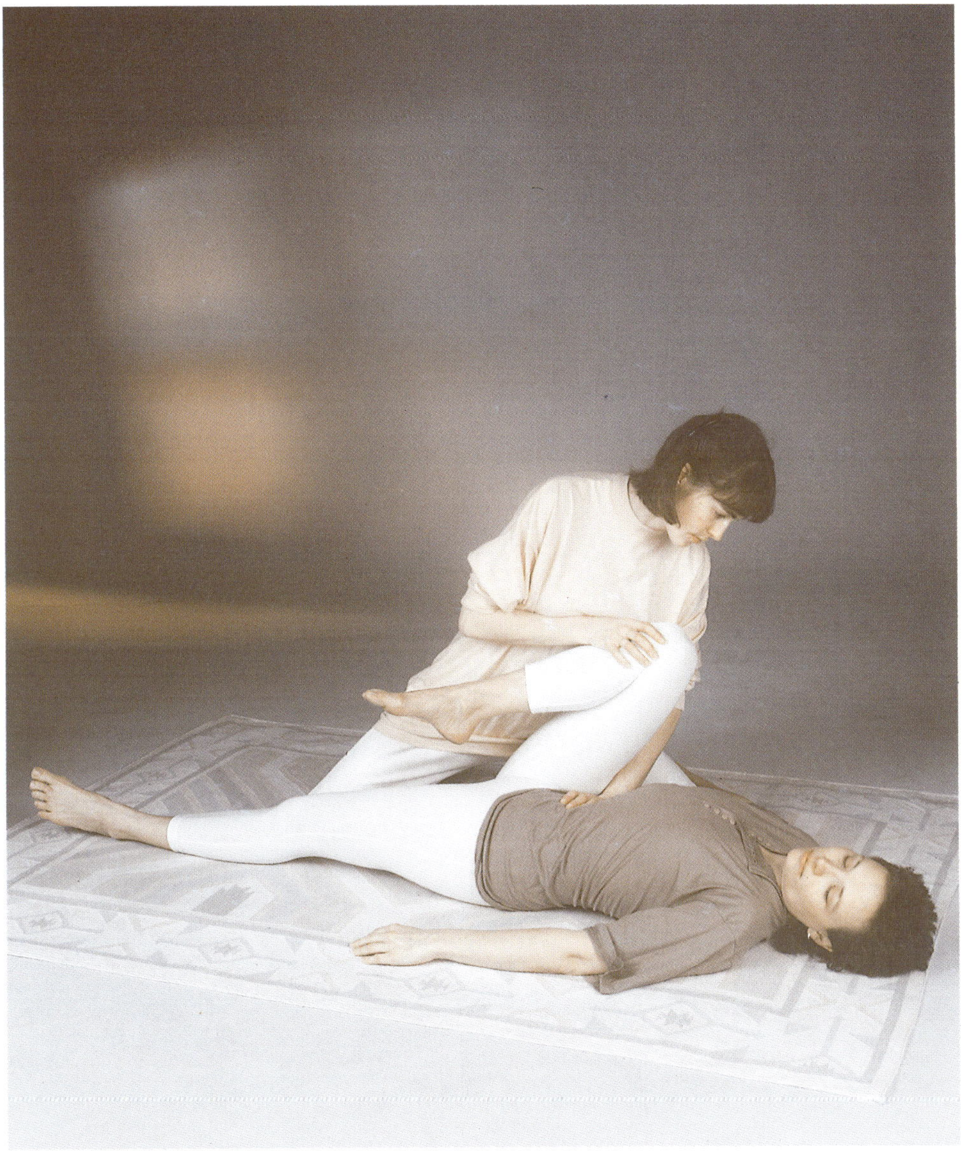

Rotation de la hanche

Positions pour les Méridiens de la jambe

Les Méridiens de l'Estomac et de la Rate descendent à l'avant de la cuisse et de la jambe. Le Méridien de l'Estomac Yang, passe à l'extérieur de celui de la Rate, Yin (voir p. 88-89). L'Estomac et la Rate gouvernent la digestion et sont associés à l'élément Terre. Si vous travaillez sur ces Méridiens sur la jambe de votre partenaire, vous le connecterez "énergétiquement" à la terre (voir p. 22) et renforcerez la digestion. Agenouillez vous perpendiculairement par rapport à lui, avec les genoux bien écartés.

Posez une main au dessous du nombril sur votre patient, et l'autre sur le haut de sa cuisse, les doigts pointés vers l'extérieur. Empaumez la cuisse étape par étape jusqu'au genoux. Dès que vous aurez quitté la région de l'aine, tournez vos doigts vers l'intérieur. Essayez ensuite l'étirement du Méridien de l'Estomac voir ci-dessous).

Empaumer le Méridien de l'Estomac

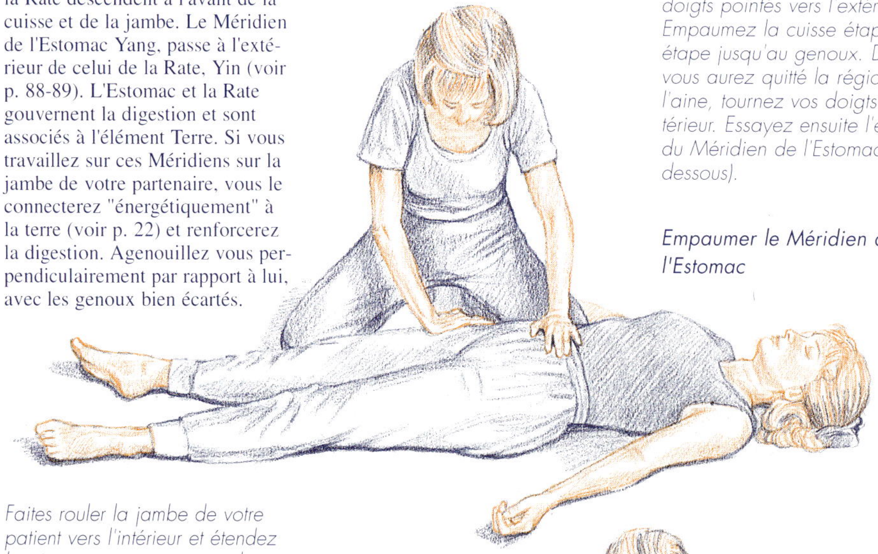

Faites rouler la jambe de votre patient vers l'intérieur et étendez la vôtre pour que votre pied soit posé bien à plat sur le sien, votre talon restera ancré au sol. Cela permet de faire remonter le Méridien de l'Estomac au dessus. Ensuite redressez vous sur vos genoux, amenez les hanches vers l'avant et empaumez le Méridien, cette fois-ci du haut de la cuisse jusqu'au bas de la jambe. Cet étirement active le Ki. Au début cette manoeuvre peut paraître difficile, essayez la et persévérez.

Étirer le Méridien de l'Estomac

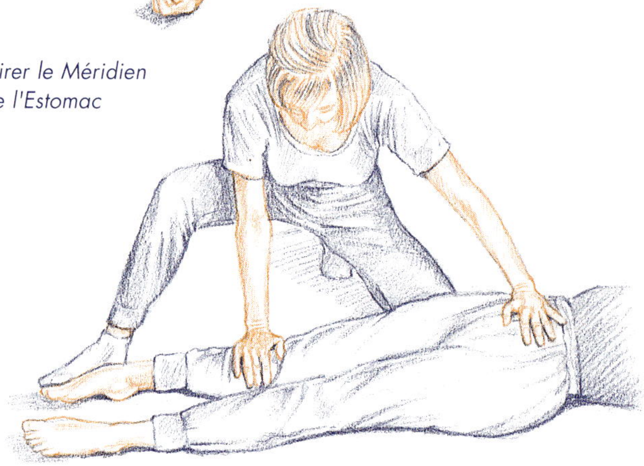

Toujours dans cette position travaillez sur le Méridien de l'Estomac avec votre pouce, en descendant la jambe. Glissez votre pouce entre les Tsubos jusqu'au point 34. E; cinq centimètres au dessus de la rotule. Continuez à descendre jusqu'au point 36. E, situé un travers de main au dessous de la rotule (voir à droite et p. 101), et jusqu'en bas de la jambe en suivant le Méridien de l'Estomac à peu près une largeur de doigt en dehors du tibia.

Travailler sur le Méridien de l'Estomac avec le pouce

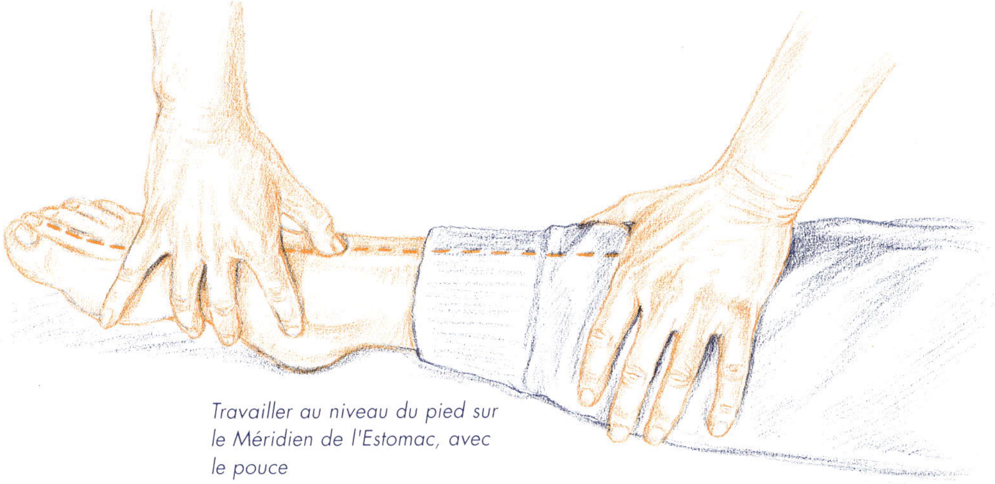

Travailler au niveau du pied sur le Méridien de l'Estomac, avec le pouce

36. Estomac "Trois Lieux"
Les médecins de l'antiquité prétendaient que n'importe quelle maladie pouvait être traitée par ce point. Vous pouvez l'utiliser pour renforcer et tonifier l'ensemble du corps en toute sécurité. Le point 36. E. agit sur l'Estomac et la Rate, qui, selon la médecine traditionnelle orientale extrait le Sang et le Ki de la nourriture ingérée. On raconte que les soldats de l'infanterie chinoise s'arrêtaient toutes les trois lieues pour masser le point 36. E. et régénérer l'énergie, d'où son nom. Il semblerait que les soldats de l'armée révolutionnaire paysane qui suivirent Mao Tse Tung lors de son incroyable "Longue Marche" traversant la Chine, 1934-1935, aient fait de même.

Lorsque vous attraperez le pied, amenez la main qui était sur le Hara, jusque sur la jambe, au dessus ou au dessous du genoux ou même sur la cheville. Travaillez avec le pouce sur la partie la plus haute du pied (voir ci-dessus) jusqu'au point 44. E. entre le second et le troisième orteil (voir ci-dessous). Agissez ensuite sur le point 44. E. et allez ensuite jusqu'au bout du Méridien à l'extérieur du deuxième orteil. Pressez le fermement puis étirez le.

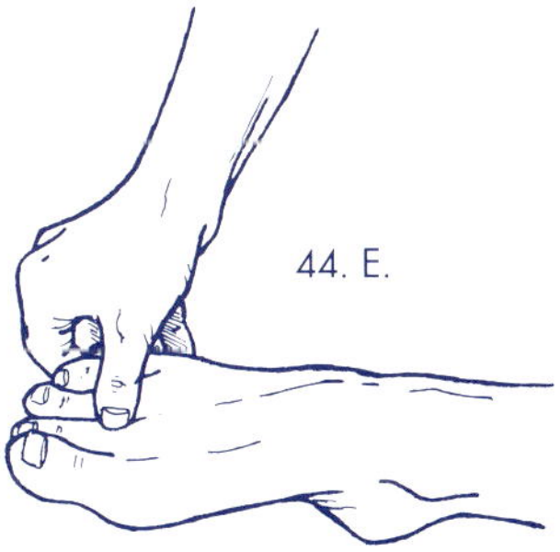

44. Estomac "la Salle Intérieure"
Le point 44. Estomac se trouve un centimètre avant la palmature entre le second et le troisième orteils. Pour le trouver appuyez en direction de l'os du second orteil. Travaillez sur 44. E., pour faire disparaître maux d'Estomac et acidité gastrique. Dans les cas aigüs, travaillez sur les points 36. E **et** 34. E.. Le point 44. E. permettra également de faire disparaître les maux de dents et d'améliorer les gencives douloureuses ou saignant, les rougeurs et les irritations des yeux, ainsi que les maux de tête frontaux. Pour les problèmes touchant le visage ou la bouche, travaillez également sur le Méridien du Gros Intestin, plus particulièrement sur 4. G.I. (voir p.

Méridien de la Rate

Travailler sur le Méridien de la Rate peut permettre de soulager bien des problèmes articulaires, aux niveaux de la hanche, du genou, de la jambe, de la cheville et du gros orteil. C'est particulièrement recommandé lorsque la douleur se fait sentir le long du trajet de ce Méridien et si elle s'agrave lorsque le temps est à l'humidité. Celle-ci, comme la Rate est associée à l'Élément Terre (voir p. 25 et Chapitre 9). La Rate participe également à la transformation et à la circulation des fluides du corps. Les sensations de lourdeur et de ballonnement dans le ventre, ou les membres inférieurs enflés, ou encore l'oedème des chevilles peuvent être traités en agissant sur ce Méridien. La Rate contrôle le Sang, participe à sa production et à sa rétention dans les vaisseaux. Les problèmes menstruels, règles peu abondantes ou absentes, ou encore les saignements entre les règles peuvent s'améliorer en travaillant sur le Méridien de la Rate. Plus généralement les saignements de nez fréquents, les flux hémorroïdaux, contusions fréquentes et les veines moyennement variqueuses sont des Symptomes liés à la Rate. Certains problèmes du tractus digestif bas, en particulier les diarrhées, bénificieront d'un travail sur ce Méridien.

Attention: En cas de grossesse, lorsqu'une fausse couche est probable, ne donnez pas de Shiatsu sur le Méridien de la Rate. N'**utilisez pas** le point 6. Rat. en cas de grossesse.

Une jambe c'est lourd! Levez la progressivement, en souplesse. Laissez la main passive sur le Hara et de l'autre attrapez la jambe au dessous du genou. Penchez vous vers l'avant pour la soulever et fléchir le genou. Le pied de votre patient sera toujours sur le sol, mais vous appuyerez sa jambe contre vous. Ensuite amenez la main vers l'exterieur pour pousser à l'avant du genou (voir ci-dessous) et faites tourner la jambe de façon contrôlée, en vous servant de votre poids. Tournez la à l'intérieur et vers l'avant, puis ramenez la en dehors, recommencez plusieurs fois de suite.

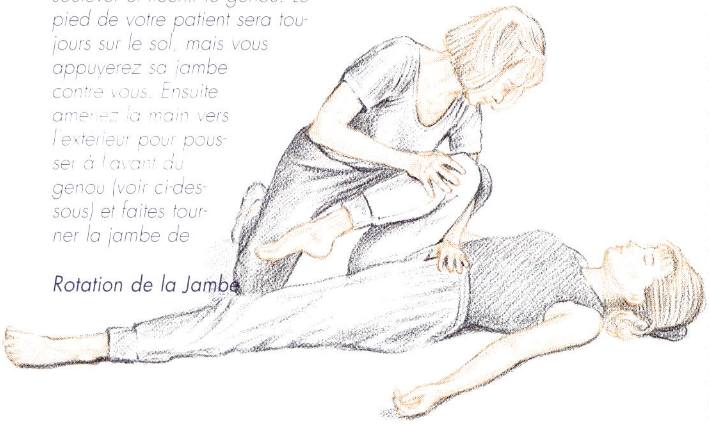

Rotation de la Jambe

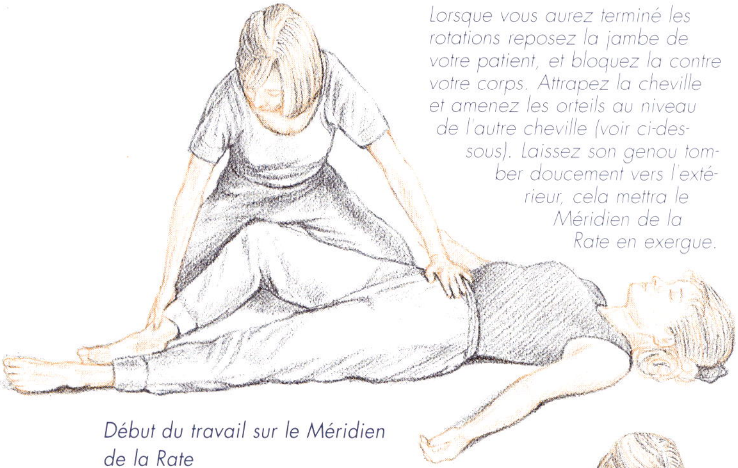

Lorsque vous aurez terminé les rotations reposez la jambe de votre patient, et bloquez la contre votre corps. Attrapez la cheville et amenez les orteils au niveau de l'autre cheville (voir ci-dessous). Laissez son genou tomber doucement vers l'extérieur, cela mettra le Méridien de la Rate en exergue.

Début du travail sur le Méridien de la Rate

Redressez vous sur vos genoux, et vers l'avant, soutenez le genou de votre patient avec votre cuisse. Appuyez vous sur la partie interne de sa cuisse. Empaumez le Méridien de la Rate au dela du bord interne de la rotule jusqu'à la cheville. Tournez les doigts vers l'intérieur lorsque vous aurez quitté la région de l'aine (voir p.64).

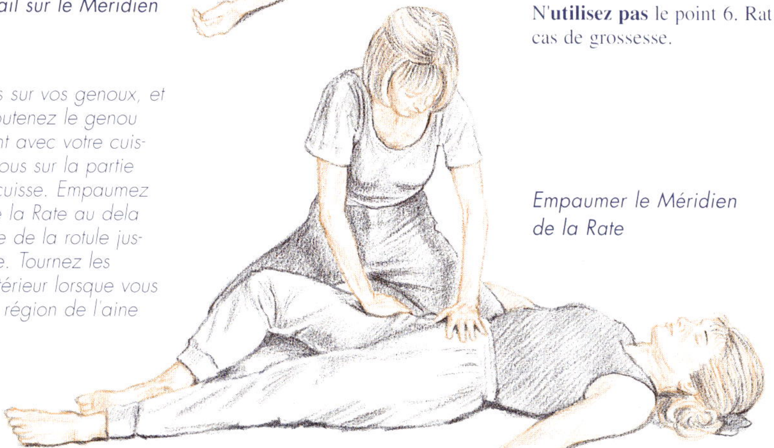

Empaumer le Méridien de la Rate

Lorsque vous aurez travaillé sur le Méridien de la Rate, les Tsubos seront plus faciles à trouver. Les points 10. Rat., 9. Rat., 6. Rat., et 3. Rat., décrits ci-dessous sont des classiques, qu'il est utile de connaître et servent de jalons sur le trajet de ce Cannal. Glissez le pouce le long de ce Méridien et travaillez sur les points réceptifs. L'intérieur de la jambe est souvent plus sensible: votre mouvement doit partir de votre Hara, vous augmenterez ensuite la pression progressivement (voir p. 53).

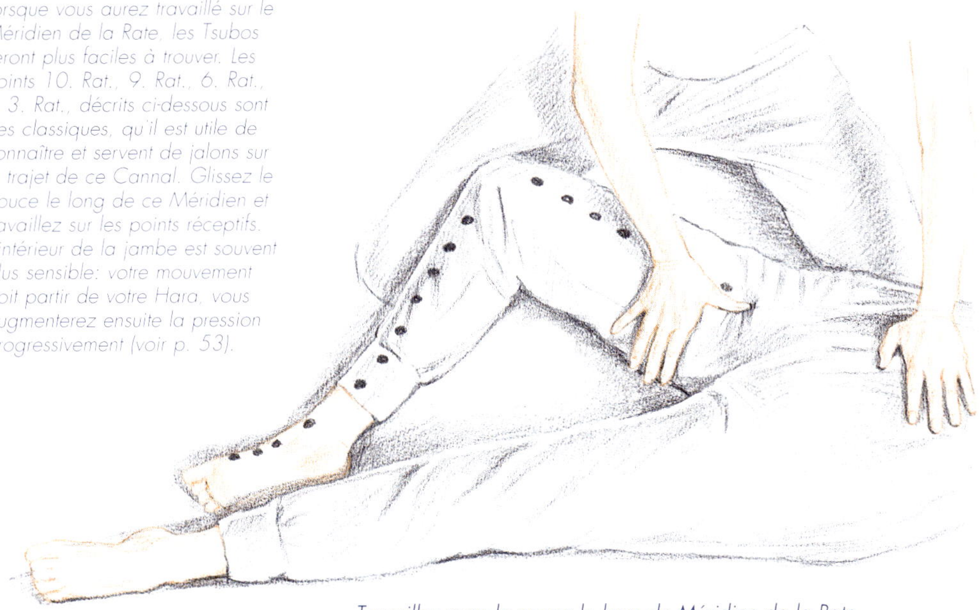

Travailler avec le pouce le long du Méridien de la Rate

3. Rate "Extrême Blancheur"
Ce point se trouve juste au dessous de l'articulation prohéminente du gros orteil, sur le côté du pied légèrement au dessous de l'os. Son nom indique une texture de peau particulièrement pâle associée à une faiblesse du Sang. Le point 3. Rat. renforce la Rate et agit sur les digestions difficiles, les appétits d'oiseau, les selles très fréquentes et les saignements coliques. Il améliore la mémoire, soulage la fatigue intellectuelle et éclaircit les idées. Il renforce également nuque et colonne vertébrale.

6. Rate " Réunion des Trois Yinn"
Le point 6. Rat. se trouve une largeur de main au dessus et à l'intérieur de la malléole, dans la dépression musculaire située juste derrière l'os. Les trois Méridiens Yin, ceux de la Rate, du Foie, et des Reins, se rencontrent à ce point. En général le point 6. Rat. renforce et régule le Sang. Il est utilisé pour tous les problèmes sexuels, masculins et féminins, impuissance, stérilité, règles irrégulières, douleurs menstruelles, et pertes. Il agit sur l'utérus, favorise les contractions pendant l'accouchement et soulage les douleurs qui en découlent (voir Chapitre 10). **Attention:** n'**utilisez pas** le point 6. Rat.en cas de grossesse.

9. Rate "Fontaine de la Colline Yin"
Ce point se trouve environ 5 cm au dessous du genoux vers l'intérieur, dans le creux entre la tête du tibia et le muscle du mollet. Il permet à la Rate de mieux contrôler les fluides du corps. Il s'avère utile en cas de douleurs du genou, en particulier celles qui s'agravent lorsque le temps est humide, et lorsque la raideur augmente avec le manque d'exercice, par exemple rester au lit ou assis sans bouger.

10. Rate "Mer du sang"
Le point 10. Rat. est situé 5 cm au dessus de la rotule à la verticale de son bord interne, au sommet de la saillie musculaire. Ce point sert à contrôler les saignements chez les personnes ayant tendance à faire des hémorragies. Il a une action rafraîchissante sur le Sang et soulage les éruptions violentes et les démangeaisons.

Point 3. Rate

Assis tranquillement sans rien faire, prenez conscience des influences du Ciel et de la Terre

Absorbez en les bénéfices. Coeur, Esprit et Corps en harmonie

Les muscles sont tendus, vous êtes prêt à courir, déterminé à réussir, votre dos vous porte. Votre volonté suffira à faire descendre l'énergie le long de votre dos et de vos jambes.
Vous êtes prêt à bondir. La peur est l'émotion primitive vous poussant à fuir ou à lutter, c'est l'instinct de survie.

Hérissé, un frisson vous parcourt la moelle épinière. C'est l'expression extrême du potentiel des Reins, il vaut mieux l'éviter.

Épargnez votre Ki pour mener une existence longue et paisible.

CHAPITRE SEPT

Les Méridiens Postérieurs

CŒUR-INTESIN GRÊLE VESSIE- REINS

Le Coeur est l'Organe de contrôle central, le siège de la conscience, "l'écrin de l'esprit" et le centre répondant à l'environnement émotionnel. Caché profondément à l'intérieur, il gouverne le Sang et contrôle vaisseaux et circulation sanguine. Le Sang ne se contente pas de nourrir le corps humain, il englobe et soutient l'Esprit. À l'image du vénérable empereur, exécutant un rite sacré pour harmoniser les énergies des Éléments et assurer paix et prospérité à son peuple, lorsque le Coeur fonctionne correctement le corps est florissant et l'Esprit serein et heureux. Les personnes ayant une constitution robuste, un esprit vif, des étincelles dans les yeux, une nature chaude, ouverte, intelligente, reflètent le fonctionnement de leurs Organes. L'Intestin Grêle assiste le Coeur dans sa capacité à distinguer les concepts, clarifier les pensées et absorber les chocs.

"Racines de la vie", les Reins ont une fonction plus élémentaire. Tout organisme est confronté à la survie, aux besoins de protection et de reproduction. L'impulsion créée par ces besoins se manifeste au niveau des Reins. Aidés de la Vessie, ils contrôlent la purification, les réserves, le bon fonctionnement des systèmes hormonaux et nerveux, l'état d'alerte préventive, et la promptitude à l'action. Les Reins sont la base du Yin et du Yang. Ils stockent notre essence constitutive, gouvernent la naissance, la croissance et la reproduction.

En fonction de la théorie des Cinq Éléments, Coeur et Intestin Grêle (voir schéma du haut page de gauche) sont associés à l'élément Feu, à la tendance ascendante, à l'été, la chaleur, au rouge, au rire, et aux émotions que sont la joie et le bonheur. Inversement, la Vésicule Biliaire et les Reins (voir schéma du bas page de gauche), sont associés à l'Eau, à la tendance descendante, rassemblante, à l'hiver, au froid, au bleu nuit, au gémissements et à la peur.

Si votre patient est couché sur le ventre, procubitus, vous pourrez travailler facilement sur ces quatre Méridiens. Vous trouverez pages 106-107 et 110-111, des détails sur le trajet de ces Méridiens, pages 108, 112 et 113 les exercices d'étirement et d'assouplissement, et pages 114 à 127 les enchaînements concernant une séance du Shiatsu leur étant consacrée.

Trajet du Méridien du Cœur
Ce Méridien commence dans le Coeur, en émerge en suivant les vaisseaux sanguins environnants, traverse le diaphragme et descend vers l'Intestin Grêle, Organe lui étant associé. Une branche interne monte dans la gorge jusqu'au lobe oculaire, une autre va jusqu'à la langue.

Une troisième branche commence par se diriger vers les Poumons pour refaire surface au creux de l'aisselle. De là le Méridien descend en suivant le bord postérieur de la face interne du bras en cheminant derrière le Méridien des Poumons et celui du Péricarde, et arrive au pli du coude. Il suit ensuite le bord postérieur de la face interne de l'avant bras et continue jusqu'à l'extrêmité de l'auriculaire à l'angle unguéal externe.

Lorsque vous donnez un Shiatsu à une personne en procubitus, pensez à fléchir le bras dans la position d'étirement concernant le Méridien du Coeur (voir à droite), ce qui le rend facilement accessible. Pour le procubitus, travaillez avec le bras écarté du corps, paume vers le ciel, comme expliqué dans ce chapitre.

MÉRIDIEN DU CŒUR
Shaoyin de la Main
Symptomes internes
Bégaiement, discours incohérent, problèmes cardiaques

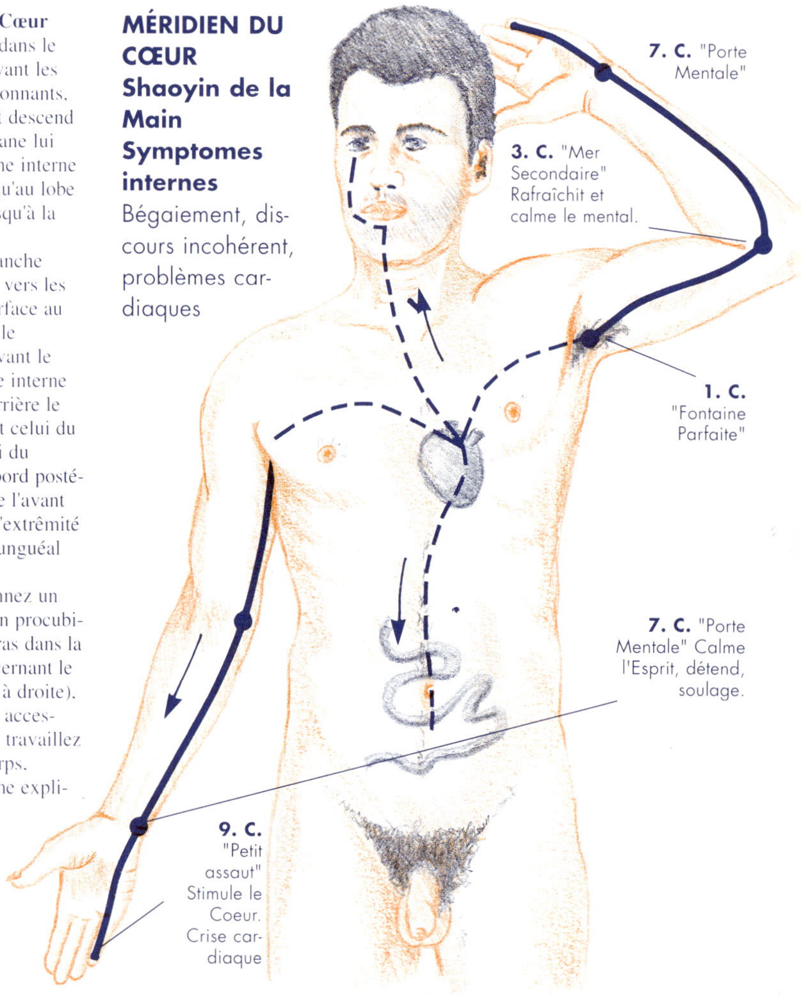

Le Méridien du Coeur, fonctions et symptômes associés.
La force constitutionnelle dépend du Coeur et des Reins (voir p 105). En conséquence, les problèmes de Coeur peuvent provoquer faiblesse, fatigue, ou léthargie et parfois étourdissements et palpitations. Le Sang et le Ki étant intimement liés, les Poumons peuvent s'avérer également atteints, ce qui se manifeste sous forme d'essoufflement (voir p. 84).

Le Coeur est associé à l'Élément Feu, il fait circuler le Sang et abrite l'Esprit. Le Méridien s'ouvre sur la langue et contrôle la transpiration.
Les perturbations du rythme cardiaque se caractérisent souvent par des troubles circulatoires, tels raideur ou douleur dans la poitrine, sensation de chaleur ou de froid en particulier dans les mains. Les troubles cardiaques peuvent également être à l'origine de problèmes psychologiques et émotionnels tels agitation, insomnie, cauchemards, nervosité, irritabilité et anxiété. Ces symptômes peuvent être accompagnés de sueurs anormalement abondantes. La couleur du visage indique l'état de la circulation sanguine et donc celui du Coeur (voir p. 160-161). Un visage pâle inanimé, suggère une faiblesse du Ki du Coeur ou du Sang. Un visage rouge indique un excés de chaleur dans le Coeur.

Les troubles cardiaques sont visibles sur la langue. Ils créent des difficultés d'élocution tels le bredouillement. Chez beaucoup de personnes bavardes, facilement énervées, un peu trop gaies, un déséquilibre du Coeur peut ainsi se manifester.

INTESTIN GRÊLE
Taiyang de la Main

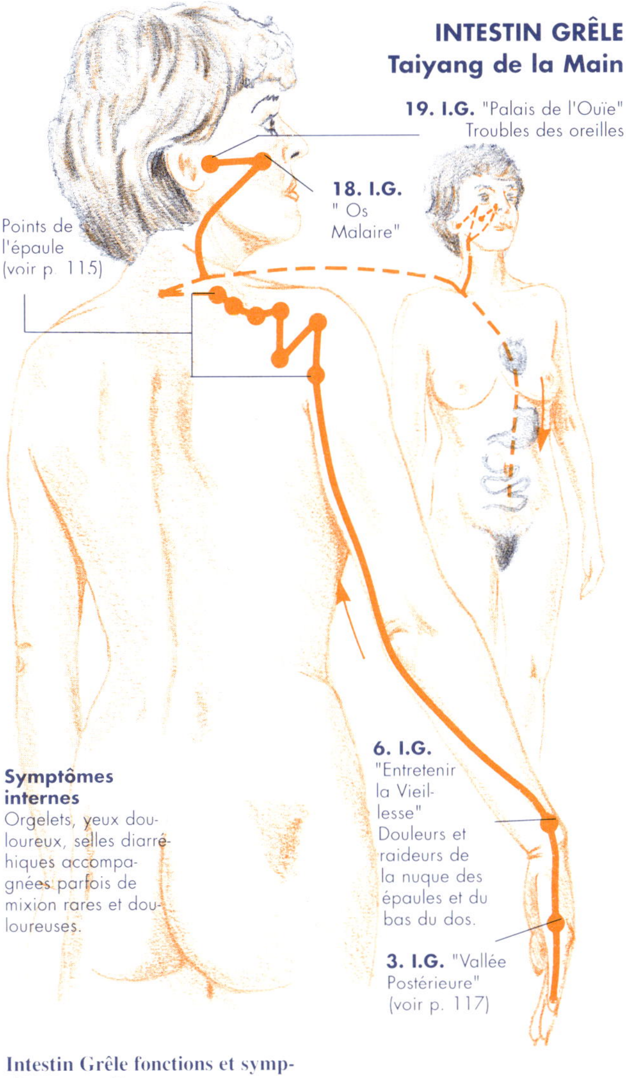

Trajet du Méridien de l'Intestin Grêle

Ce Méridien, à l'opposé de celui du Coeur (voir page de gauche), commence au bord interne de l'extrémité de l'auriculaire et suit le bord interne de la main jusqu'au poignet où il tourne légèrement pour remonter l'avant bras près du bord postérieur du cubitus. Il passe entre l'olécrâne et l'épitrochlée pour arriver à l'articulation de l'épaule en suivant le bord postérieur de la face externe du bras. Il contourne l'omoplate et rencontre le Méridien Gouverneur au point 14. D.M. comme tous les Méridiens Yang. Il se dirige ensuite dans le creux sus-claviculaire, d'où une branche interne se relie avec le Coeur, puis suit l'oesophage jusqu'à l'Estomac, avant de rejoindre son Organe associé l'Intestin Grêle.

De la région sus-claviculaire une branche colatérale superficielle remonte derrière le muscle sterno-cléido-mastoïdien, sur le côté de la nuque, puis traverse la joue jusqu'à l'oreille. Deux branches internes se divisent au niveau de la joue. Elles mènent au Méridien de la Vésicule Biliaire à l'angle externe de l'oeil, et à celui de la Vessie, lui succédant dans le cycle (voir p. 79), au point 1. V. à l'angle interne de l'oeil.

Intestin Grêle fonctions et symptômes associés.

L'intestin Grêle reçoit de la nourriture et des boissons partiellement transformées par l'Estomac. Il discerne et absorbe les éléments nutritifs pour que la Rate puisse les répartir dans le corps. Il véhicule les déchets solides jusqu'au Gros Intestin et fait passer les "fluides impurs" dans la Vessie. Ce Méridien a pour rôle de recevoir, séparer, assimiler et transformer.

L'Intestin Grêle est associé au Coeur, et l'aide à clarifier les esprits, à discerner et assimiler les bonnes idées. Des idées embrouillées sont le signe d'une faiblesse de l'Intestin Grêle.

La Vessie participe également au tri et à la transformation des liquides. Ces deux Organes se trouvent en bas du corps et sont contôlés par les Reins. Le travail sur le Méridien de l'Intestin Grêle permet de soulager les maux de tête postérieurs, les douleurs du rachis et du bas du dos grâce à la connexion avec la Vessie. Les mictions fréquentes et abondantes ou au contraire rares et donnant une sensation de brûlure peuvent être traitées en travaillant sur ces trois Méridiens.

Douleurs et raideur du poignet, du coude, de la région de l'omoplate et de la nuque, ainsi que les douleurs d'oreille, les yeux rouges et douloureux sont des symptômes associés au Méridien de l'Intestin Grêle.

EXERCICES DES MÉRIDIENS

Cœur et Intestin Grêle

De nos jours il est bien connu que les principales causes des problèmes circulatoires et cardiaques sont: tensions, mauvaise alimentation, repas trop copieux. Si vous êtes trop pressés pour prendre le temps de choisir vos aliments correctement, et trop tendu pour manger et digérer confortablement, vous affaiblissez votre organisme et mettez votre coeur en péril.

Le Méridien du Coeur, partant de la langue, aide la Rate à distinguer les "Cinq Saveurs", et permet ainsi de choisir les aliments appropriés. L'Intestin Grêle assiste l'Estomac et la Rate dans la digestion, et vous permet également d'établir un jugement dans tous les domaines.

Les exercices de *Makko Ho* concernant le Coeur et l'Intestin Grêle s'inspirent de postures de prière et de méditation. L'étirement active doucement les Méridiens en débloquant cou et épaules, ce qui stimule la circulation du Ki dans les Méridiens du bras. Ils ouvrent et revigorent également la cage thoracique et l'abdomen où se trouvent les Organes. Le message simple se cachant derrière ces séries d'exercices est le suivant: mangez moins et détendez vous plus.

Asseyez vous presqu'en tailleur, la plante des pieds collées l'une contre l'autre. Attrapez les et rapprochez les le plus possible de l'aine, dans une position confortable. Laissez les genoux tomber vers l'extérieur, ensuite servez vous de vos pieds comme d'une ancre: relevez le buste et expirez doucement. Dans cette position penchez vous en avant jusqu'à expiration totale, détendez vous et inspirez plusieurs fois jusque dans votre Hara, les coudes étant à l'extérieur des genoux. Inspirez lorsque vous vous redressez.

Étirement de Makko Ho

Faites le vide dans votre Coeur, laissez l'Esprit se calmer
Lao-tzeu. *Tao-tê-king*

Posture de méditation

Ce n'est pas tant la position théorique qui compte, mais plutôt la sensation intérieure qu'elle vous procure. Asseyez vous, ou agenouillez vous le dos droit et le rachis détendu. Prenez un coussin ou asseyez vous dans un fauteuil si vous préférez. Détendez les mains, fermez les yeux, et restez ainsi un quart d'heure, à simplement prendre conscience de votre souffle ou à en percevoir le bruit. Vous serez certainement distrait mais ce n'est pas grave, il suffit de se reconcentrer et de recommencer: il n'y a rien à atteindre, ni à voir.

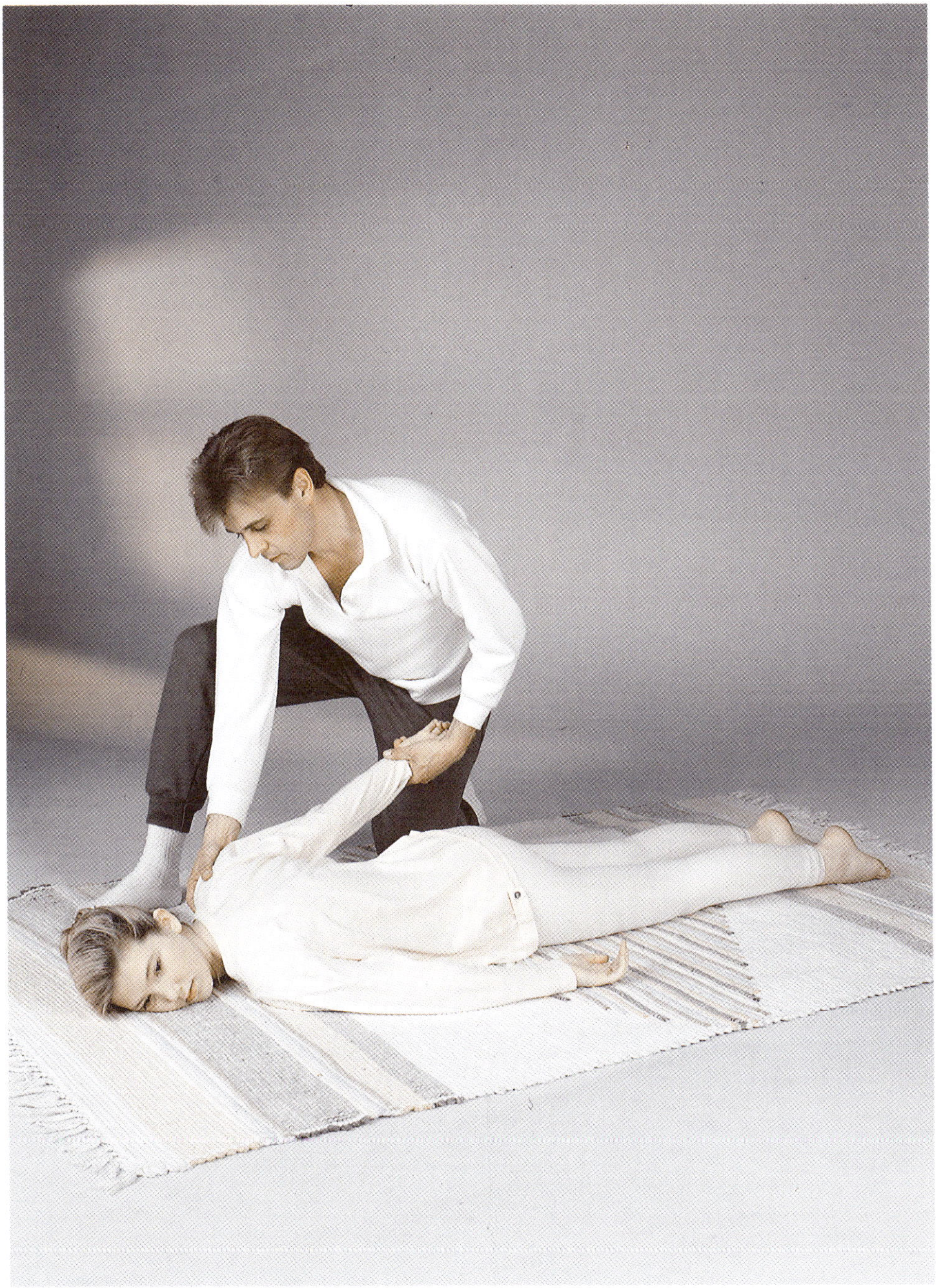

Rotation de l'épaule

Trajet du Méridien de la vessie. Le Méridien de la Vessie commence à l'angle interne de l'oeil monte entre les sourcils, (2. V.), passe sur le front vers la partie supérieure de la tête où il se réunit au Méridien Gouverneur, au point 20. D.M.. De là il s'enfonce dans le cerveau et ressort immédiatement en bifurquant pour redescendre jusqu'à la nuque. Ce trajet superficiel traverse l'occiput, où il se divise à nouveau en deux branches qui descendent jusqu'aux lombes parallèlement à la colonne. La colatérale interne fait un bref détour pour rejoindre le point 14. D.M. avant de poursuivre jusqu'au sacrum, puis à l'arrière de la cuisse jusqu'au milieu du creux poplité. Une colatérale interne se connecte avec les Reins, puis la Vessie après s'être divisée dans la région lombaire. La branche externe passe au niveau de l'occiput descend directement le long du bord interne de l'omoplate puis sur la fesse et suit le bord interne de la cuisse pour rencontrer la branche précédente au milieu du creux poplité. Le tronc principal descend sur la face postérieure de la jambe au milieu du mollet, passe à l'extérieur de la maléolle externe et se termine au bord externe de l'extrémité du petit orteil.

Méridien de la Vessie, fonctions et symptômes associés.
La Vessie transforme les "eaux usées" en urine qui sera évacuée, et aide ainsi les Reins à équilibrer les fluides du corps. Mais ce Méridien a une action plus large: c'est un des aspects du Yang des Reins qui aide à la défense de l'organisme et à soutenir les autres Organes par l'intermédiaire des points associés (voir p. 123). Les Reins "nourrissent le cerveau et la moelle épinière". Le Méridien de la Vessie rejoint le cerveau et permet d'intégrer l'intelligence aux autres fonctions du systèmes nerveux.

Les déséquilibres de la Vessie peuvent se manifester sous formes de symptôme psychologiques: jalousie, soupçons, obsessions, agitation, nerfs à vif.

MÉRIDIEN DE LA VESSIE
Taiyang du Pied

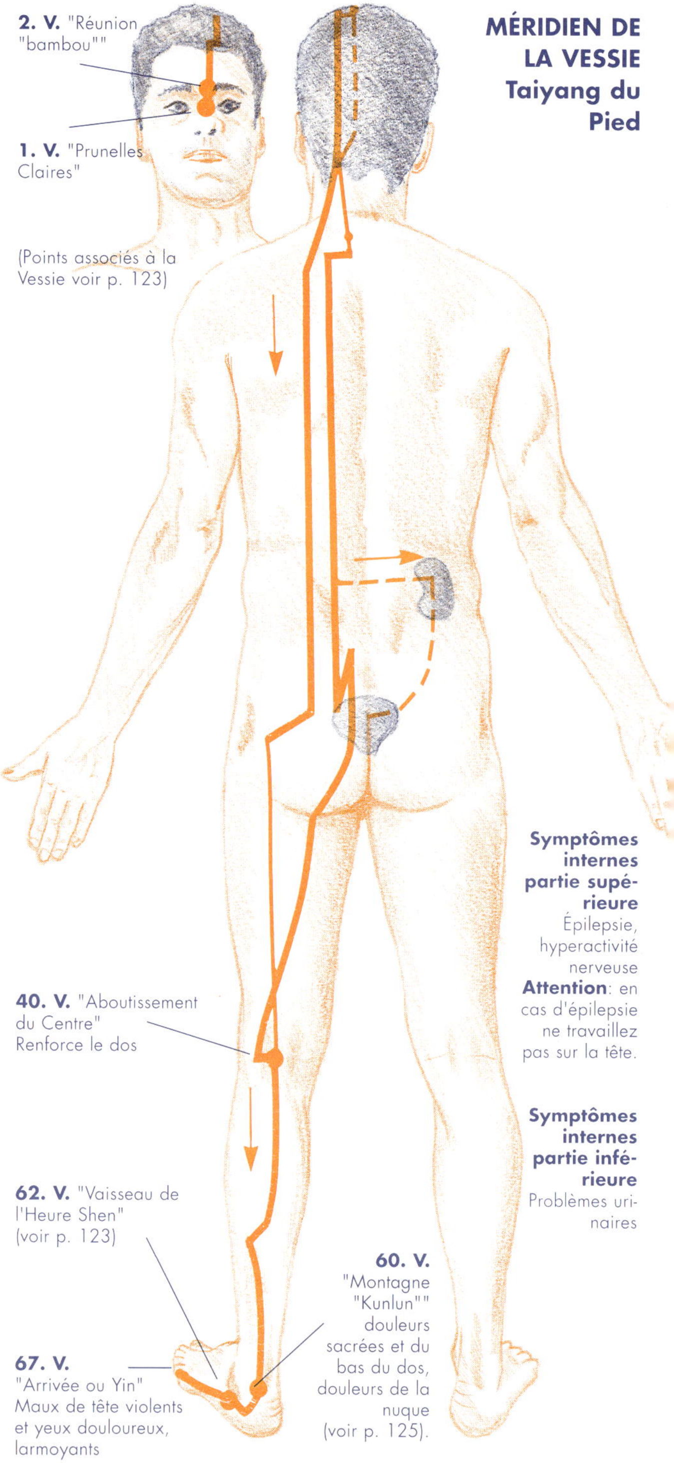

Symptômes internes partie supérieure
Épilepsie, hyperactivité nerveuse
Attention: en cas d'épilepsie ne travaillez pas sur la tête.

Symptômes internes partie inférieure
Problèmes urinaires

MÉRIDIEN DES REINS
Shaoyin du Pied

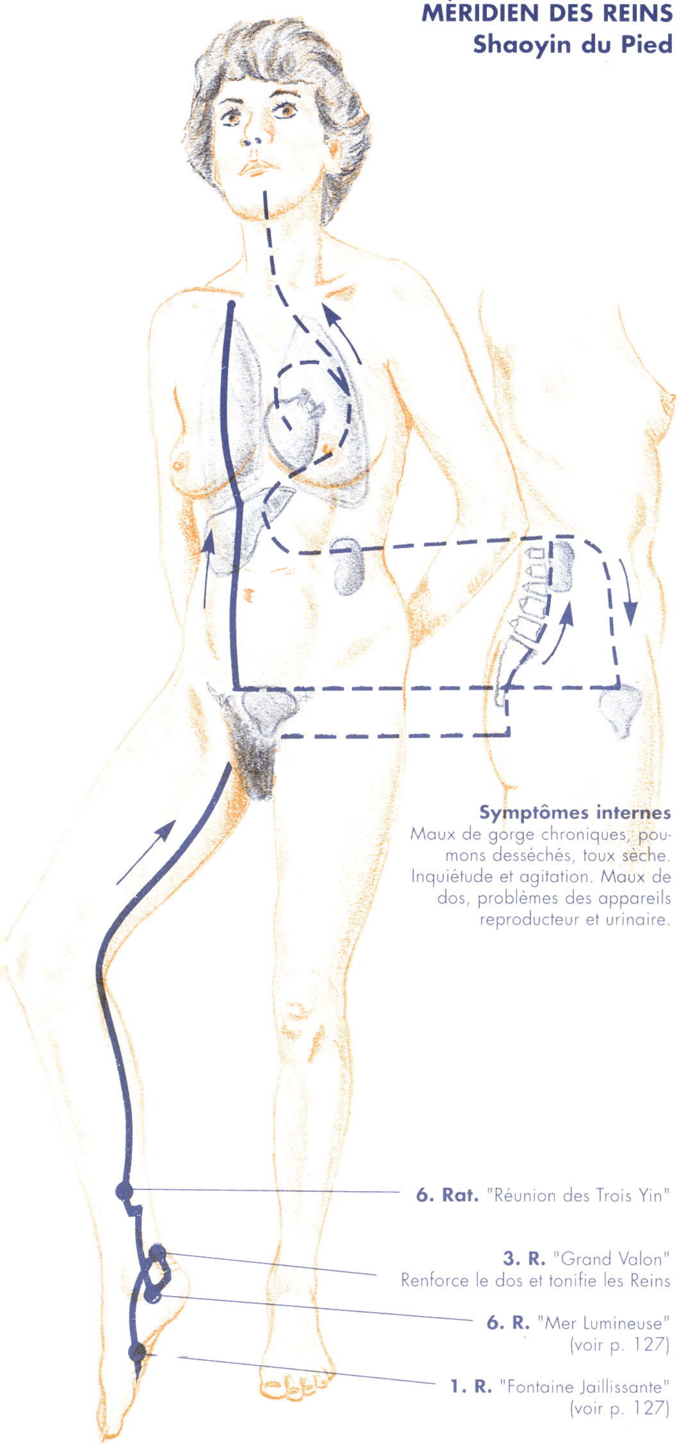

Symptômes internes
Maux de gorge chroniques, poumons desséchés, toux sèche. Inquiétude et agitation. Maux de dos, problèmes des appareils reproducteur et urinaire.

Trajet du Méridien des Reins
Ce méridien commence sous le petit orteil près de l'extrémité du Méridien de la Vessie, se dirige obliquement vers la plante du pied, 1. R., et passe sous la tubérosité scaphoïde, puis derrière la malléole interne pour aboutir au talon. De là il remonte en suivant la face interne de la jambe, traverse le Méridien de la Rate au point 6. Rat., et monte sur le bord interne du creux poplité puis sur le bord postérieur de la face interne de la cuisse. Là son trajet est plus profond et se dirige vers la colonne vertébrale où il rejoint le Méridien Gouverneur. Il longe le rachis lombaire, entre dans les Reins, et redescend à la Vessie, il fait enfin surface près du pubis. Il se relie au Méridien Directeur dans le bas ventre puis remonte le corps jusqu'à la clavicule.

Une autre branche se détache au niveau des Reins pour pénétrer dans le Foie et les Poumons et remonte jusqu'à la gorge et à la langue. Des Poumons, une autre collatérale se détache pour se réunir au Coeur et se terminer dans la poitrine pour se relier avec le Méridien du Péricarde.

Méridien des Reins, fonctions et symptômes associés
Les Reins sont la base de notre résistance constitutionnelle et contrôlent l'énergie et les substances du corps. Il régit également les os, s'ouvre au niveau des oreilles et se manifeste par la chevelure. Le Yin des Reins stocke l'Essence, la base de la croissance physiologique, du développement et de la maturité. Il forme les "Moelles" épinière, cérébrale et osseuse.

Le Yang des Reins est le potentiel de transformation du corps et soutient les fonctions de tous les autres Organes.

Les Symptômes associés aux Reins sont essentiellement fatigue et épuisement, on y ajoute communément les problèmes des appareils génital et urinaire, les douleurs basses de dos, la mauvaise mémoire les étourdissements, les surdités, les bourdonnements d'oreille, les chutes de cheveux et la calvitie.

EXERCICES DES MÉRIDIENS

Vessie et Reins

Le rôle joué par Vessie et Reins dans le maintien de l'équilibre du corps peut amener celui-ci à l'épuisement. Un travail intellectuel excessif est suceptible d'induire une fatigue cérébrale, irritabilité, insomnie, et incapacité de se détendre. L'activité physique excessive risque d'affaiblir le Ki et l'Essence donnant ainsi naissance à de nombreux symptômes (voir p. 111). Harmoniser l'activité sexuelle à ses réserves énergétiques a également beaucoup d'importance, car le mélange "surcharge de travail" et "activité sexuelle excessive" créée des déséquilibres rénaux importants. Les étirements de *Makko Ho* (ci dessous) rajeunissent et détendent votre corps. Faites les avant d'aller vous coucher.

Pour équilibrer l'utilisation de l'énergie cérébrale, il est important d'avoir une activité physique. Détente et repos sont néanmoins tout aussi importants pour récupérer après un effort physique. Alternez la première et les seconds.

Asseyez vous aussi droit que possible. Allongez les jambes devant vous, détendez les genoux et laissez vos pieds tomber vers l'extérieur. Détendez les fesses et basculez le bassin de manière à être assis sur les ischions. Si cela vous semble difficile asseyez vous sur un petit coussin. Inspirez et tendez les bras au dessus de votre tête, paumes vers l'extérieur. Sur l'expiration pliez vous vers l'avant. Le mouvement part des hanches. Le tronc et le dos restent bien droits. Amenez les mains à hauteur des pieds, mais n'essayez pas de vous agripper à vos jambes ni de tirer vers le bas. Restez simplement penché ainsi et respirez. Détendez dos, nuque, épaules, bras et jambes.

Gardez la pose pendant une minute ou deux si elle vous semble suffisamment confortable.

Étirement de Makko Ho

Ces rotations de la taille sont simples. Elles assouplissent la taille et étirent le dos, aidant ainsi le flux de Ki à monter et descendre le long des Méridiens. Elles soulagent immédiatement un dos douloureux et rompu de fatigue, symptômes communément associés à des Reins faibles.

Debout pieds parallèles, largement écartés, genoux légèrement fléchis, posez les mains sur les lombes pour soutenir les Reins. En gardant les hanches et les jambes immobiles, tournez vous sur le côté, expirez lentement en vous penchant alors vers l'avant, au dessus du genoux, revenez vers le milieu puis passez de l'autre côté en décrivant lentement un demi cercle. Inspirez en vous redressant, et reprenez la position initiale, de face. Continuez les rotations pendant quelques instants. Inversez ensuite le sens de rotation.

Rotations de la taille

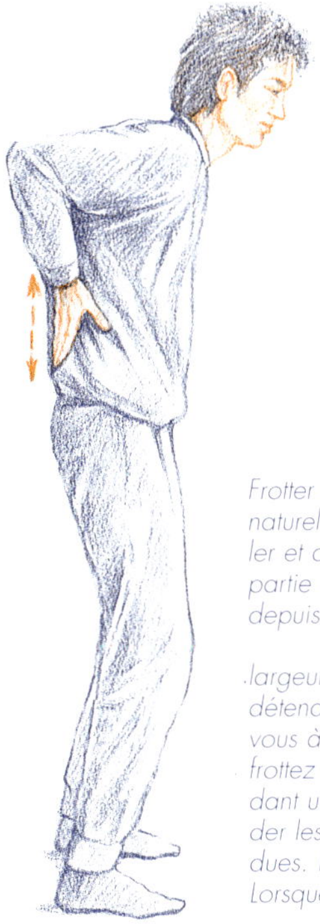

Réchauffement des Reins

Frotter son corps est une manière naturelle et spontannée de stimuler et d'attirer le Ki, ce qui fait partie des exercices traditionnels depuis fort longtemps.

Debout pieds écartés à la largeur des épaules, genoux détendus, tenez vos mains devant vous à hauteur de la poitrine et frottez les l'une contre l'autre, pendant une minute. Essayez de garder les épaules basses, détendues. Respirez profondément. Lorsque vos mains seront chaudes, placez les sur vos lombes, au niveau des Reins. Penchez vous légèrement en avant et frottez vigoureusement en respirant par la bouche. Recommencez une ou deux fois. Lorsqu'il fait froid le matin, combinez cet exercice à ceux des Poumons (p. 86) et du Triple Réchauffeur (p. 135).

Séance de Shiatsu pour les Méridiens postérieurs

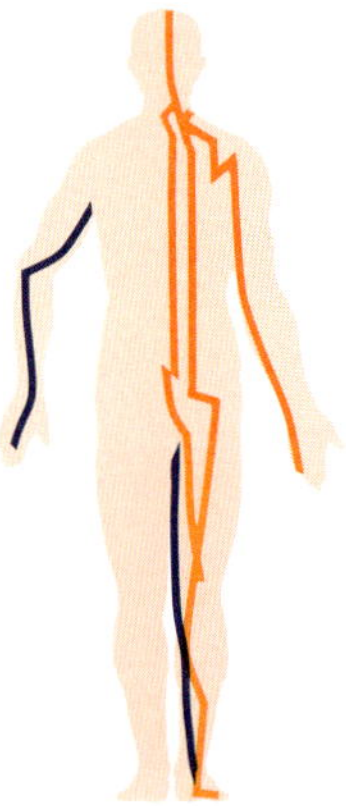

Ces quatre Méridiens circulent sur la partie postérieure du corps et des membres. Vous les atteindrez plus facilement si votre partenaire est couché sur le ventre.

Les Méridiens du Coeur et de l'Intestin Grêle sur le bras, de la Vessie et des Reins sur la jambe représentent le Feu et l'Eau. Équilibrés, ils soutiennent et entretiennent la robustesse constitutionnelle. Le Coeur et les Reins se soutiennent mutuellement. L'Intestin Grêle et la Vessie coopèrent et transforment les liquides. Leurs Méridiens influent tous deux sur la tête, le cou, et le rachis tout entier.

Agenouillez vous à la tête de votre patient, genoux largement écartés. Pour son confort glissez un oreiller sous sa poitrine surtout s'il a la nuque raide. Détendez vous, appuyez vos mains franchement sur le haut de ses omoplates. Accordez vous quelques secondes pour ajuster vos perceptions à l'état de santé de votre patient.

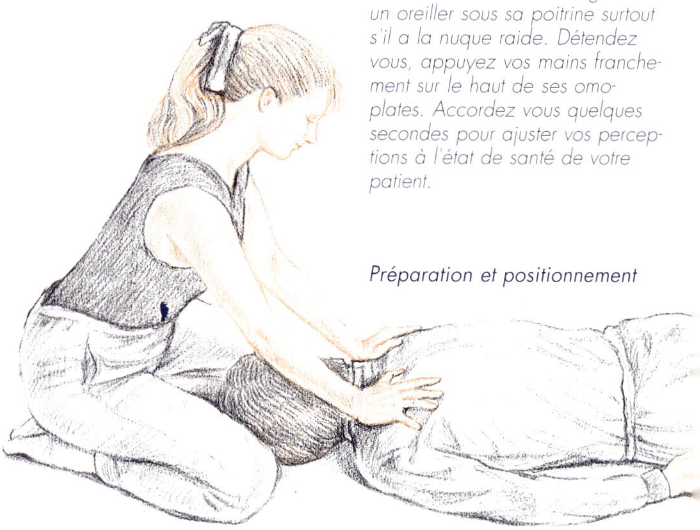

Préparation et positionnement

Appuyez avec le pouce le long du Méridien de l'Intestin Grêle de la base du cou jusqu'à l'extrémité de l'épaule, deux fois de chaque côté. Suivez la ligne imaginaire allant du bord supérieur de l'omoplate jusqu'à la dépression à son extrémité. Le Méridien descend sur l'omoplate, travaillez sur tous les Tsubos que vous rencontrerez.

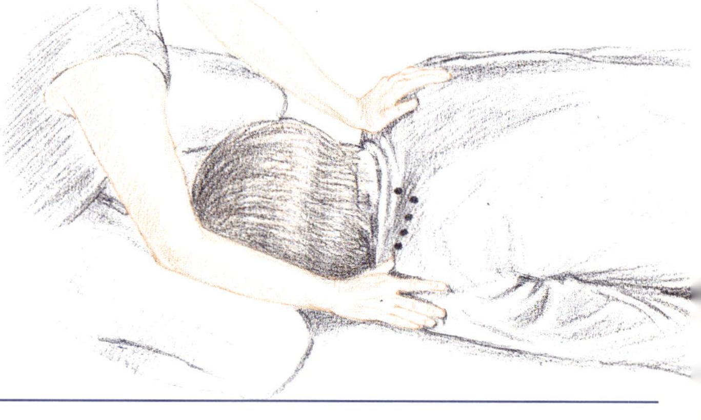

Travailler avec le pouce le long du Méridien de l'Intestin Grêle

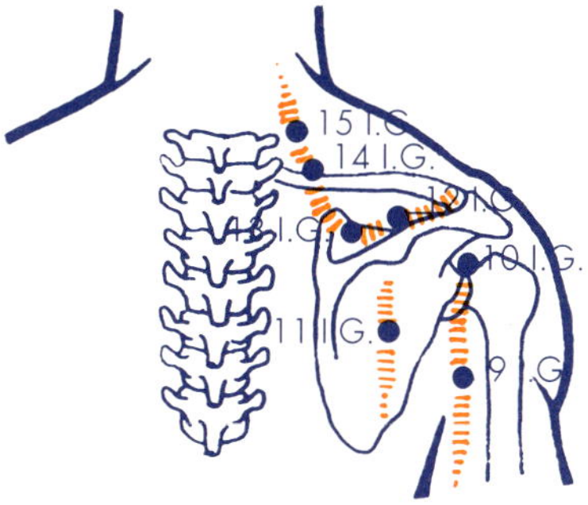

Points concernant la nuque et l'épaule

Points locaux:
Les points 15. I.G., 14. I.G., 13. I.G., 12. I.G., et 11. I.G. (dans l'ordre du travail) ainsi que 9. I.G. et 10. I.G. dans la dépression au dessus du pli de l'aisselle, là où épaule et bras se rejoignent, sont des points locaux efficaces en cas de problème de nuque et d'épaule.

Appuyez sur le Méridien de l'Intestin Grêle

Travaillez sur un côté puis sur l'autre. Utilisez le tranchant de votre main pour atteindre la region musculaire entre l'épaule et l'humérus abritant les points 9. I.G. et 10. I.G.. Servez vous de vos doigts ou de votre pouce pour pénétrer plus profondément mais essayez d'abord avec le tranchant de la main, ce qui s'avère généralement très efficace et plus agréable pour le patient en particulier lorsques les épaules sont raides.

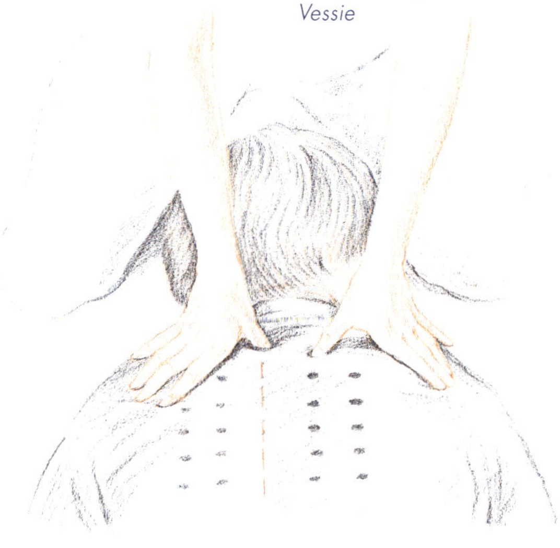

Travaillez sur les épaules, avec le pouce le long du Méridien de la Vessie

Empaumez la région située entre les omoplates, de part et d'autre du rachis, une main après l'autre ou les deux ensemble. Ensuite travaillez avec le pouce le long du trajet interne du Méridien de la Vessie sur les masses musculaires à trois centimètres environ de la ligne médiane. Travaillez sur toute la hauteur des omoplates, puis revenez en haut des omoplates pour descendre le long du trajet externe du Méridien à environ 7 cm de la ligne médiane. Pensez à faire peser votre poids vers l'avant au fur et à mesure que vous descendez.

Méridien de l'Intestin Grêle sur le bras.

Plus vous descendrez vers la main et l'extrémité des doigts le long du Méridien de l'Intestin Grêle, plus l'éventail de ses influences potentielles s'élargira. Maux de tête, yeux rouges et douloureux, maux d'oreille aigüs, troubles urinaires et gastriques aigüs sont des symptômes peuvant être soulagés par le Shiatsu appliqué à ce Méridien. Les *Tsubos* sur l'avant bras et les doigts sont reliés aux autres Méridiens et ont un effet calmant sur le Coeur, et l'Esprit. Le Méridien de la Vessie est également influencé par ce travail et détend le rachis et les lombes.

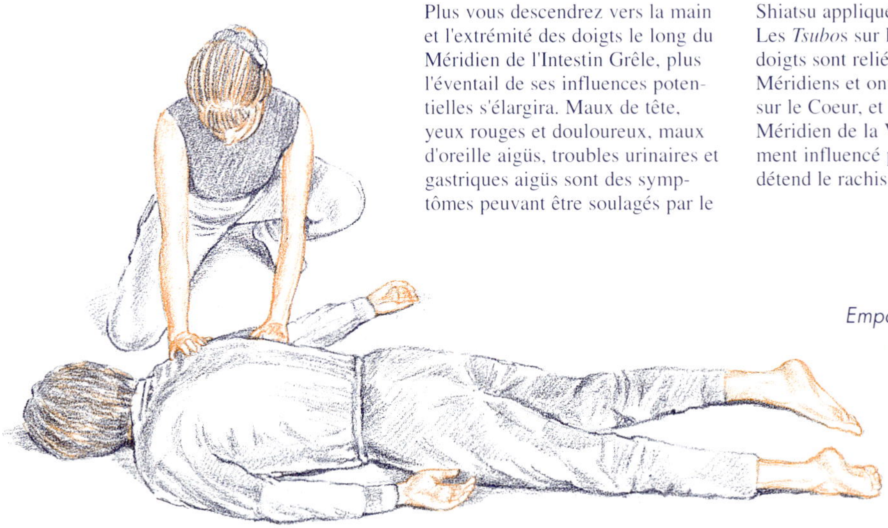

Empaumer le Méridien de l'Intestin Grêle

Passez sur le côté de votre partenaire sans pour autant rompre le contact. Prenez son poignet, éloignez légèrement son bras et tournez le un peu de manière à ce que l'auriculaire soit saillant, le pouce sur le sol.

Empaumez le bras depuis la région de l'épaule, au dessus de l'aisselle, en descendant jusqu'au poignet. Détendez la main qui enserre le bras du patient, et maintenez celui-ci fermement mais en douceur au fur et à mesure que vous travaillez sur ses contours.

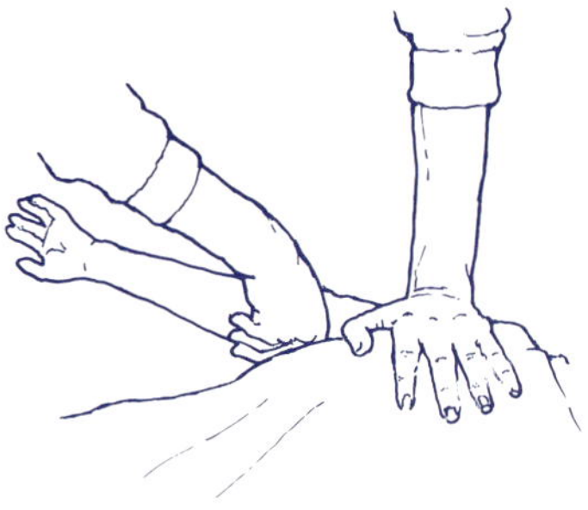

La "Gueule du Dragon"

Cette technique (voir p. 46) s'avère utile pour travailler sur le Méridien de l'Intestin Grêle du bras après l'avoir empaumé. Travailler avec le pouce sur ce Méridien à partir de la position actuelle sur le côté en dehors peut vous sembler bizarre, pourtant avec la première articulation de votre index cela vous paraîtra naturel. Appuyez sur tous les Tsubos que vous trouverez.

Commencez le travail avec le pouce au niveau du point 8. I.G. (voir à gauche et en haut p.117) dans la dépression entre l'olécrâne et l'épitrochlée, sur la face interne de l'articulation du coude. Ensuite allez vers l'extérieur de l'avant bras vers le cubitus (voir p. 117, centre). Lorsque vous aurez passé la prohéminence au niveau du poignet, suivez le Méridien le long du tranchant de la main.

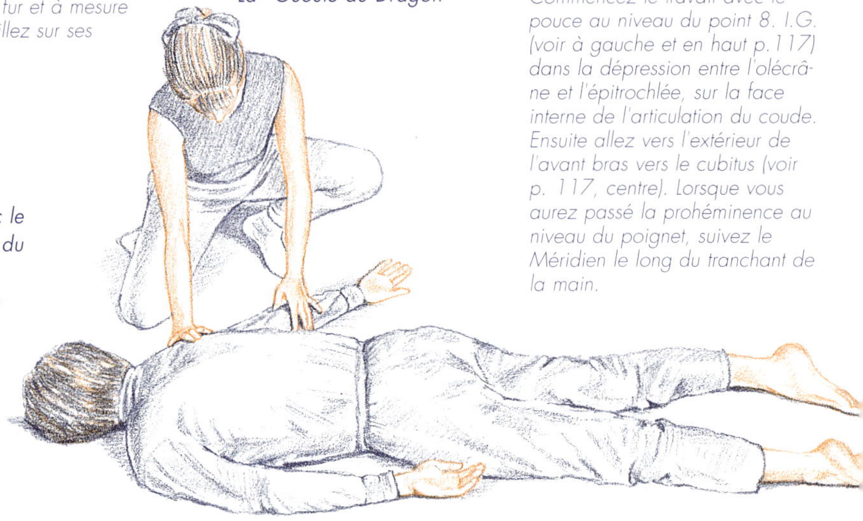

Travailler avec le pouce le long du Méridien de l'Intestin Grêle

Suivre un Méridien
Suivre le trajet d'un Méridien sur le bras, en particulier d'un Méridien Yang, peut s'avérer surprenant car il paraît parfois dévier abruptement au niveau du coude et passer d'un bord à l'autre. C'est ce que fait le Méridien de l'Intestin Grêle. Il reste cependant facile à atteindre sur l'avant bras comme sur le bras lorsque le patient est en procubitus. La manoeuvre de la "Gueule du Dragon" convient parfaitement au bras, et le pouce, utilisé en dessous du coude, fournit les meilleurs résultats. Redressez vous un peu pour travailler sur le bord externe de l'os. Au niveau du poignet vous aurez à changer à nouveau de position, pour progresser et pouvoir vous appuyer le long du bord de la main. Terminez par l'auriculaire.

Travailler avec le pouce sur le point 8. I.G. à l'articulation du coude

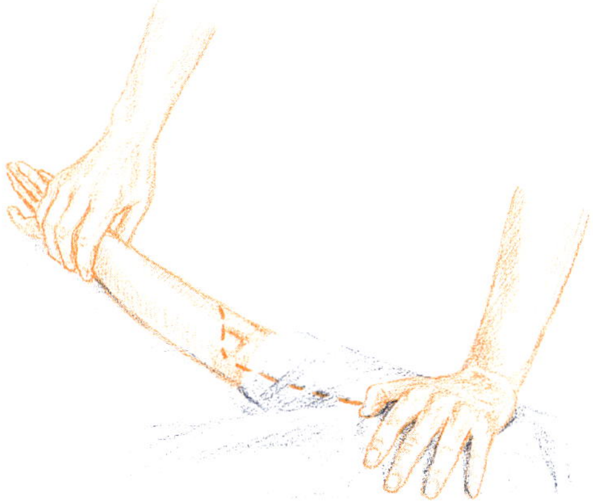

Travailler sur l'avant bras avec le pouce sur le Méridien de l'Intestin Grêle

3. Intestin Grêle
Le Méridien de l'Intestin Grêle commence à l'angle unguéal du côté cubital de l'auriculaire. Situé à un travers de doigt au dessus de l'articulation métacarpo-phalangienne, entre les doigts et la paume, de l'auriculaire, il a une action particulièrement étendue.

Ce point agit lorsqu'on travaille sur son propre Méridien et aussi grâce à des connexions avec les Méridiens de la Vessie et Gouverneur. Il renforce le dos détend les muscles et les tendons, calme l'Esprit, permet d'établir un jugement clair et de prendre des décisions.

Il est utile après un choc ou une blessure atteignant le rachis ou la nuque tels que les traumatismes des vertèbres cervicales, ou encore les états fébriles avec frissons tremblements et spasmes, est utilisé pour les raideurs de la nuque ou du rachis, pour les yeux rouges et douloureux, les étourdissements, les maux de tête postérieurs, les douleurs des doigts et des bras, les douleurs et les raideurs des lombes.

3. I.G. "Vallée Postérieure"

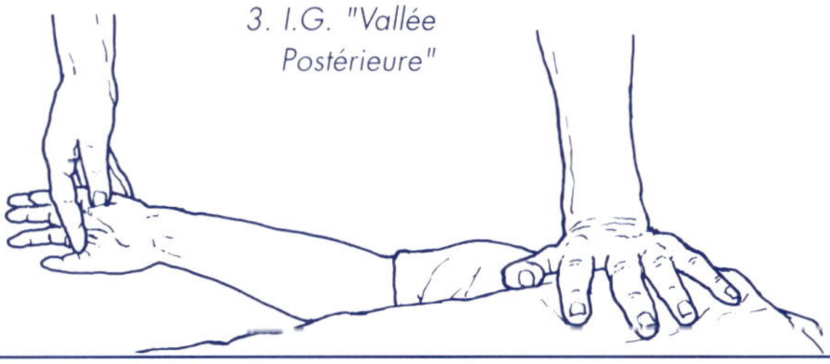

Traiter le Méridien du Coeur
Les tensions physiques et émotionnelles bouleversent le Coeur. Pieds et mains froides, léthargie, sueurs spontanées et visage brillant et pâle sont des signes indiquant une faiblesse du Ki du Coeur. Agitation, cauchemards, paumes des mains chaudes et moites, joues rouges, étourdissements, nervosité et irritabilité montrent que l'Eau et le Feu sont déséquilibrés et que cela affablit le Sang. Le Shiatsu appliqué sur le Méridien du Coeur peut avoir une action profondément calmante et améliorer la circulation.

Position pour le méridien du Coeur
Vous pouvez voir sur la page d'en face la position adéquate permettant de travailler sur le Méridien du Coeur. Placez la main passive à l'opposé du Coeur dans le dos, entre les omoplates. Tournez la main de votre partenaire de manière à ce que sa paume regarde le ciel, cela dégagera la face interne du bras où passe le Méridien du Coeur.

Travailler avec le pouce sur le Méridien du Coeur

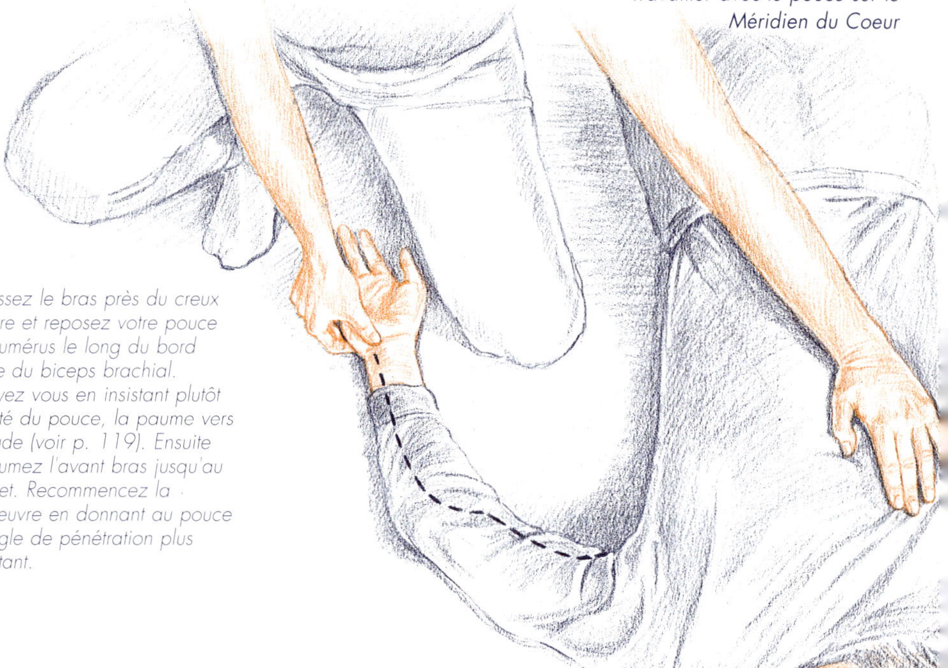

Saisissez le bras près du creux axillaire et reposez votre pouce sur l'humérus le long du bord interne du biceps brachial. Appuyez vous en insistant plutôt du côté du pouce, la paume vers le coude (voir p. 119). Ensuite empaumez l'avant bras jusqu'au poignet. Recommencez la manoeuvre en donnant au pouce un angle de pénétration plus important.

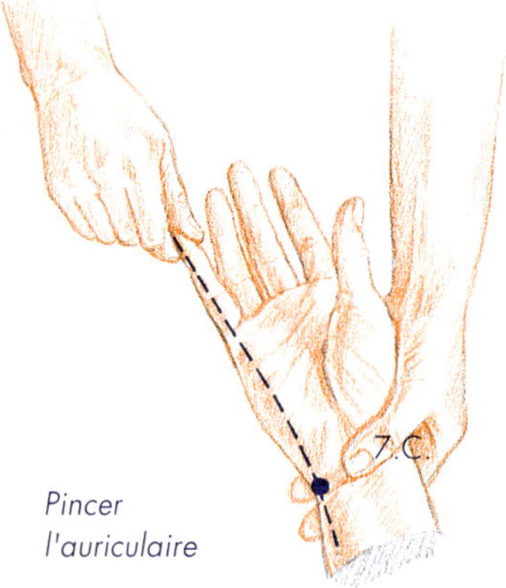

Pincer l'auriculaire

Travaillez avec le pouce sur le point 7. C., "Porte Mentale" se trouvant au milieu du pli antérieur du poignet (voir à gauche), et connu pour son effet calmant mais néanmoins revivifiant sur le Coeur et l'Esprit.

Terminez en travaillant avec le pouce sur la paume jusqu'à l'auriculaire. Ensuite pincez doucement les bords du doigt jusqu'à son extrémité (voir à gauche).

Empaumer le Méridien du Coeur

Rotation des membres
Remuer et soulever un membre, est parfois difficile. Si vous vous servez de votre corps pour suivre le mouvement cela vous paraîtra déjà plus facile. Gardez les épaules et les coudes détendus, et essayez de trouver des appuis, par exemple sur votre propre jambe (voir ci-dessous).

Soulevez le bras de votre partenaire par le poignet avec la main la plus proche de lui. Glissez l'autre main sous son épaule. Basculez légèrement vers l'arrière pour étirer l'épaule puis levez la et poussez la vers l'intérieur, par dessus les côtes, puis vers le haut, vers la nuque. Relâchez et tirez à nouveau pour revenir à la position initiale. Recommencez le mouvements trois ou quatre fois. Après les rotations essayez la manoeuvre d'écrasement (ci-dessous). Si les épaules vous paraissent trop raides contentez vous de travailler avec le pouce le long du bord interne de l'omoplate.

Rotation de l'épaule

Pour "écraser" l'épaule posez la main de votre patient sur son dos. Demandez lui de lâcher prise, de détendre l'épaule et le coude. Empaumez d'une main l'épaule à l'extérieur et posez l'index de l'autre main fermement le long du bord de l'omoplate. Levez l'épaule de la main extérieure, et exercez la pression de l'autre, en insèrant légèrement les doigts sous l'omoplate pendant quelques instants. Relâchez et recommencez ce mouvement plusieurs fois.

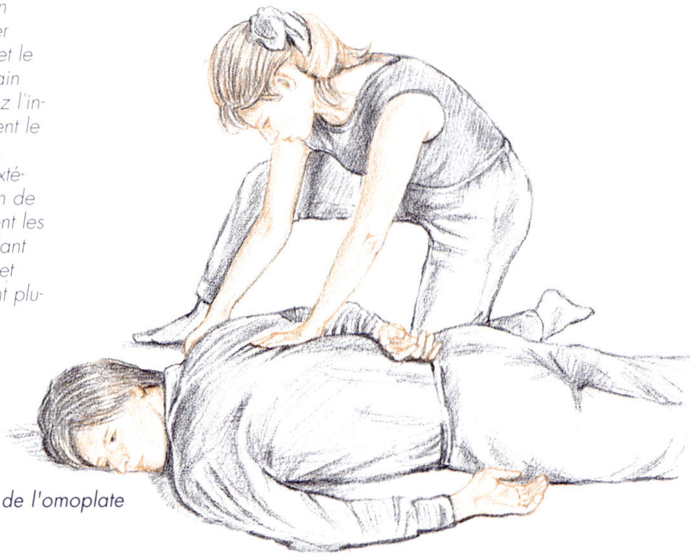

Écrasement de l'omoplate

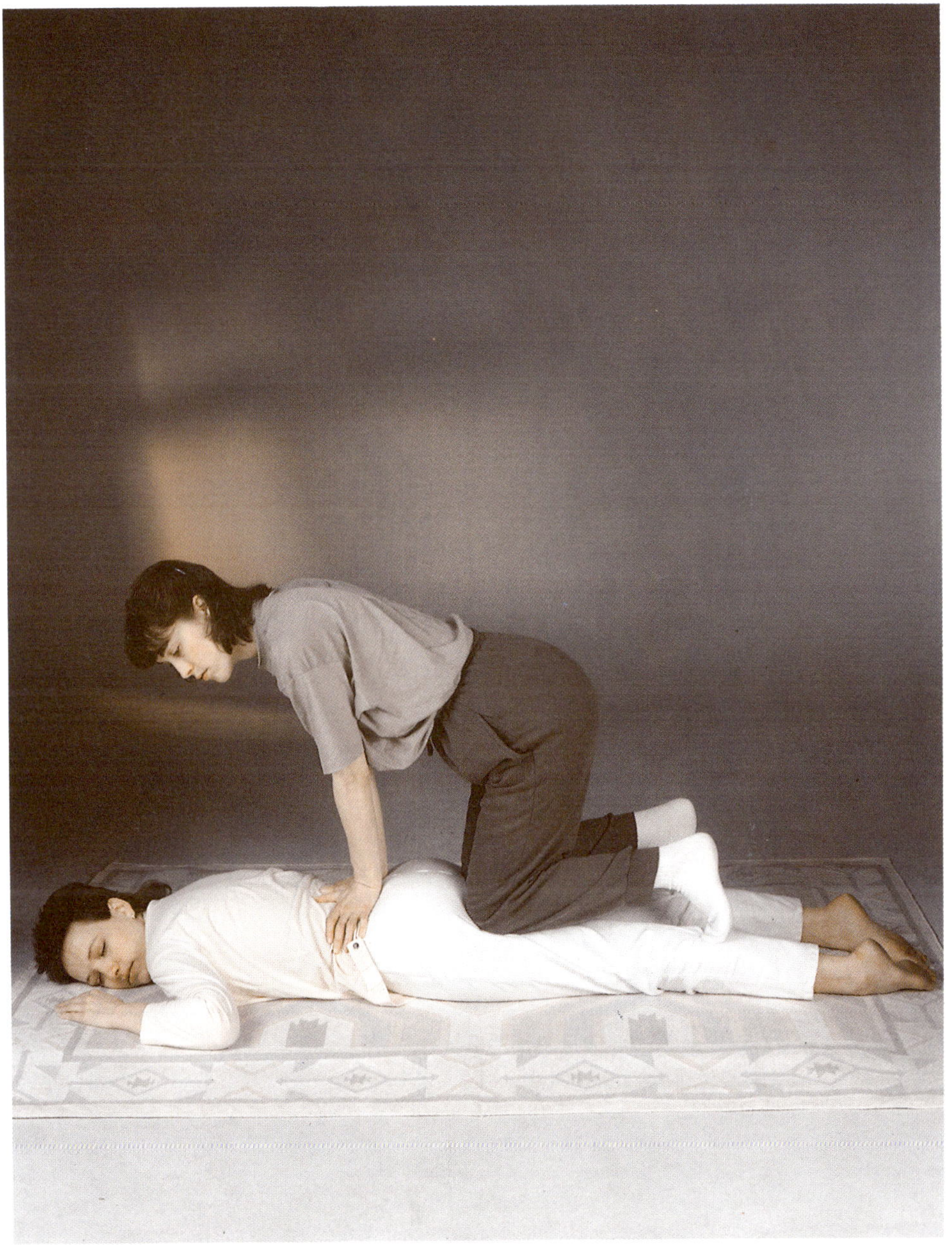

Répartition du poids corporel: travail vigoureux mais inoffensif sur le Méridien de la Vessie.

Le Méridien de la Vessie
Travailler sur le méridien de la Vessie profite au dos, soulage les tensions et tonifie la Vessie et les Reins. Cela nourrit également les autres Organes grâce aux "points associés" (voir page de droite). Le traitement des régions lombaire et sacrée améliore les problèmes sexuels, et menstruels, il soulage souvent les douleurs des règles et du travail d'accouchement. Travaillez sur les jambes en cas de douleurs de dos aigües ou d'hémorroïdes. Les *Tsubos* des pieds seront particulièrement efficaces pour les yeux, le nez, la nuque et la tête.

Après avoir travaillé sur l'épaule, tournez vous pour être perpendiculairement à votre patient. Travaillez en descendant le long du Méridien de la Vessie, avec la paume ou le talon de la main. Utilisez une de vos mains comme point d'appui, sur le dos ou sur l'épaule et travaillez en descendant sur un côté puis sur l'autre. De temps à autre empaumez les deux côtés à la fois, comme indiqué p. 61

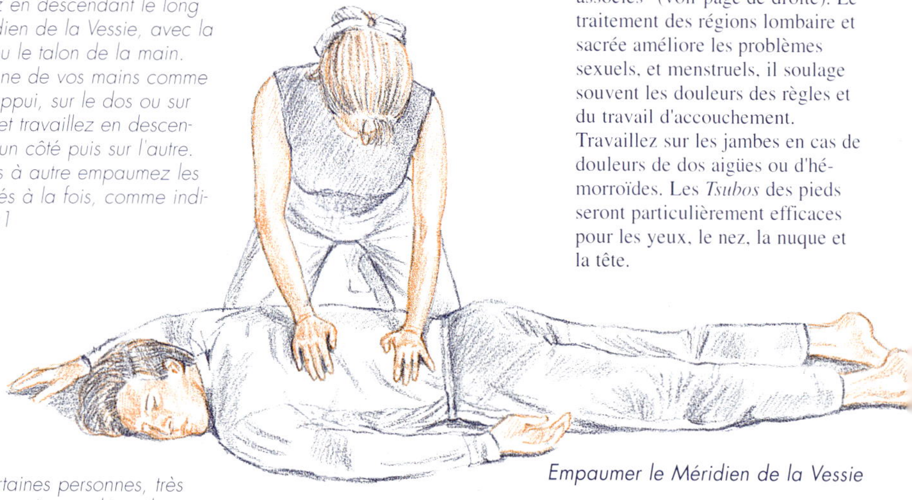

Empaumer le Méridien de la Vessie

Chez certaines personnes, très tendues ou très musclées, il sera plus utile d'agir avec le coude au lieu du pouce. Placez vos coudes correctement, détendez votre avant bras, et amenez votre poids progressivement vers l'avant pour exercer une pression tout à fait perpendiculaire. Basculez vers l'arrière pour soulager vos coudes et les changer de place progressivement en descendant suivant le Méridien, le long du dos. Dans cette position vous pourrez travailler de chaque côté du rachis. Détendez vous, prenez votre temps.

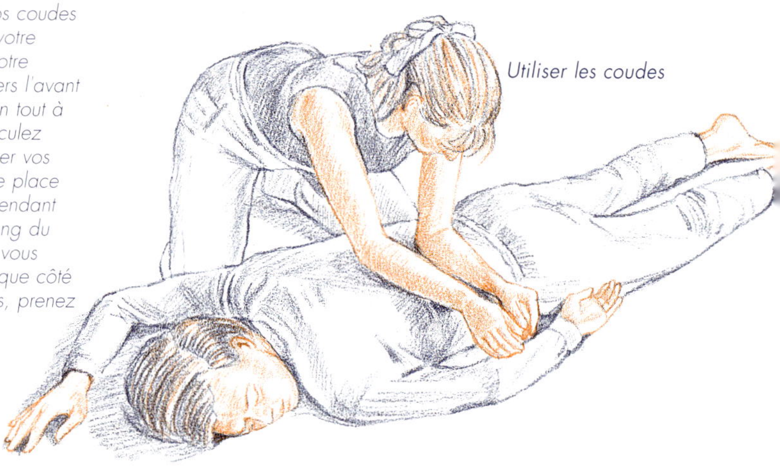

Utiliser les coudes

Travailler sur les points sacrés avec les pouces

Travaillez avec les pouces sur les points sacrés. Ils forment deux lignes: une de part et d'autre du sacrum, parallèlement au trajet interne du Méridien de la Vessie, l'autre encore plus proche de la ligne médiane (voir p. 110).

Appliquer les pressions de Shiatsu sur le sacrum peut soulager les douleurs de dos basses, les problèmes menstruels, de vessie et des organes genitaux.

POINTS ASSOCIÉS

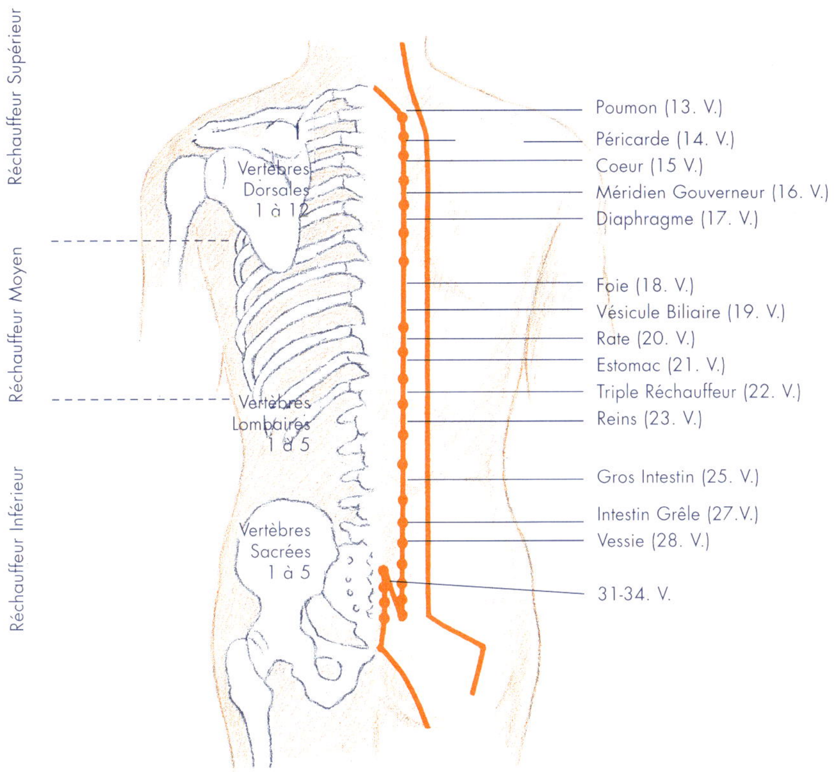

Points "associés" au Méridien de la Vessie

Le long du Méridien de la Vessie, il existe douze points associés traditionnellement et directement aux douze Organes du corps. Ils se trouvent sur le trajet interne du Méridien, en descendant dans le dos et peuvent être regroupés en trois zones correspondant aux trois Foyers du Triple Réchauffeur (voir p. 132).

La région supérieure, entre les omoplates au niveau des apophyses osseuses des 3 ème, 4 ème et 5 ème vertèbres dorsales est le siège des points concernant les Poumons, le Péricarde et le Coeur, Organes du thorax influant sur la circulation du Ki et du Sang. Les deux points suivants agissent également sur la circulation, en particulier le point 17. V., associé au diaphragme, point très dynamique, renforçant et réglant la circulation du Sang.

Dans la zone moyenne, entre les 9 ème et 12 ème vertèbres dorsales, se trouvent quatre points associés concernant Foie, Vésicule Biliaire, Rate, et Estomac. Ils agissent sur la digestion, l'absorption et la répartition des nutriments.

Dominée par les Reins, la région inférieure concerne le stockage des réserves, l'activité sexuelle, le drainage et l'élimination. Ses points se trouvent au niveau de la deuxième vertèbre lombaire à l'endroit le plus étroit de la taille, juste au dessus des hanches. Au dessus se trouvent les points du Méridien du Triple Réchauffeur, aidant à équilibrer les liquides. Les points du Gros Intestin, de l'Intestin Grêle, de la Vessie, de l'anus, et de la région sacrée sont situés un peu plus bas.

Tous ces points transmettent le Ki directement aux Organes, ces pourquoi ils sont parfois appelés points "transporteurs". Ils peuvent également servir lors du diagnostic. Lorsqu'un Organe est déséquilibré, son point associé devient sensible, douloureux lors des pressions. Ces points vous permettront d'obtenir une image de l'état de santé général de votre patient et donc de lui appliquer le traitement approprié.

Travailler sur les jambes
Pour terminer la séance, travaillez sur les jambes le long des Méridiens de la Vessie et des Reins. Pour être efficace, commencez par le Méridien de la Vessie du côté le plus proche de vous, puis, depuis la même position, penchez vous vers l'avant pour travailler sur le Méridien des Reins de la face interne de la jambe opposée. La main passive restera en contact avec le sacrum ou les lombes. N'oubliez pas de changer de côté pour traiter les deux Méridiens sur les deux membres.

Préparation
Vérifiez que les chevilles de votre patient sont suffisamment détendues afin que le pied touche bien le sol lorsque vous vous appuierez sur la jambe. Dans le cas contraire mettez un petit coussin ou une serviette roulée sous les chevilles.

Appuyez avec la paume ou le talon de la main sur la ligne imaginaire suivant le milieu de la cuisse. Commencez juste au dessous des fesses (voir p. 64) et descendez vers le genou, le mollet, la cheville. N'oubliez pas d'avoir un polygonne de sustentation large, et évitez les porte-à-faux.

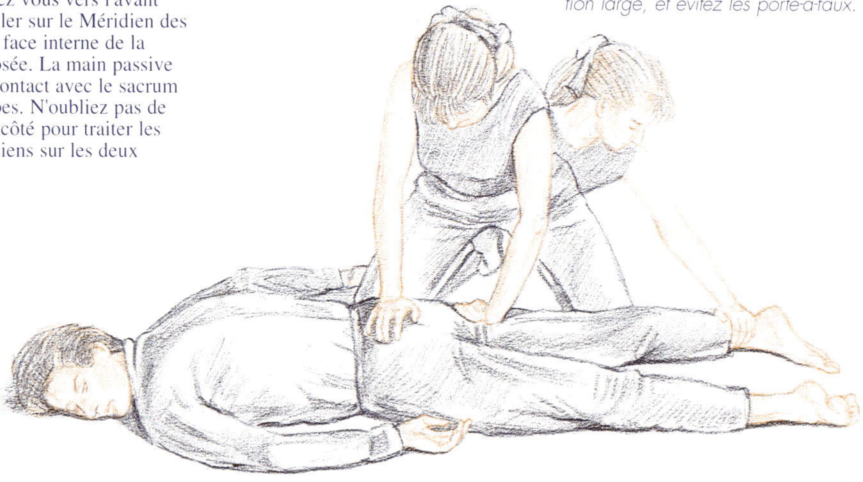

Empaumer le Méridien de la Vessie

Travailler avec le pouce le long du Méridien de la Vessie

Dans la même position, travaillez avec le pouce sur ce Méridien. Au milieu du mollet, celui de la Vessie dévie légèrement vers l'extérieur pour passer dans la dépression entre le tendon d'Achille et la cheville et sur l'extérieur du pied (voir schéma du haut page de droite). Vous pouvez agir avec le pouce le long du Méridien sur le bord externe du pied, jusqu'au petit orteil, ou vous arrêter à la cheville si vous préférez et traiter le pied séparément après avoir soigné le Méridien des Reins (voir p. 126).

Méridien de la Vessie sur le pied

La dernière partie du Méridien de la Vessie agit sur les régions distantes où le Méridien prend sa source.

Le point 60. V. "Montagne Kunlun", se trouve dans le creux entre la maléolle et le tendon d'Achille, il renforce l'ensemble du rachis du sacrum à la nuque, soulage les cous raides et les maux de tête postérieurs, ainsi que les douleurs menstruelles, celles du travail d'accouchement, et les brûlures lors de la miction.

Le point 62. V. "Vaisseau de l'Heure Shen" se trouve 2 cm au dessous de la maléolle, améliore l'ensemble des maux de dos et détend la musculature des jambes. Il calme l'Esprit et éclaircit les yeux. Fortement stimulé, il permet de réduire l'agitation, et les insomnies (voir également 6. R. p. 127).

Les autres points, dans les gouttières entre les muscles et les os, le long du bord du pied, soulagent les congestions de la tête, détendent la nuque, et calment l'Esprit. Ils apaisent les yeux inflammés, et la vision trouble dûs aux vent, pollens, ou infections aigues.

Méridien de la Vessie de la jambe

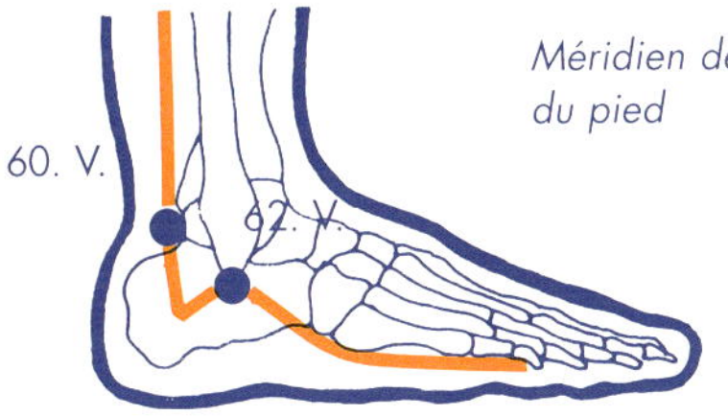

Méridien de la Vessie du pied

Travaillez les points associés à la Vessie sur le pied (voir ci-dessus) et cherchez également s'il existe d'autres Tsubos. Soutenez la cheville d'une main, et travaillez le long du Méridien avec le pouce tendu de l'autre (voir à gauche). Ne vous noyez pas dans les détails au point d'oublier de vous détendre et de vous pencher depuis le Hara. Terminez en pinçant et en étirant le petit orteil.

Travailler avec le pouce sur le Méridien de la Vessie du pied

Traitement des Reins
En plus des signes habituels concernant la faiblesse des Reins (voir p. 111), d'autres symptômes sont caractéristiques de celle de la fonction Yin ou Yang des Reins.

La faiblesse du Yang des Reins se caractérise par une grande fatigue, des jambes faibles, une sensation de froid, des mictions fréquentes et abondantes, voire même l'incontinence, une faible libido, et chez les hommes une tendance à l'impuissance.

Celle du Yin des Reins produit sécheresse et sensation de soif, sueurs nocturnes, insomnie, maux de gorge chroniques, joues rouges, menstruations peu abondantes, éjaculation précoce.

À chaque fois que vous devrez faire face à des problèmes rénaux, traitez le Méridien de la Vessie, surtout en cas de faiblesse du Yang des Reins. En cas de vide de Yin des Reins, vous obtiendrez de bons résultats en travaillant sur les jambes, et en particulier sur le point des Reins près de la cheville. Exercices spéciaux de Tai Chi, Chi Kung, ou de yoga, ainsi que beaucoup de repos sont particulièrement indiqués face aux problèmes d'épuisement des Reins.

Empaumer le Méridien des Reins

Après avoir empaumé et travaillé avec le pouce le Méridien de la Vessie sur la jambe la plus proche de vous, penchez vous pour atteindre l'autre jambe et agir sur le méridien des Reins. Conservez la main passive sur le sacrum, de l'autre empaumez la face postérieure de la cuisse en dedans, et descendez jusqu'à la cheville.

Travailler avec le pouce sur le Méridien des Reins

Pour "tonifier" les Méridiens, détendez vous et travaillez avec le pouce doucement en descendant. Recherchez les Tsubos les plus profonds et les plus ouverts et prenez le temps de laisser votre pression y pénétrer. Maintenez la pose le temps d'inspirer et d'expirer profondément plusieurs fois. Le point 3. R. est le dernier de la jambe, derrière la maléolle interne.

Recommencez ces manoeuvres sur l'ensemble des Méridiens de l'autre jambe. Ensuite passez aux Méridiens de la Vessie (p. 125) et des Reins sur le pied (voir page de droite).

Traitement du vide de Yin des Reins

Lorsque règne l'équilibre, le Yang est en haut et descend, le Yin est en bas et monte, en suivant le cours normal de la circulation du Ki sur les Méridiens. Le vide de Yin fait souvent remonter le Ki Yang, qui se rebelle. Cela provoque des symptômes tels sécheresse et chaleur dans la tête, particulièrement désagréables, perturbant l'Esprit.

Le tableau typique caractérisant une faiblesse du Yin des Reins comporte: maux de gorge chroniques, soif, joues rouges, yeux secs et douloureux, agitation, et insomnies. Tous les points concernant les Reins situés autour de la cheville et sur le pied ont tendance à renforcer le Yin donc à rectifier le déséquilibre.

6. Reins

Situé dans la dépression qui se trouve environ 2 cm au dessous de la pointe de la malléole interne, ce point aide le Yin à monter. Il humidifie la gorge et les yeux, calme l'Esprit et favorise le sommeil. Si la personne est particulièrement agitée ou tendue, commencez par un travail vigoureux sur le Méridien de la Vessie. Insistez plus longuement sur le point 62.V. (voir p. 125).

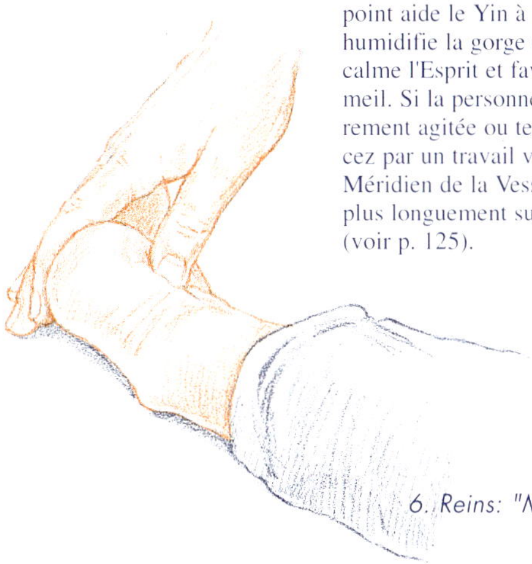

6. Reins: "Mer Lumineuse"

1. Reins

1. Reins

Encore un point qui apaise le Yang et tonifie ou renforce le Yin. Très utile lorsque vous êtes face à une personne particulièrement maniaque, ou dans un état d'agitation caractérisé, il peut également s'avérer bénéfique en cas de choc ou d'évanouissement, avec maux de tête, saignement de nez, ou épuisement dû à la chaleur.

Le point 1. R. se trouve à la jonction du tiers supérieur et des deux tiers postérieurs de la plante des pieds, dans le creux qui se forme quand les orteils sont fléchis. Pour obtenir un effet calmant et renforçant, travaillez avec le pouce systématiquement sur l'ensemble de la plante des pieds (voir également pp. 172-3).

Si vos pouces fatiguent, ou si vous avez envie de changement, voici une autre méthode plaisante et efficace. D'une main attrapez le pied sous la cheville de votre partenaire, comme sur le schéma, et appuyez vous sur le sol pour plus de stabilité. Des doigts de l'autre main pliés, pétrissez l'ensemble de la plante du pied, pesez de tout votre poids pour obtenir une pression ferme.

Utiliser les articulations

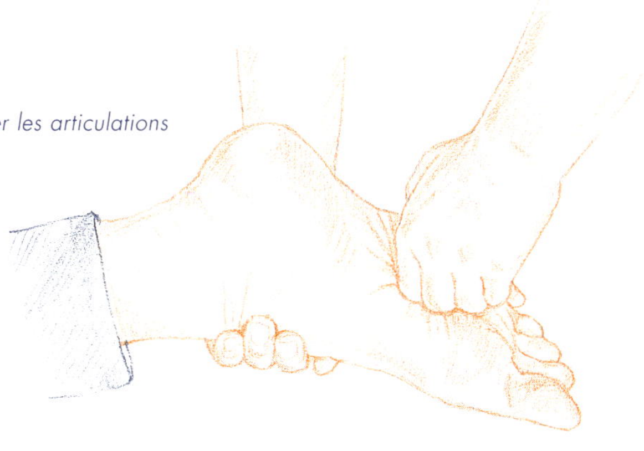

Proctection en surface comme au coeur
Attitude et expression du Péricarde et du Triple Réchauffeur

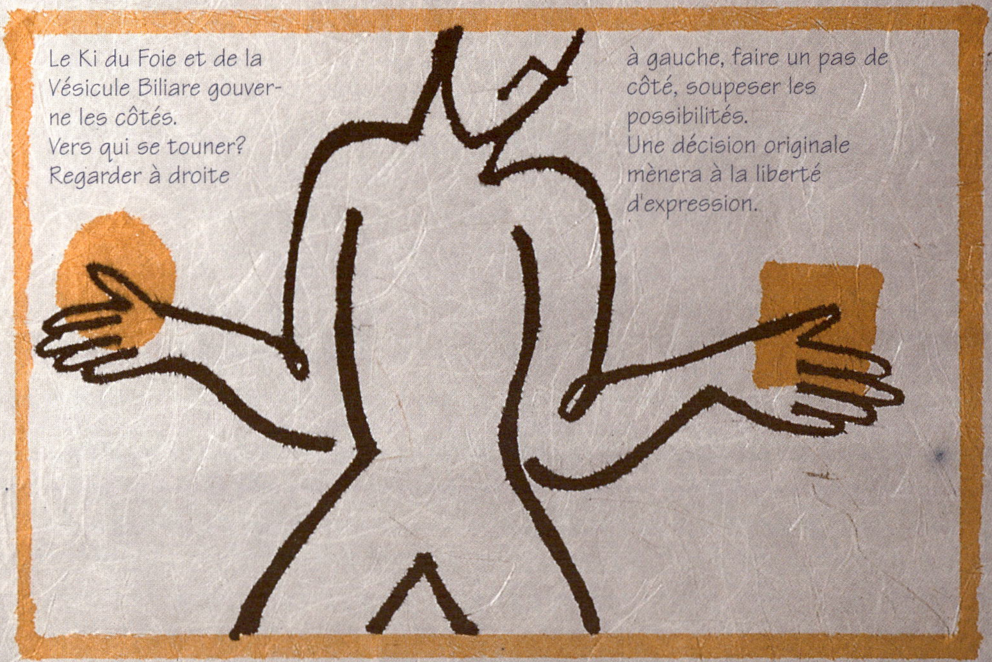
Le Ki du Foie et de la Vésicule Biliare gouverne les côtés.
Vers qui se touner?
Regarder à droite
à gauche, faire un pas de côté, soupeser les possibilités.
Une décision originale mènera à la liberté d'expression.

CHAPITRE HUIT

Les Méridiens Latéraux

PÉRICARDE, TRIPLE RÉCHAUFFEUR VÉSICULE BILIAIRE, FOIE

Les Méridiens desservant ces quatre Organes forment le dernier quart du cycle du Ki (voir p. 79) et circulent sur les côtés du corps au milieu des autres Méridiens. Le Péricarde et le Triple Réchauffeur assistent et protègent. Le Péricarde travaille pour le Coeur. Il le garde de la chaleur environnante, des fièvres, et des excès émotionnels. Il sert d'intermédiaire lors des relations sociales, exactement comme un ministre pour son monarque. Le Triple Réchauffeur aide les Reins et en protège l'extérieur. Il n'a pas de trajet précis mais harmonise les fonctions des foyers supérieur, moyen et inférieur du corps (voir p. 132-133). Son Ki participe à la transformation et à l'équilibrage des liquides dans chaque partie du corps, en coopération avec Poumons, Rate, et Reins. Il sert également de circuit au Ki des Reins, pour revigorer les autres Méridiens, réchauffer et protéger le corps en surface.

Liés au Yang des Reins, à la "Porte du Feu de la Vitalité" du Mingmen et au *Hara*, le Péricarde et le Triple Réchauffeur sont tous deux associés à l'élément Feu, leur "Ministre".

Le Foie et la Vésicule Biliaire sont liés à l'élément Bois. Ils ont essentiellement une fonction de stockage et redistribuent les substance purifiées. Le Foie stocke le Sang et le répartit dans les muscles pour alimenter l'activité. La Vésicule Biliaire engrange la bile, qu'elle relâche pour la digestion.

Organes créatifs, planifiant leur action, ayant un jugement avisé et prenant les décisions appropriées, le Foie et la Vésicule président à la destinée de l'individu. La capacité à prendre des décisions courageuses est un don de la Vésicule Biliaire. Le Foie, quant à lui, permet la libre circulation du Ki, facilitant ainsi le bon fonctionnement de tout le corps. Son influence sur l'organisation, les prévisions et l'adaptabilité d'une personne, facilite ou non le cheminement sur la voie individuelle.

Le trajet de ces quatre Méridiens est illustré p.130-131 et 136-137, les exercices des Méridiens décrits p. 134-135 et 138-139, et la séance détaillée à partir de la page 140.

Trajet du Méridien du péricarde
Ce Méridien commence dans la cavité thoracique, au niveau du Péricarde. Une branche descend à travers le diaphragme et gagne les réchauffeurs Supérieur, Moyen et Inférieur, les trois régions du Triple Réchauffeur (voir p. 132).

Une branche colatérale traverse le thorax pour émerger au niveau du mamelon. Elle remonte à la surface en suivant le creux axillaire et descend le long du bras en passant par le biceps brachial. Au niveau du pli du coude elle passe à l'intérieur du tendon du biceps, alors que le Méridien des Poumons passe à l'extérieur de celui-ci. Elle descend alors au milieu de l'avant bras entre le trajet du Méridien des Poumons en dehors, et celui du Coeur en dedans (voir pp. 84 et 106), jusqu'au poignet.

Elle traverse la paume de la main et émerge au point 8. Péric. où elle se divise. Le Méridien principal se poursuit le long du majeur jusqu'à son extrémité distale. Une branche se connecte à l'annulaire où elle rejoint le Méridien du Triple Réchauffeur au point 1.T.R..

MÉRIDIEN DU PÉRICARDE
Jueyin de la Main

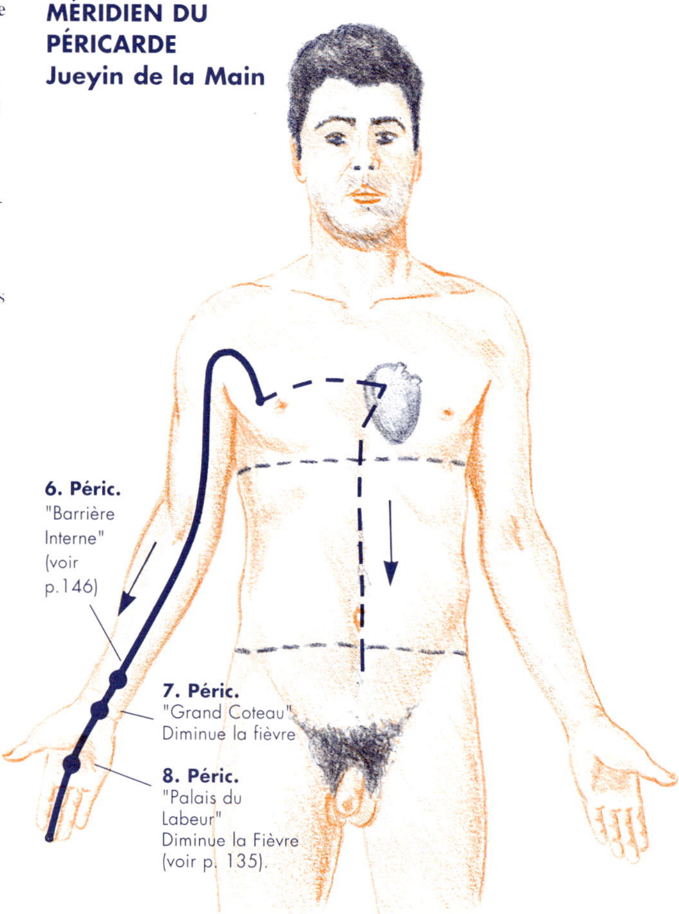

Méridien du Péricarde, fonction et symptômes associés.
Le Péricarde est souvent décrit comme "l'ambassadeur" du Coeur. Il véhicule joie et bonheur, aide à communiquer les sentiments et protège le Coeur des douleurs émotionnelles, surtout lorsque les relations deviennent problématiques. Le Méridien du Péricarde calme l'Esprit et équilibre les émotions en particulier lors des relations difficiles et des ruptures (peines, douleurs, chagrins).

Le Coeur étant associé à l'élément Feu, il est sensible aux excès de chaleur. En tant que "protecteur du coeur", le rôle du Péricarde est également d'absorber la chaleur, et de protéger cet Organe des poussées de fièvre. La plupart des points situés le long de ce Méridien diminuent les symptômes de chaleur associés aux problèmes cardiaques et sanguins. Les trois derniers points servent plus particulièrement en cas de fièvres élevée donnant soif, de délire, d'hallucinations et d'agitation ou encore de prostration (ex: insolation).

Le Méridien du Péricarde a une influence importante sur l'ensemble du thorax: il soulage une poitrine oppressée, étriquée et les douleurs qu'elles soient liées à des tensions émotionnelles, à une indigestion (brûlure d'estomac), ou à une inflammation.

Différentes conceptions du Péricarde.
Dans les premiers textes classiques il est constamment fait référence aux cinq Organes Yin et aux six Yang. Le Péricarde, considéré comme le protecteur et l'assistant du Coeur ne constituait pas un Organe en tant que tel. Certains points sur le trajet de son Méridien faisaient autrefois partie du Méridien du Coeur. La théorie des douze Méridiens a finalement amené à imposer une symétrie qui fait qu'aujourd'hui le Péricarde est associé au Méridien du Triple Réchauffeur. Ils n'ont pas de liaison particulière et s'ils sont tous deux associés à l'élément Feu, c'est pour différentes raisons (p.25).

MÉRIDIEN DU TRIPLE RÉCHAUFFEUR Shaoyang de la Main

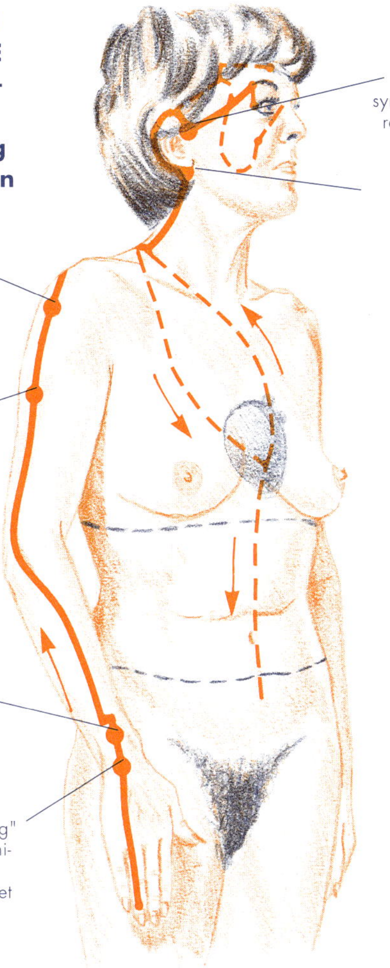

Trajet du Méridien du Triple réchauffeur

Ce Méridien commence à l'angle unguéal cubital de l'annulaire, monte jusqu'à la commissure du 4 ème espace intermétacarpien, puis suit le dos de la main et du poignet. Ensuite il monte sur la face externe de l'avant bras entre le radius et le cubitus traverse le coude et suit le côté externe du bras et se dirige jusqu'à l'épaule. Là il croise les Méridiens de l'Intestin Grêle et Gouverneur. Ensuite il passe par l'épaule jusqu'au creux sus-claviculaire et descend dans la cavité thoracique pour se relier avec le Péricarde dans le Réchauffeur Supérieur. Il gagne ensuite l'abdomen où il se dirige successivement vers les Réchauffeurs Moyen et Inférieur (voir p. 133).

La branche colatérale auriculaire part de la région rétro-auriculaire, rentre dans l'oreille et rejoint le Méridien de la Vésicule Biliaire au niveau du front, puis redescend pour rejoindre le Méridien de l'Intestin Grêle, sur la joue.

La branche collatérale intrathoracique part du thorax, sort du creux sus-claviculaire et remonte sur la nuque puis derrière l'oreille; de là elle redescend sur la joue et va se terminer sous l'orbite après avoir croisé le Méridien de la Vésicule Biliaire, qui lui succède dans le cycle de la circulation énergétique (voir.p. 79).

Méridien du Triple Réchauffeur- fonctions et symptômes associés

Les symptômes des Méridiens Yang sont souvent liés à leur trajet superficiel et au rôle de défense de l'organisme vis à vis des maladies graves et des influences de l'environnement sur le corps. Le Triple Réchauffeur ne déroge pas à la règle. Parmi les symptômes liés à ce Méridien on trouve: yeux rouges et douloureux, maux d'oreille aigüs, douleurs derrière les oreilles, de l'épaule, du bras, gorge douloureuse et enflée, fièvres et refroidissement aigus récurents ou chroniques avec parfois sueurs spontanées.

Le Triple Réchauffeur transforme et équilibre des liquides du corps, et ce faisant, il aide les Reins. Traiter ce Méridien peut avoir une influence importante sur le mouvement du Ki à l'intérieur du corps, et en particulier sur sa partie inférieure. Cela peut être bénéfique en cas de gêne et de gonflement abdominaux accompagnés de difficultés de miction et de constipation. Il est également préconisé en cas de faiblesse combinée à une impossibilité de stabiliser la température du corps et à une grande susceptibilité aux infections et à la fièvre. Les déséquilibres du Triple réchauffeur répondent cependant généralement mieux au traitement des Méridiens des organes impliqués dans chacun des trois foyers.

Controverse à propos du Triple Réchauffeur
Le Triple Réchauffeur a été maintes et maintes fois l'objets de discussions animées dans l'histoire de la médecine chinoise. Dans certains des textes classiques les plus anciens, il est décrit comme étant un Organe parmi les Organes Yang, avec un rôle particulièrement axé sur l'absorption, le métabolisme et l'excrétion des liquides, mais sans localisation particulière (voir colonne de gauche ci-dessous). D'autres textes affirment qu'il s'agissait là d'une généralisation de la structure et des énergies des régions supérieure, moyenne et inférieure du corps, les trois "régions" ou "foyers" comprenant les fonctions des Organes dans chacune de ces zones (voir colonne de droite ci-dessous).

Il existe cependant un autre recueil classique (voir citation ci-dessous), le décrivant comme un Organe ayant "un nom mais aucune forme". Le Triple Réchauffeur y est décrit comme une "avenue de Ki", aidant à toutes les transformations en conduisant le Ki constitutionnel, de base, depuis le Mingmen, la "Porte de la Vie" dans le *Hara* (voir p. 53) jusqu'aux autres Organes, ce qui est une conception beaucoup plus globale.

Le Triple Réchauffeur aide à extraire le Ki de l'air et de la nourriture, participe à la gestion des liquides corporels et à l'excrétion des déchets. Il soutient ainsi l'action des Poumons, de la Rate, et des Reins dans, respectivement, les Foyer Supérieur, Moyen et Inférieur. De la même manière, il véhicule le Ki constitutionnel stocké vers les douze Méridiens réguliers lorsqu'ils sont affaiblis, fournissant ainsi de l'énergie à l'ensemble du corps pour qu'il se défende en cas de maladie ou de tensions.

LE TRIPLE RÉCHAUFFEUR HARMONISE LES LIQUIDES CORPORELS

LE TRIPLE RÉCHAUFFEUR ET LES TROIS "FOYERS" DU CORPS

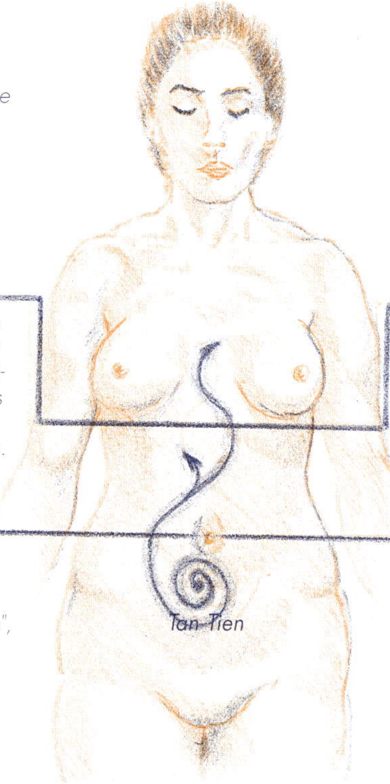

Le Réchauffeur Supérieur peut être comparé à une brume car les Poumons dispersent les liquides pour humidifier l'ensemble du corps et la peau plus spécialement.

Le Foyer supérieur comprend le thorax, la nuque et la tête, il concerne les fonctions du Poumons, du Coeur, et du Péricarde. "Il reçoit mais n'évacue pas"

Le Réchauffeur Moyen ressemble à une mare boueuse, fumante et bouillonante à l'image de l'activité de l'Estomac et de la Rate lors de la séparation et de la digestion des aliments et des boissons.

Le Foyer Moyen va du diaphragme au nombril. Associé aux fonctions du Foie, de la Vésicule Biliaire, de l'Estomac et de la Rate, il "remue et transforme".

Le Réchauffeur Inférieur est une rigole de drainage séparant les liquides propres des "eaux usées", et emportant les déchets.

Le Foyer Moyen commence au dessous du nombril. Il comprend les fonctions du Gros Intestin et de l'Intestin Grêle, de la Vessie et des Reins. Cette région "excrète mais ne reçoit pas".

"Le Triple Réchauffeur est l'avenue de la nourriture et de la boisson, le Ki en émerge et y revient."
Le *Classique traitant des problèmes difficiles*, vers 100 av. J.-C.

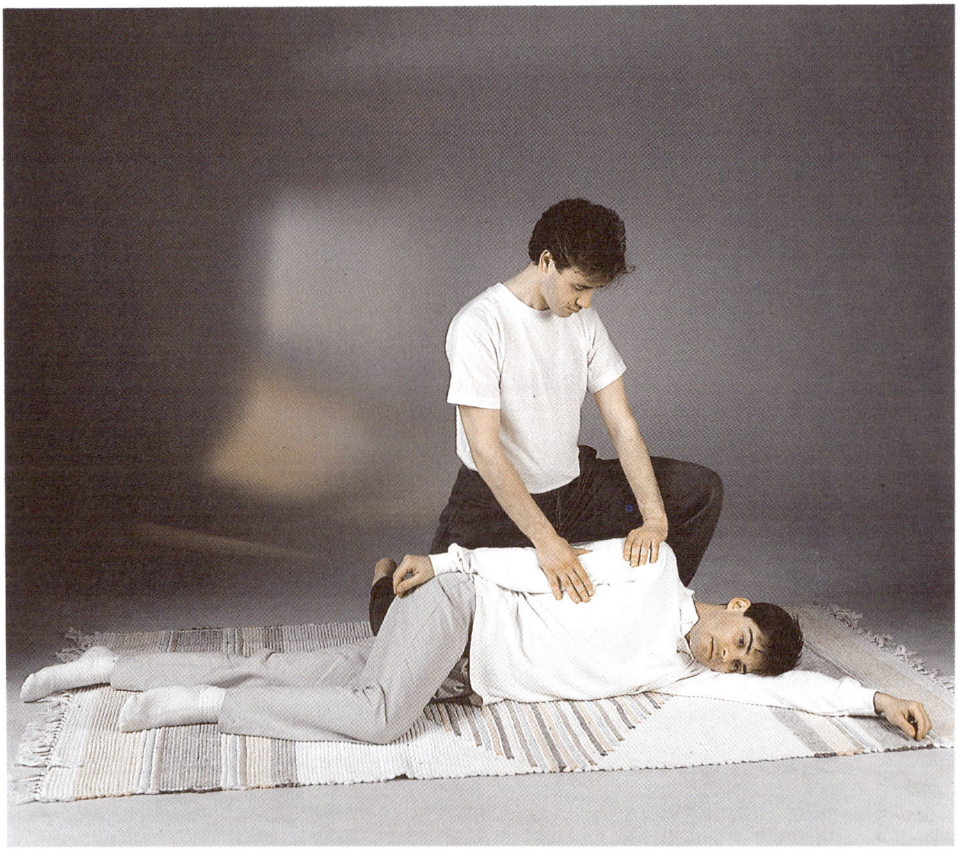

Travailler avec le pouce sur le Méridien du Triple Réchauffeur

Dans le Classique traitant des problèmes difficiles, le Hara, ou Tan Tien, est décrit comme étant le centre antérieur de concentration "du Ki circulant entre les Reins". Selon la théorie du Triple Réchauffeur en tant "qu'avenue du Ki", ce mouvement active les transformations dans les trois Foyers et nourrit tous les Organes et Méridiens associés comme le montre symboliquement la flèche de l'illustration de la page de gauche.

Rôle du Foie

Selon certaines interprétations de ce "découpage" du corps attribué au Triple Réchauffeur, on considère que le Foie fait partie du Foyer Inférieur, à cause de sa forte influence sur le mouvement du Ki et du Sang dans cette région, cela malgré sa place dans la zone moyenne du corps. Le Foie a autant d'influence sur les organes génitaux que les Reins.

Comment considérer le Triple Réchauffeur?

Imaginez le Triple Réchauffeur comme étant un cadre vous permettant une meilleure compréhension de la physiologie humaine à la manière traditionnelle chinoise. N'oubliez pas que chacun des Organe a un rôle général et un autre plus spécifique, que leurs fonctions se chevauchent et s'influencent les unes les autres, puisque l'ensemble forme un tout harmonieux. Comprendre cette synthèse peut vous permettre de mieux interpréter certains symptômes et de soigner les gens plus efficacement.

EXERCICES DES MÉRIDIENS

Péricarde et Triple Réchauffeur

Le premier exercice de cette page est un étirement de *Makko Ho* cherchant à étendre et stimuler les Méridiens du Péricarde et Triple Réchauffeur. C'est une adaptation de la posture de protection (voir à gauche) symbolisant la défensive émotionnelle, le découragement ou la timidité et signifiant que la personne se blottit à la recherche de chaleur et essaye de se protéger face aux éléments.

Les exercices ci-après augmenteront votre capacité à générer chaleur et protection en renforçant le Ki grâce à la respiration, à des mouvements détendus et à la concentration. Le dernier de la série est un mouvement rythmique libérant les noeuds où le Ki est bloqué et améliorant le moral. Le Péricarde influence la circulation du Ki dans le thorax, le Triple Réchauffeur dans les côtes et le bas ventre, et la Vésicule Biliaire sur les côtés du corps et plus généralement dans les articulations. Cela aide le Foie, qui gouverne la circulation harmonieuse du Ki dans l'ensemble du corps.

Asseyez vous en tailleur dos bien droit. Calez solidement le pied intérieur près de l'aine. Croisez les bras et attrapez vos genoux (voir à gauche). Expirez et penchez vous en avant depuis les hanches. Avancez les épaules vers l'avant et détendez le haut de votre corps, la nuque et la tête. Détendez le bassin et appliquez vous à ce que les fesses ne décollent pas du sol. Respirez dans votre Hara.

Expirez en vous redressant, inversez le croisement des jambes et des bras et recommencez.

L'étirement de Makko Ho (voir à droite) est issu de la posture exprimant symboliquement les Méridiens du Péricarde et du Triple Réchauffeur (voir ci-dessus).

Makko Ho

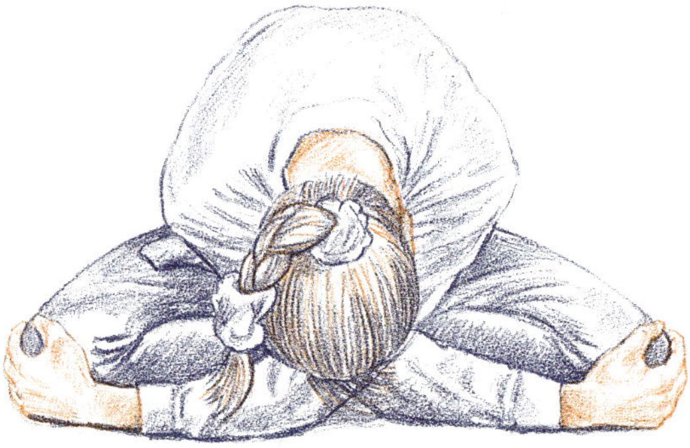

Le point 8. Péric. "Palais du Labeur", au centre de la paume de la main est considéré comme étant un point de concentration du Ki particulièrement important. Frottez vos mains l'une contre l'autre souplement, mais avec détermination et à propos, en ayant soin de continuer à respirer normalement profondément. Cela ne tardera pas à vous procurer une sensation de chaleur dans les mains, à augmenter leur potentiel curatif, et à favoriser la circulation du Ki dans l'ensemble du corps.

Stimuler les Méridiens en les tapotant

Frottez vos mains

Debout, pieds écartés et parallèles, genoux légèrement fléchis et tournés en dehors, baissez vous un peu détendez vous, relâchez le bassin, "rentrez" le coccyx.

Ensuite, depuis la taille tournez vous d'un côté puis de l'autre. Balancez les bras en suivant le mouvement naturellement. Augmentez l'amplitude de celui-ci, jusqu'à ce que vos bras fassent complètement le tour et heurtent vos flanc du côté opposé.

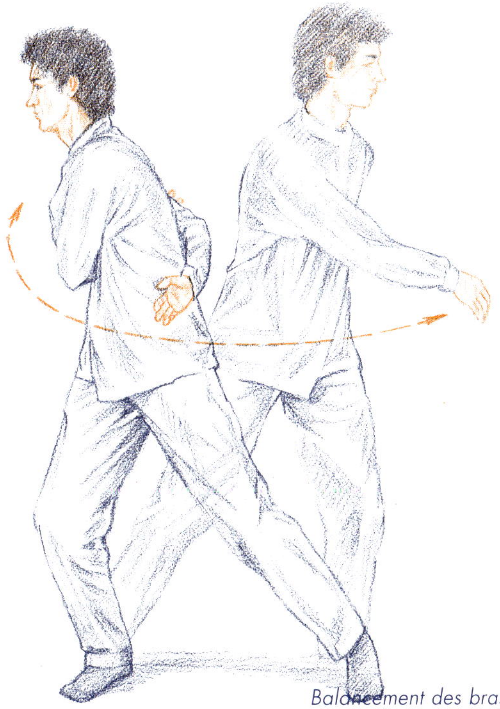

Balancement des bras

Méridien de la Vésicule Biliaire
Ce Méridien commence à la commissure externe des paupières monte ensuite jusqu'à l'angle sphéno-temporal puis redescend derrière l'oreille. Il retourne vers le front au dessus de l'oeil et traverse la chevelure jusqu'à la base du crâne au point 20. V.B.. Il suit le cou en avant du Méridien du Triple Réchauffeur et se dirige en passant par l'épaule vers l'arrière du même Méridien, croise le Méridien Gouverneur au point 14. D.M. pour entrer enfin dans le creux sus-claviculaire.

La branche colatérale auriculaire part de la région rétro-auriculaire, entre dans l'oreille puis réapparaît devant celle-ci et aboutit à la région située en arrière de la commissure externe des paupières.

La branche principale descend devant l'aisselle, longe la paroi latérale du thorax, passe sur l'hypochondre et gagne l'articulation de la hanche avant de s'enfoncer pour rejoindre le Méridien de la Vessie au niveau du sacrum. Au point 30. V.B., il émerge et poursuit sa route à l'extérieur de la jambe, puis le long du bord externe de la malléole externe, passe sur le dos du pied et se termine à l'extérieur du quatrième orteil. Une branche collatérale interne se relie au Méridien de l'Estomac au niveau de la mâchoire, à celui de l'Intestin Grêle, et rejoint le Foie et la Vésicule Biliaire.

Méridien de la Vésicule Biliaire-fonctions et symptômes associés
La vésicule Biliaire secrète et stocke la bile intervenant lors de la digestion, en particulier celle des corps gras. Les personnes ayant une faiblesse de la Vésicule ont du mal à digérer les nourritures riches ou grasses, ce qui correspond d'ailleurs à la conception de la médecine occidentale. La stagnation du Ki ou de la Chaleur dans la Vésicule Biliaire peut causer douleurs sous la cage thoracique, nausées et vomissements, un goût amer ou âcre dans la bouche, et un blanc de l'oeil jaunâtre.

La Vésicule Biliaire influe sur les côtés du corps. Les blocages et déséquilibres du Méridien qui lui correspondent se manifestent par des maux de tête latéraux, de l'oeil, de l'oreille, des raideurs ou douleurs des articulations de la mâchoire, de l'épaule, des côtes, des hanches, des genoux ou des chevilles.

MÉRIDIEN DE LA VÉSICULE BILIAIRE Shaoyang du Pied

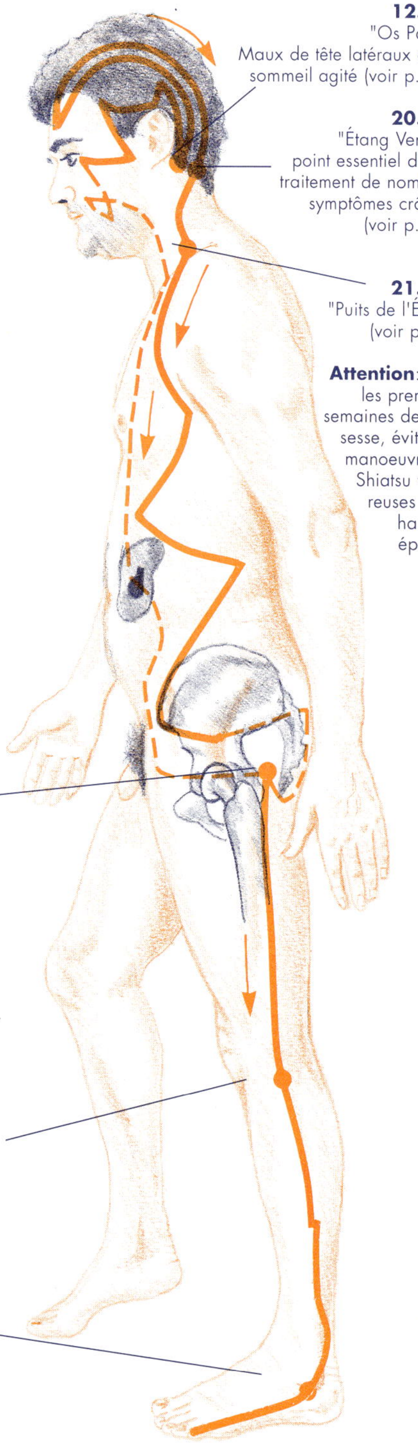

MÉRIDIEN DU FOIE Jueyin du Pied

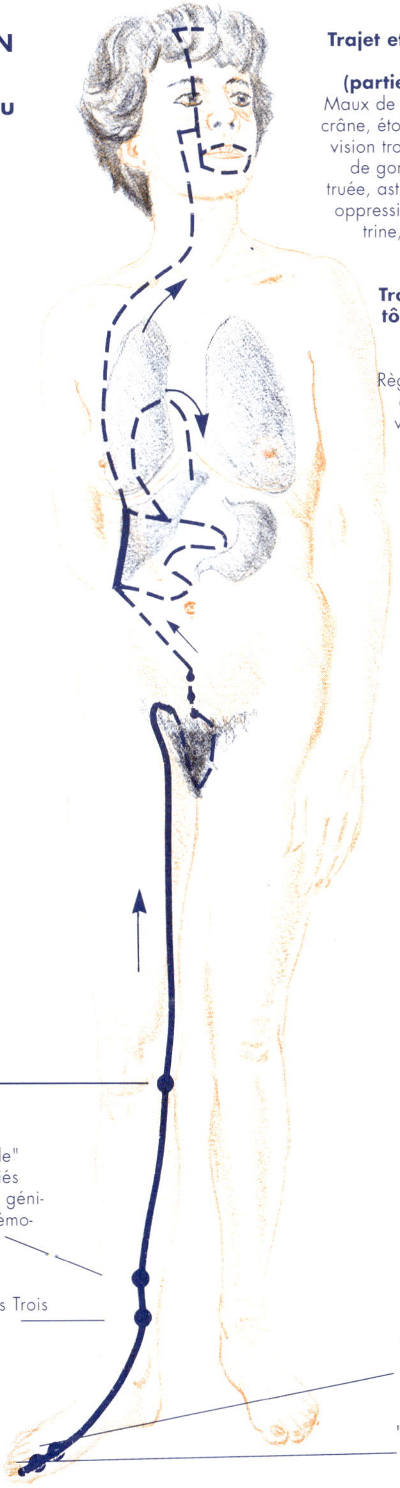

Trajet et symptômes internes (partie supérieure)
Maux de tête en haut du crâne, étourdissements et vision trouble, sensation de gorge nouée, obstruée, asthme, raideur et oppression dans la poitrine, syndrome prémenstruel.

Trajet et symptômes internes (partie inférieure)
Règles irrégulières et douloureuses ventre ballonné, irritation, douleurs ou gonflement des organes génitaux.

Liv 8

5. F.
"Rigole Finale"
symptomes liés aux organes génitaux et aux émotions

6. Rat.
"Réunion des Trois Yin"

3. F.
"Grand Assaut"
(voir p 149)

2. F.
"Intervalle Actif"
(voir p. 149)

Trajet du Méridien du Foie

Ce Méridien commence au dos du gros orteil traverse le dessus du pied, passe en avant de la malléole interne et monte sur la face interne de la jambe pour croiser le Méridien de la Rate au point 6. Rat. Il remonte ensuite, en suivant la face interne du genou et celle de la cuisse pour entrer dans la pilosité pubienne et contourner les organes génitaux externes. Il se relie au Méridien Directeur dans le bas ventre passe près de l'Estomac et se dirige vers le Foie auquel il est associé et donne une branche à la Vésicule Biliaire. Il se relie à deux points superficiels sur les côtes puis plonge dans la cage thoracique, longe le bord postérieur de la gorge pour se relier à l'oeil et se terminer au sommet de la tête où il se raccorde au Méridien Gouverneur. Une branche colatérale le contourne la bouche. La branche collatérale du Foie partant du Foie, traverse le diaphragme et entre dans les Poumons pour rejoindre le Méridien des Poumons, ce qui permet de recommencer le cycle du Ki (voir p. 79).

Fonctions du Foie

Les deux fonctions principales du Foie sont: permettre le stockage du Sang et aider à la répartition du Ki assurant le bon fonctionnement de l'ensemble du corps. Le Foie contrôle également tendons et ligaments, et libère le Sang qui doit les nourrir pendant l'activité afin que les articulations et les muscles travaillent sans heurt. Le Sang du Foie alimente également les yeux, ouvertures associées à cet Organe. Pendant le repos le Sang regagne le Foie.

Les blocages de Ki créent fréquement des problèmes liés au Foie, tels spasmes, douleurs et irrégularités surgissant à de nombreux endroits du corps. La large gamme d'influence du Ki du Foie apparaît lorsqu'on étudie le trajet de son Méridien.

EXERCICES DES MÉRIDIENS

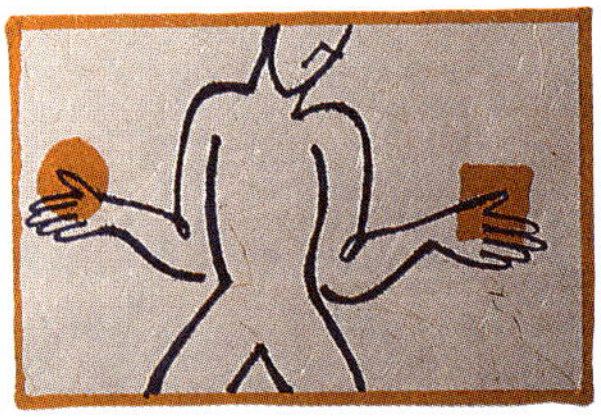

Vésicule Biliaire et Foie

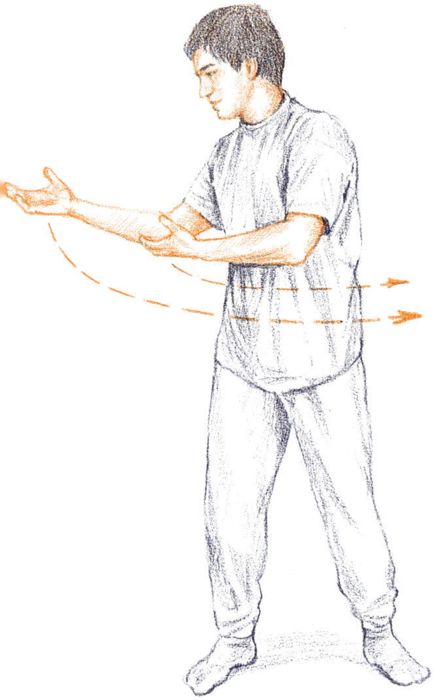

Des étirements souples associés à des exercices de coordination simples améliorent généralement l'état du Foie et de la Vésicule Biliaire. Des balancements rythmiques (voir ci-dessus) ouvrent les côtés et font circuler le Ki. Cet exercice imite symboliquement le geste de celui qui soupèse les élements d'une alternative, et prend en considération toutes les options.

Le Foie influe sur notre destin, son rôle est lié à l'organisation et à la planification. Il ne se contente pas de nous assurer une bonne vue, mais participe également plus symboliquement à la perspicacité de la pensée et à la prévoyance. La Vésicule Biliaire ayant un impact sur le jugement et la prise de décision, l'assiste dans cette tâche. Le Foie a une action générale, la Vésicule s'occupe des détails.

Les frustrations et les difficultés peuvent conduire un induvidu à la colère, qui est une des émotions les plus puissantes du Foie. Les problèmes non résolus bloquent également le Ki du Foie, ce qui mène à la dépression. L'irritabilité et les agressions injustifiées surgissent lorsque les énergies naturellement expansives du Bois ne trouvent aucune issue et se rebellent, remontant vers le haut, donnant souvent naissance à des symptômes tels maux de tête. Lorsqu'un moyen d'expression approprié à cette émotion est trouvé, les obstacles peuvent être surmontés, menant à des solutions créatives.

Être lâche, timide et s'empêtrer dans les détails indique une faiblesse de la Vésicule Biliaire.

Asseyez vous au sol, jambes largement écartées. Tournez vous à partir de la taille vers votre pied gauche. Soutenez et soulevez le tronc et le rachis, de la main gauche appuyée sur le sol derrière vous. Ensuite entourez votre taille du bras droit, et inspirez en relevant le bras gauche. Expirez lentement en penchant le buste et le bras gauche dans l'alignement de la jambe droite. Laissez le bras pendre par dessus la tête, détendez vous, respirez deux ou trois fois, relâchez la position et recommencez le mouvement du côté opposé.

Étirement de Makko Ho

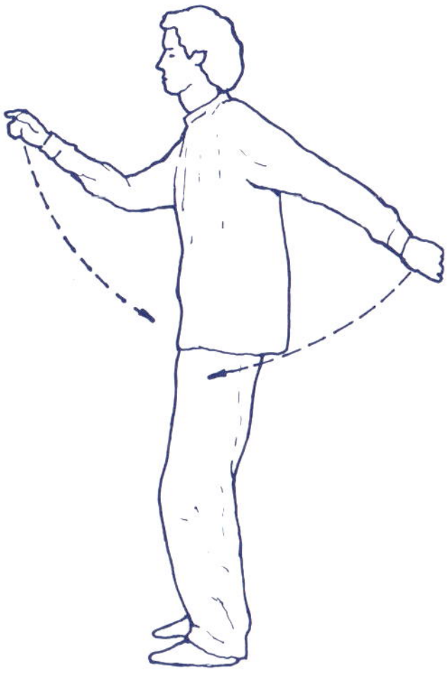

Debout bien détendu, pieds écartés à la largeur des hanches, genoux et hanches fléchis, épaules basses, fixez la ligne d'horizon. Ensuite imprimez à vos jambes et vos chevilles un mouvement souple de rebondissement, plongeant et vous relevant à un rythme correspondant à celui de votre pas lors de la marche détendue. Vos bras suivront les mouvements du corps et se balanceront au même rythme. Vos pieds seront profondément ancrés au sol, vos bras dans leur balancement ne dépasseront jamais le niveau de la poitrine. Adoptez un mouvement souple, comme si vous vouliez "marcher" toute la journée en prenant plaisir au déplacement, ne cherchant jamais à arriver quelque part puisque vous y êtes déjà.

Refaites l'exercice précédent en balançant les deux bras simultanémment dans le même sens. Percevez comme vos bras retombent sous l'influence de la gravité, et comme il suffit d'un tout petit peu d'élan pour que le mouvement se poursuive, comme celui d'un pendule. Respirez normalement et continuez l'exercice pendant quelques minutes.

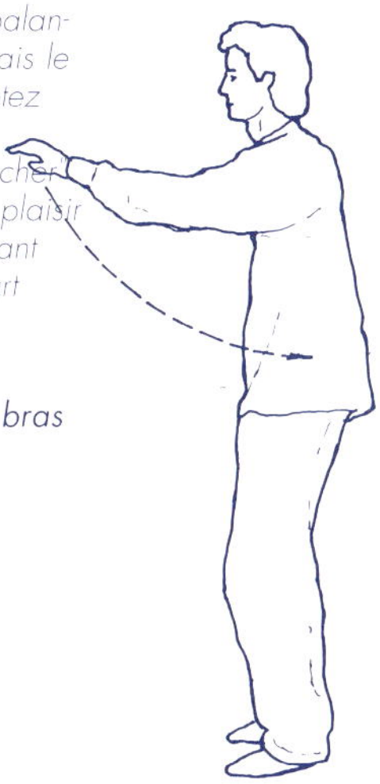

Balancement souple des bras

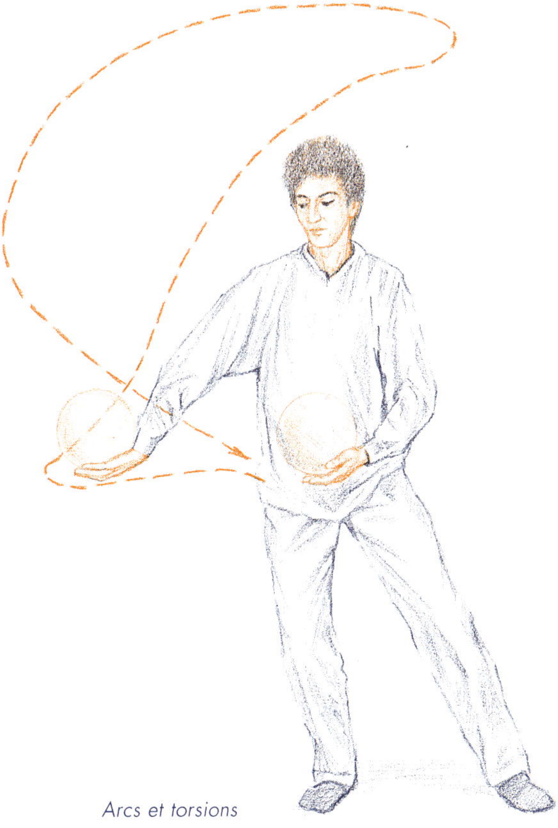

Arcs et torsions

Cet exercice est un mouvement ininterrompu alliant souplesse et coordination. Il ouvre les côtés du corps, et assouplit la taille. Écartez le jambes plus largement que pour le mouvement précédent.

Tendez les mains devant vous paumes vers le ciel au niveau de l'aine. Imaginez que vous avez un ballon posé en équilibre dans chaque main. Faites passer l'un d'eux derrière vous, en évitant la hanche. Faites lui ensuite décrire tout un arc de cercle autour de vous, au dessus puis vers l'avant en passant au dessus de la tête, pour revenir à la position initiale. Gardez la paume tournée vers le haut et respirez normalement. Recommencez de l'autre côté.

Séance de Shiatsu concernant les Méridiens latéraux

La position latérale est particulièrement adaptée aux personnes âgées, femmes enceintes et aux personnes présentant des douleurs de dos, des troubles respiratoires, ou sujettes aux indigestions. Elle convient tout particulièrement au traitement des quatre Méridiens étudiés dans ce chapitre.

Le Triple Réchauffeur et la Vésicule Biliaire ont une influence puissante sur les flancs. Ils sont impliqués plus d'une fois lorsqu'une personne se plaint d'un syndrôme ou d'une blessure latéraux.

Le Péricarde et le Foie participent tous deux à l'expression émotionnelle. Les personnes très sensibles trouveront certainement que la position du thérapeute, derrière le patient, est réconfortante, non conflictuelle, et permet de donner un Shiatsu particulièrement efficace.

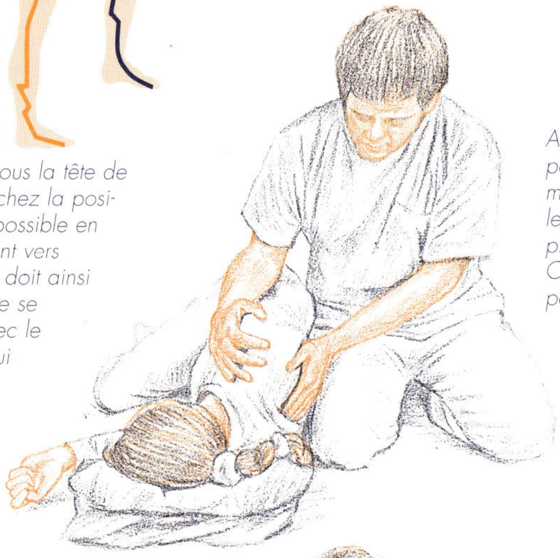

Mettez un oreiller sous la tête de votre patient. Cherchez la position la plus stable possible en ramenant légèrement vers l'avant l'épaule qui doit ainsi être autant que faire se peut en contact avec le sol. La jambe qui lui correspond sera allongée complètement, l'autre pliée puis amenée en haut, en avant par dessus la première.

Agenouillez vous près de votre patient, contre son dos. Posez la main la plus proche sur son épaule et placez l'autre entre ses omoplates, région correspondant au Coeur et au Péricarde. Gardez la pause quelques instants.

Rotation de l'épaule

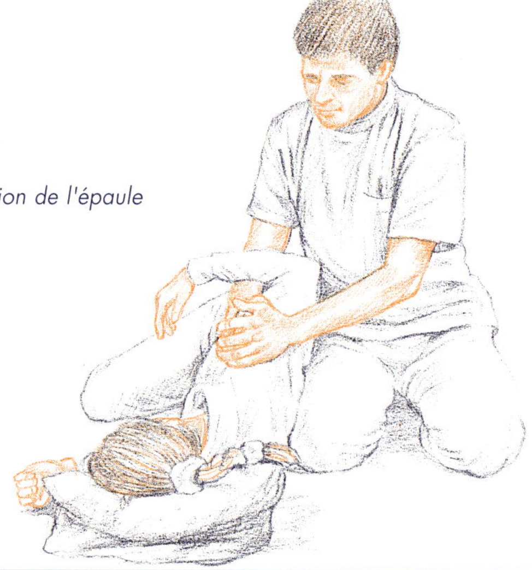

Passez le bras sous celui de votre patient pour soutenir l'avant de l'épaule. Enserrez l'épaule des deux mains et bougez la lentement en formant des cercles. Utilisez les mouvements de votre Hara et de votre corps pour suivre le mouvement et percevoir ses limites, puis faites tourner l'articulation plus amplement, quelques tours dans chaque sens.

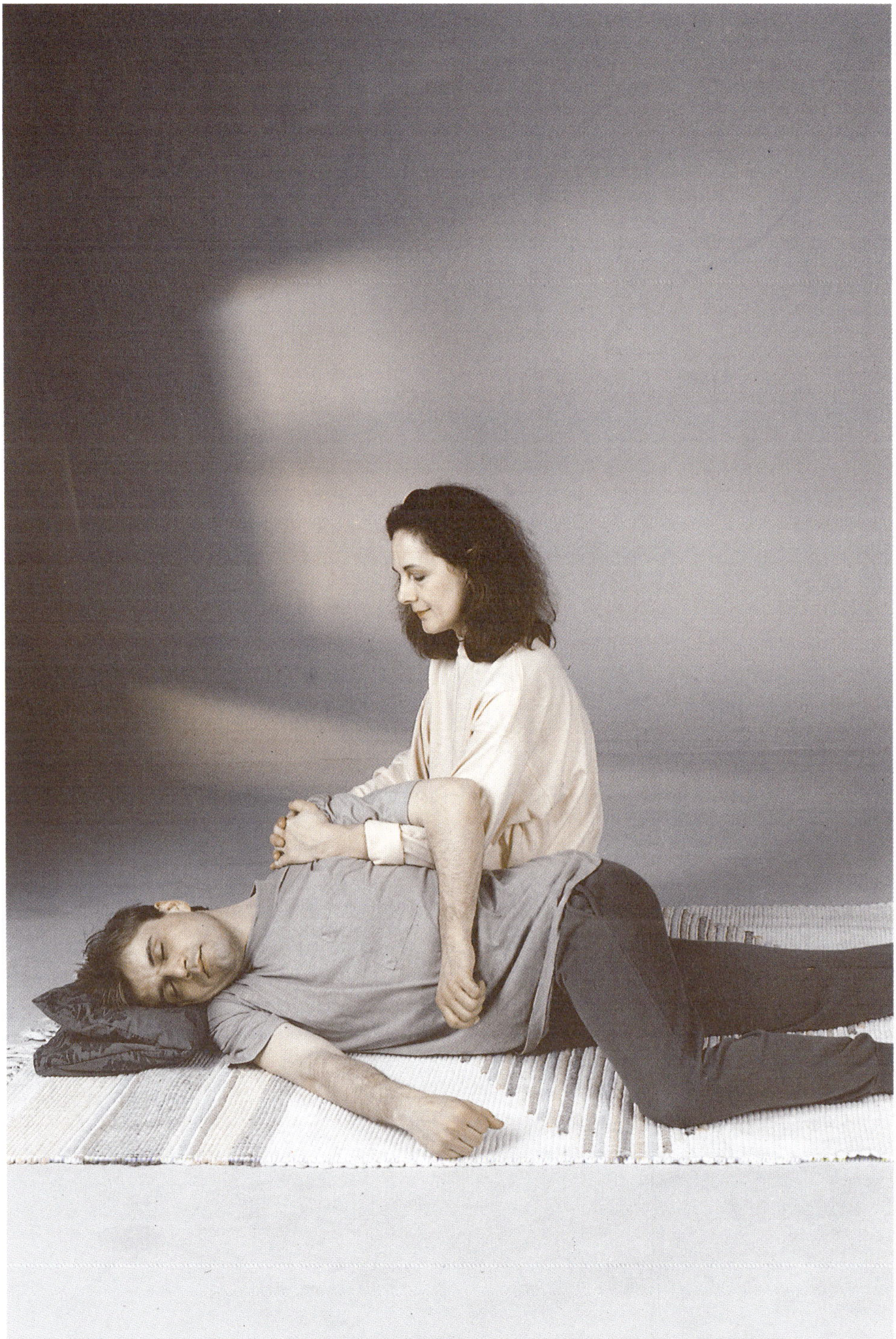

Rotation de l'épaule en position latérale

Empaumer les côtés de la tête ouvre les Méridiens Yang y passant: Triple Réchauffeur et Vésicule Biliaire. Dressé sur vos genoux, la jambe extérieure plus en avant, soutenez votre patient avec la cuisse de votre autre jambe. Placez les paumes confortablement sur la tête de votre partenaire (voir à droite). Penchez vous et empaumez doucement les côtés du crâne.

Empaumer le côté de la tête

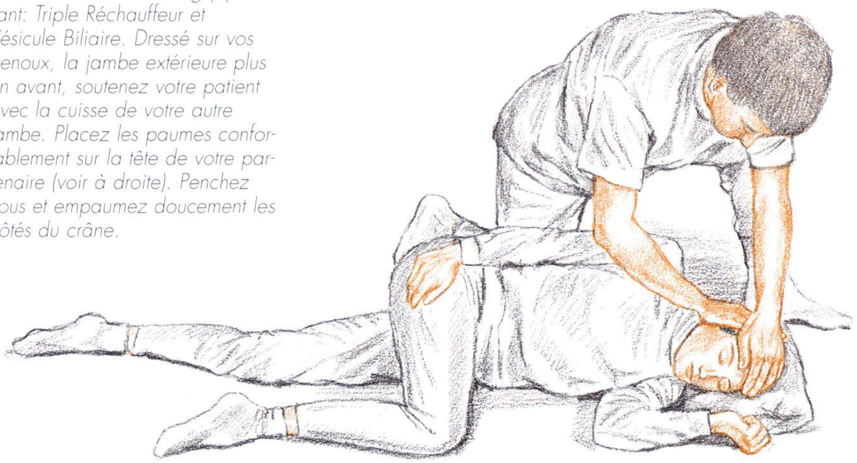

Position de la main passive
Pendant cette partie de la séance, la main la plus proche de vous jouera toujours le rôle de main passive. Calez votre coude près de l'épaule de votre patient et placez la main passive derrière sa tête pendant que la main active travaille sur la zone se situant devant l'oreille.

Travailler avec le pouce le long des Méridiens du Triple Réchauffeur et de la Vésicule Biliaire

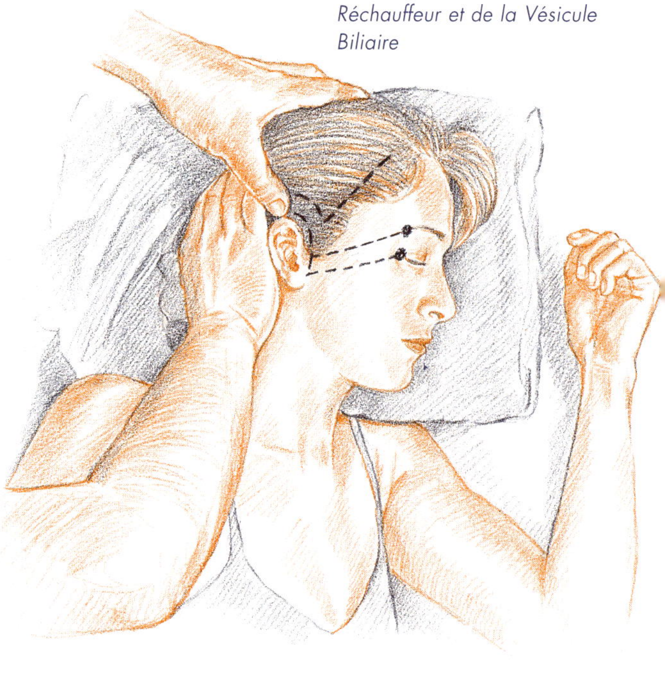

Commencez au point 23. T.R., dans la petite dépression à l'angle externe du sourcil, et suivez le trajet du Triple Réchauffeur (voir p. 131) en descendant à l'avant de l'oreille et autour du point 17. T. R.. Revenez au niveau du point 1. V.B., à l'angle externe de l'oeil et travaillez avec le pouce le long de ce Méridien jusqu'à la dépression située à l'avant de l'oreille. Remontez ensuite jusqu'au front et redescendez autour de l'oreille. Travaillez légèrement à l'extérieur du Méridien du Triple Réchauffeur comme indiqué sur le schéma, jusqu'au point 12. V.B. à l'angle du crâne.

Donner un Shiatsu sur la tête
Le crâne présente lui aussi des dépressions et des crètes correspondant aux articulations des os craniens. Recherchez ces points délicatement au fur et à mesure de votre travail. Lorsque vous en trouverez un, appliquez y des pressions souples. La peau des membranes sous-jascentes et les muscles de la tête sont particulièrement sensibles et réagissent au moindre stimulus, le travail sur le crâne est en conséquence particulièrement gratifiant.

Travailler sur la nuque

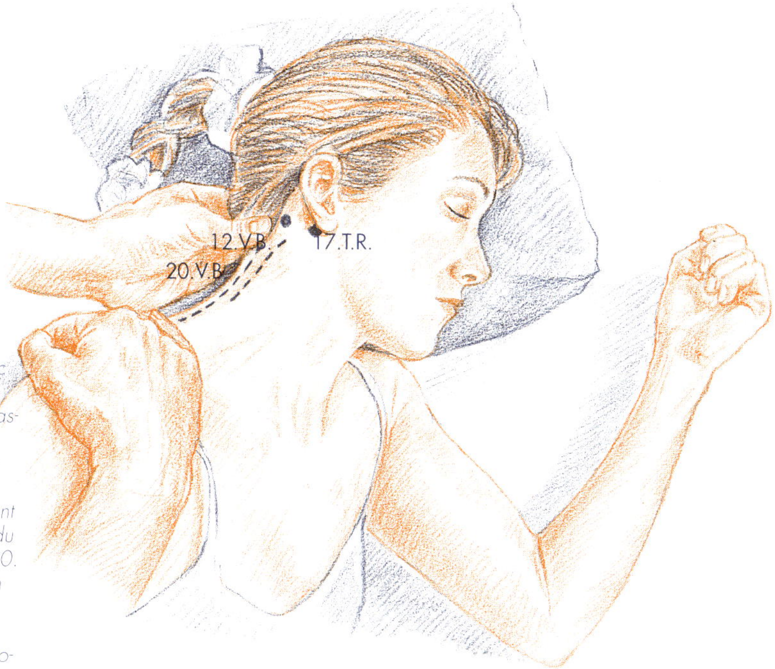

Reculez vous légèrement et avec la main active en forme de coupe prenez l'épaule, faites basculer votre poids vers l'arrière pour "ouvrir" la nuque. Avec les doigts de la main active vous pouvez appuyer assez fermement sur les Tsubos situés à la base du crâne, insistez sur 12. V.B. et 20. V.B. (voir à droite). Travaillez en descendant le long du cou. Commencez par reposez votre pouce sur le muscle sterno-cléido-mastoïdien en n'utilisant que le poids de votre bras détendu. Ensuite travaillez un petit peu plus vigoureusement avec le pouce tendu. Appuyez derrière le muscle vers le Méridien du Triple Réchauffeur (voir p. 131).

Revenez à la base du crâne et suivez le Méridien de la Vésicule Biliaire (voir p. 136). Travaillez de la même manière avec le pouce dans les dépressions entre les muscles de la nuque.

17. T.R."Vent caché"
Ce point se trouve derrière le lobe de l'oreille, entre l'angle de la mandibule et la mastoïde dans un creux. Il est sensible et très important, car il sert pour tous les problèmes d'oreille sans oublier les douleurs dues à l'exposition au vent, d'où son nom. Appuyez doucement mais fermement du bout du pouce ou de l'index.

20. V.B. "Étang venteux"
Ce point se trouve au dessous de l'os occipital, dans le creux situé entre les muscles trapèze et sterno-cléido-mastoïdien. C'est un des points les plus important de la tête. Lorsqu'on lui applique une forte action dispersante, il aide à venir à bout de tous les maux de tête y compris les migraines. Utilisez le également pour les troubles oculaires, les problèmes d'oreille, les congestions, douleurs, ou blocages des sinus et du nez, aigus et chroniques.

Agenouillez vous à la tête de votre patient. Posez la main la plus proche de vous sur sa tête, en recroquevillant vos doigts sous la base du crâne. Avec le pouce de l'autre main travaillez sur les Méridiens du Triple Réchauffeur et de la Vésicule Biliaire le long de la ligne de l'épaule, centimètre par centimètre depuis l'angle de la nuque jusqu'à l'extrémité osseuse de l'épaule.

Attention:
Ne ***jamais*** *travailler sur le point 21. V.B. situé en haut de l'épaule près du cou pendant les premières semaines de grossesse ou lorsqu' une fausse couche est à redouter. Ce point est cependant utile pendant le travail d'accouchement et fait partie du traitement le provoquant.*

Travailler avec le pouce le long des Méridiens du Triple Réchauffeur et de la Vésicule Biliaire sur l'épaule.

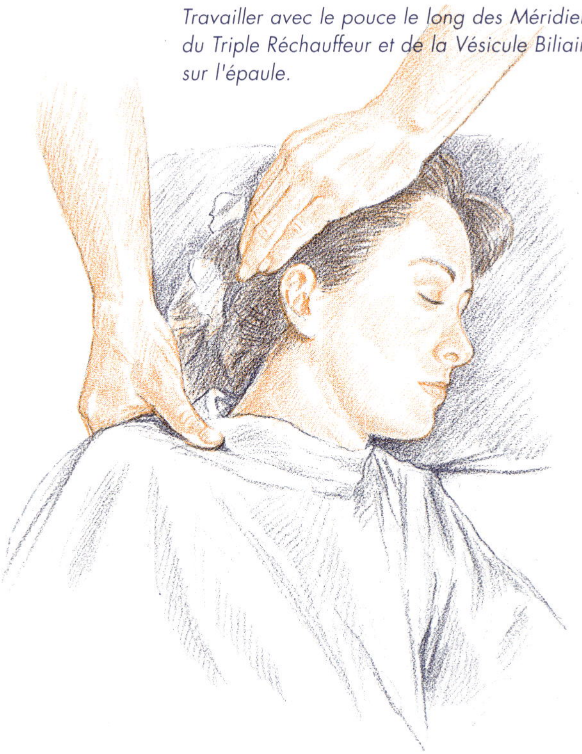

Assouplir l'omoplate

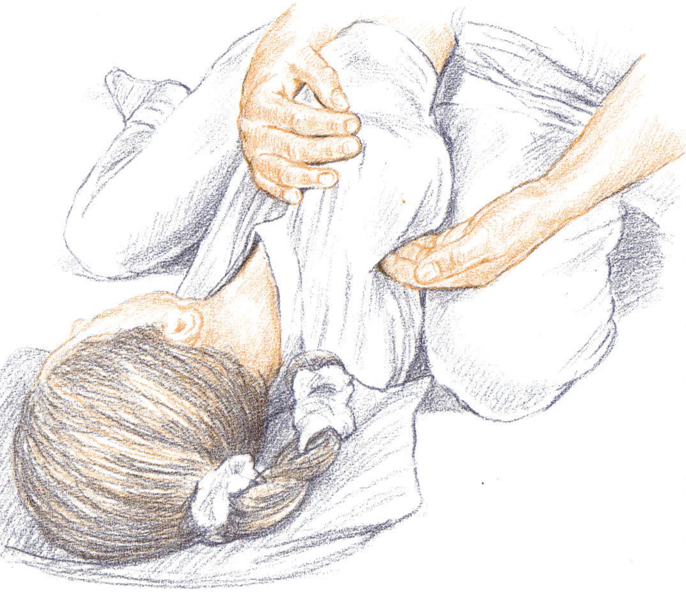

Agenouillez vous derrière votre partenaire. Placez vos mains autour de l'épaule. Secouez l'articulation avec souplesse entre vos mains et cherchez à localiser le bord interne de l'omoplate. Recroquevillez les doigts et passez les sous celle-ci. Accrochez vos doigts fermement sous l'omoplate et en soutenant l'avant d'une pression égale, soulevez l'ensemble vers l'extérieur, pour l'éloigner du rachis, en faisant passer votre poids vers l'arrière et ouvrant votre propre corps. C'est une sensation de soulagement agréable pour le patient que vous pourrez renouveller plusieurs fois.

Méridien du Triple Réchauffeur
Pour traiter ce Méridien, posez le bras du patient sur son flanc, le poignet à hauteur de la hanche. Agenouillez vous derrière lui, les genoux bien écartés, et immobilisez son épaule de la main passive. Ce Méridien passe juste à l'arrière de la ligne médiane du muscle deltoïde (épaule), et descent vers la pointe osseuse du coude.

Empaumez l'extérieur du bras depuis le muscle de l'épaule, jusqu'au poignet. Ensuite reculez vous légèrement pour travailler le Méridien avec le pouce, sur le bras. Pour pouvoir enfin suivre son trajet depuis le coude, dressez vous sur vos genoux, près du patient et penchez vous directement pour travailler avec le pouce le long de l'espace entre les deux os de l'avant bras jusqu'au creux du poignet, là où les tendons des muscles de la main convergent.

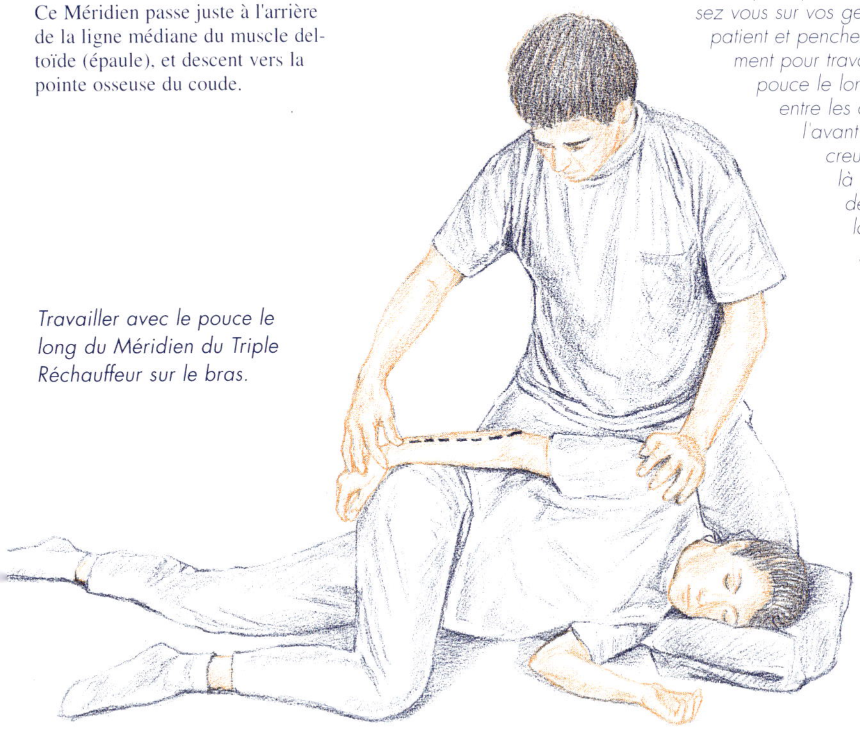

Travailler avec le pouce le long du Méridien du Triple Réchauffeur sur le bras.

5. T.R. "Barrière Externe"
Le point du Méridien du Triple Réchauffeur le plus polyvalent, à l'action la plus large, se trouve 5 cm au dessus de la ligne du poignet entre les os (voir ci-dessus). Il est utile lors des états fièvreux aigus, accompagnés de frissons, gorge douloureuse, sueurs, et également comme "point éloigné" lors des maux d'oreille, de têtes latéraux, de glandes enflées et de raideur de la nuque. Il est également efficace en cas de douleurs des côtes, de l'épaule ou du poignet.

Poursuivez vers le quatrième espace intermétacarpien et terminez en pressant les deux côtés de l'annulaire.

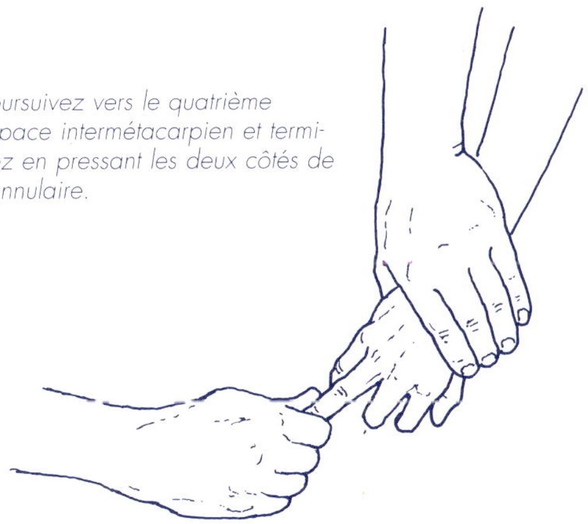

Méridien du Péricarde
Ce méridien passe sur la ligne médiane du biceps brachial, et en dedans du tendon à la hauteur du coude. Ensuite il parcourt le milieu de la face interne de l'avant bras entre les deux tendons prohéminents au dessus du poignet, 6. P., puis au centre de la paume, et le long du majeur.

Commencez par faire des rotations de l'épaule (voir p. 120) pour agir sur ce Méridien, et finissez avec le bras de votre patient posé en travers de votre cuisse.

Commencez par.empaumer le Méridien avec votre pouce à plat en travers de la face interne du bras, en exerçant une pression générale pendant que les doigts vous servent de support. Recommencez en haut du bras et travaillez avec le pouce le long du Méridien avec un angle de pénétration plus important. Gardez les épaules basses et détendues.

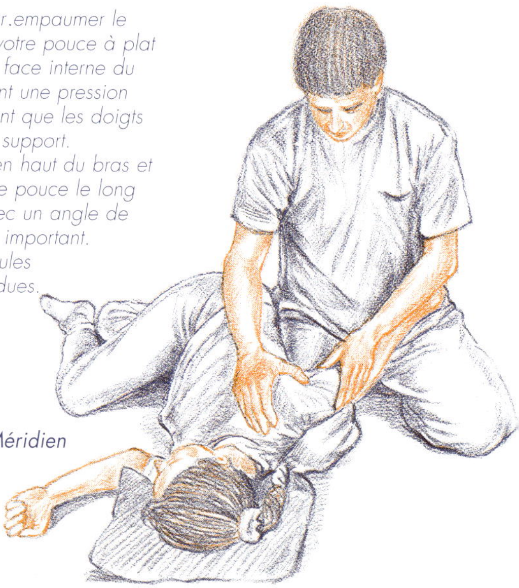

Empaumer le Méridien

6. Péricarde "Barrière Interne"
Ce point est situé environ 5 cm au dessus de la ligne du poignet entre les deux tendons prohéminents sur la face interne de l'avant bras.

Il exerce une forte influence sur l'ensemble du thorax et "harmonise l'Estomac". Recourez y lors des indigestions accompagnées de nausées, de brûlures ou d'acidité gastriques. Il est également très utile comme premier soin pour venir à bout du mal des transports et des nausées matinales de la grossesse.

Le point 6. P., fait circuler le Ki et le Sang, et calme l'Esprit. Il apaise l'inquiétude, soulage la dépression et toutes sortes de problèmes émotionnels, plus particulièrement ceux s'accompagnant de sensation de compression, de lourdeur et de douleurs dans la poitrine. Il aténue également les symptômes du syndrome prémenstruel avec dilatation et douleurs des seins.

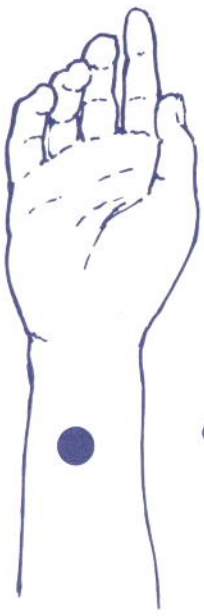

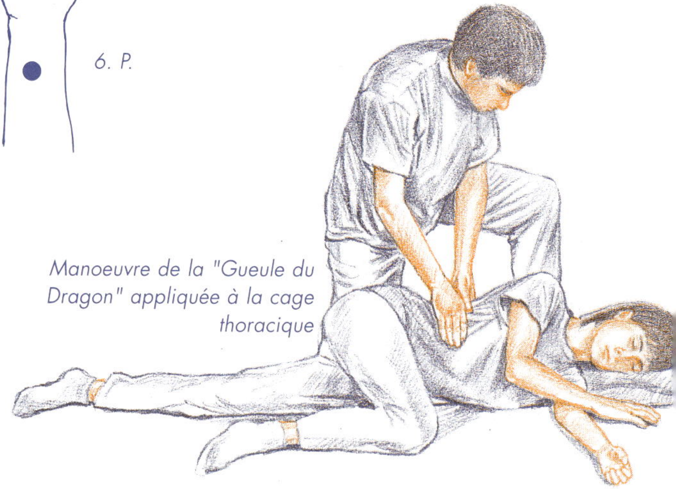

Manoeuvre de la "Gueule du Dragon" appliquée à la cage thoracique

Cette version à deux mains de la "Gueule du Dragon" (voir p. 46) est idéale pour le travail latéral, sur le Méridien de la Vésicule Biliaire, elle facilite également la circulation du Ki dans le buste. Lorsque vous aurez traité le bras de haut en bas, soulevez le et faites le tourner encore une ou deux fois, puis reposez le confortablement en avant du corps.

Redressez vous sur vos genoux, appuyez de vos deux mains réparties sur le côté de la cage thoracique, et travaillez de l'aisselle à la taille. Gardez les mains groupées et laissez le temps à votre patient de respirer en suivant le mouvement. Soyez ferme mais restez détendu. N'oubliez pas que les pressions trop légères chatouillent.

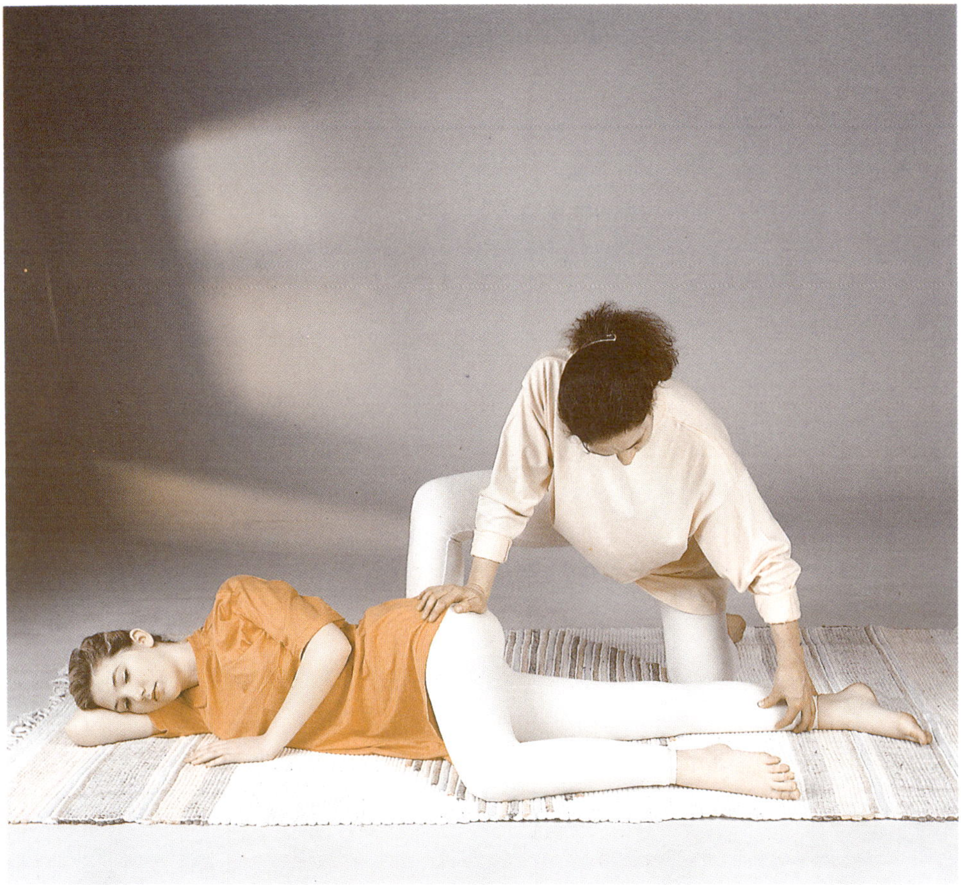

Travailler avec le pouce sur le Méridien du Foie

Positions pour le Méridien de la Vésicule Biliaire

Pendant que vous travaillerez le long de la jambe, sur le trajet de ce Méridien, votre main passive poura être habilement posée sur le point 30 V.B., classique, situé en arrière du grand trochanter, sur les fesses, juste derrière la prohéminence de la tête fémorale. Il influence toutes les articulations du membre inférieur et a une action bénéfique sur la région lombosacrée qu'il renforce et revigore. Les douleurs des sciatiques suivent souvent le trajet du Méridien de la Vésicule Biliaire. Dans ce cas empaumer reste encore la meilleure manoeuvre globale. Servez vous de vos pouces avec précaution si la douleur est aiguë.

Enjambez la jambe de votre patient comme montré ci-dessous. Empaumez le milieu de la face externe de la jambe depuis la hanche jusqu'à la cheville.

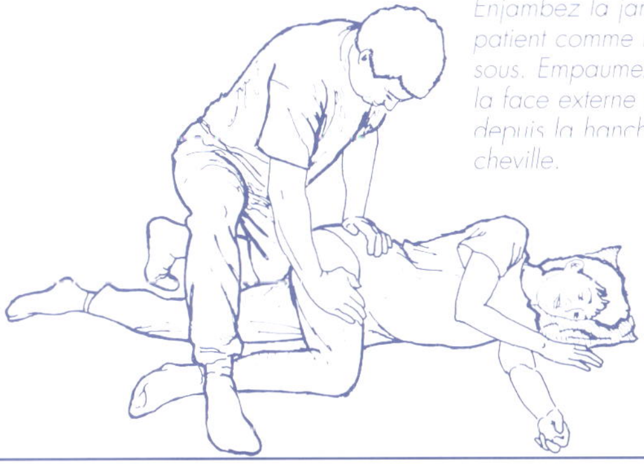

Après avoir empaumé le Méridien jusqu'au genou, travaillez avec le pouce sur cette même portion. Au dessous du genoux localisez le point 34. V.B. (voir ci-dessous). De là, descendez jusqu'à la cheville, le long de la crête osseuse du péroné. Traversez à l'avant de la cheville et descendez en travaillant avec le pouce entre les 4ème et 5ème métacarpiens jusqu'aux orteils. Étirez et pressez le 4ème orteil. En cas de maux de tête aigus, de troubles oculaires, d'insomnie et d'irritabilité, pensez toujours à agir sur la partie inférieure du Méridien de la Vésicule Biliaire.

Travailler avec le pouce le long du Méridien de la Vésicule Bilaire de la jambe

34. V.B. " Fontaine de la Colline Yang"
À l'extérieur de la jambe, 5 cm au dessous de la rotule se trouve le point 34. V.B., dans la dépression au dessous et en avant de la tête du péroné, une petite proéminence osseuse, la Colline Yang, d'où le point tire son nom.

Ce point aide le Foie à harmoniser la circulation du Ki. Son action est généralement relaxante, plus spécialement pour les tendons et les muscles. Il est d'un précieux secours lors des entorses, foulures, douleurs, raideurs de toutes les articulations, des crampes musculaires, spasmes abdominaux et de la constipation. Il soulage également tous les symptômes du Méridien de la Vésicule Biliaire telles affections hépatiques et douleurs abdominales liées à l'indigestion.

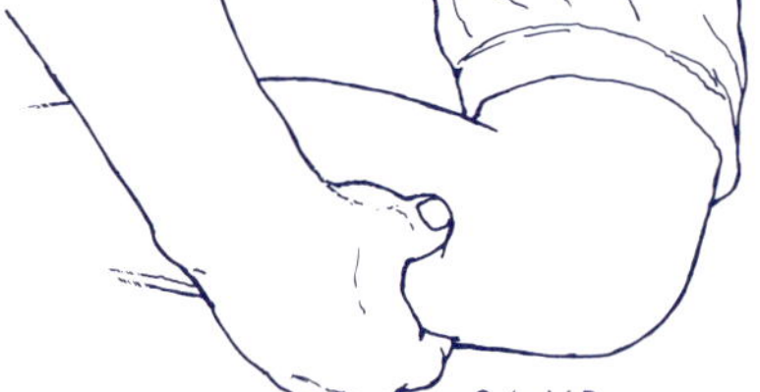

34. V.B.

40.V.B. "Zone de la Colline"
Au dessous et en avant de la malléole externe, dans un creux, se trouve le point 40. V.B., renforçant la Vésicule Biliaire. Il sert dans de nombreux problèmes surgissant le long de ce Méridien. C'est un bon "point éloigné" pour les douleurs du genou, de la hanche, des côtes, des épaules et les nuques raides. Il peut également avoir une action bénéfique chez les personnes n'ayant pas le courage de leurs opinions et de ce fait n'arrivant pas à se décider, ou encore ceux qui se noient dans les détails.

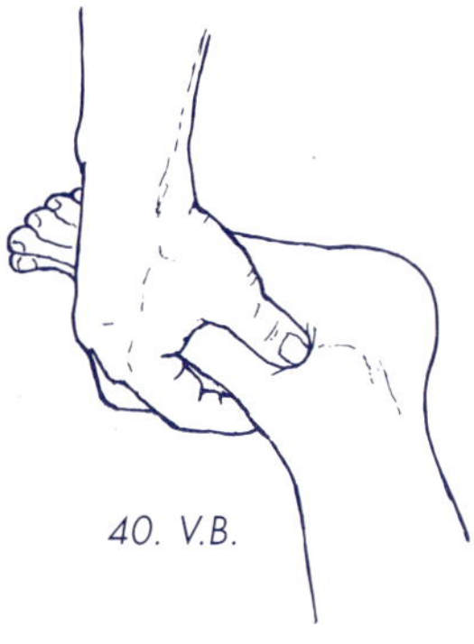

40. V.B.

Méridien du Foie de la jambe
Travailler sur le Méridien du Foie, agit sur l'ensemble du corps, puisque cela stimule la libre circulation du Ki. L'action est particulièrement bénéfique sur le bas ventre, les Intestins et la Vessie, plus particulièrement en cas d'irrégularité et de douleurs menstruelles, des organes génitaux externes masculins et féminins, de poitrine, des côtes, de la gorge, des yeux et du sommet du crâne. Les problèmes dans ces zones, en particuliers lorsqu'ils sont associés à des frustrations, dépression, accès de colère soudains ou tout autre tension émotionnelle, indiquent que le Foie est impliqué. Le stress bloque le Ki ce qui engendre douleurs et crises.

Empaumez le Méridien sur la face interne de la jambe. Appuyez depuis le tendon relâché à la partie supérieure de la cuisse, en passant par le genou, et en descendant sur le mollet. Longez ensuite l'arrière de l'os de la jambe jusqu'à la cheville. La main passive ne quittera pas la région sacrée.

Travailler avec le pouce sur le Méridien du Foie

Travaillez à la limite du tendon près de l'aine et descendez en suivant le milieu de la face interne de la cuisse jusqu'au genou. Agissez sur le point 8. F., classique, à l'extrémité du sillon du creux poplité. Le méridien descend sur le muscle du mollet, derrière celui de la Rate, mais à peu près à mi-chemin il passe devant lui et poursuit sa route très près de la crête osseuse. Il rejoint le Méridien de la Rate au point 6. Rat., "Réunion des trois Yin", puis passe à l'avant de la cheville et du pied jusqu'au gros orteil.

Demandez à votre patient de se mettre en décubitus pendant quelques instants avant de passer de l'autre côté pour recommencer l'ensemble de l'enchaînement. À la fin travaillez sur ses deux pieds alors qu'il sera en décubitus (voir ci-dessous).

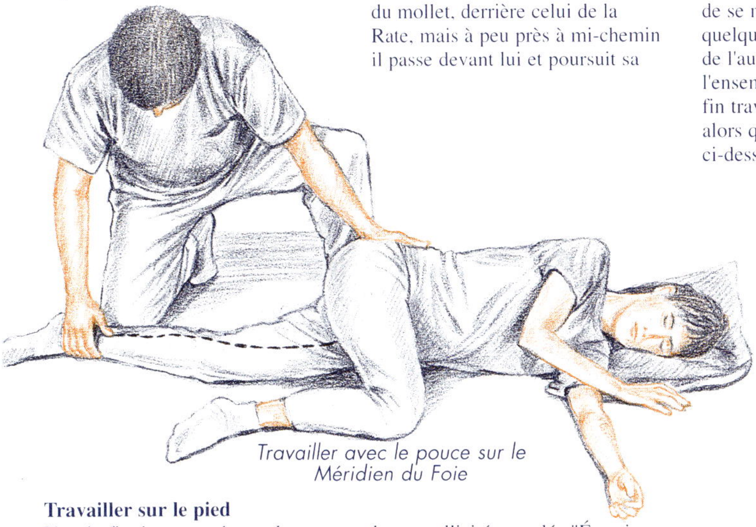

Travailler avec le pouce sur le Méridien du Foie

Travailler sur le pied

Vers la fin de votre séance, lorsque votre patient est en décubitus vous pouvez vous attarder sur le pied, qui a une relation particulière avec le Foie. Le Foie et la Vésicule Biliaire peuvent être tous deux fortement perturbés par la nourriture épicées et/ou riche, les drogues stimulantes et l'alcool, qui combinés aux émotions peuvent créer une surchauffe du Foie. Son énergie Yang monte alors en force vers la tête causant des maux de tête aigus des yeux douloureux, des étourdissements et des nausées. Cela ressemble à la description de la "gueule de bois", ce qui à l'occasion des excès pourrait bien être le cas. Mais les déséquilibres chroniques plus graves peuvent à long terme produire les mêmes symptômes. Les migraines sont souvent le résultat du mode de vie trop stressé des créatifs hyper actifs travaillant et se divertissant beaucoup. Ils ont des humeurs changeantes, sont irritables, souffrent d'insomnies, et d'indigestion, et ont les yeux rouges. Ce sont là les symptômes habituels d'un Foie hyper sollicité, appelés "Éruption du Feu du Foie". Les derniers *Tsubos* sur le Méridien du Foie et de la Vésicule Biliaire (voir page de gauche) peuvent réduire le "Feu du Foie".

3 Foie "Grand Assaut"

Agir sur ce point augmentera le Yin du Foie, Sang du Foie et nourrira tendons et ligaments améliorant les raideurs, tensions et spasmes. Ce point répartit le Ki du Foie, diminue les douleurs et dissout les blocages le long de son Méridien et participe à l'harmonisation et à l'équilibrage de toutes ses fonctions. Il soulage les tensions émotionnelles et les maux de tête dûs aux excès comme aux faiblesses.

2. Foie "Intervalle Actif"

Ce point est plus efficace lorsque les symptômes sont aigus, irritants, secs ou chauds. C'est le "point du Feu" du Méridien du Foie. Utilisez le de concert avec 3. F., pour les maux de tête sévères, douleurs menstruelles, nausées, ou mictions difficiles et douloureuses.

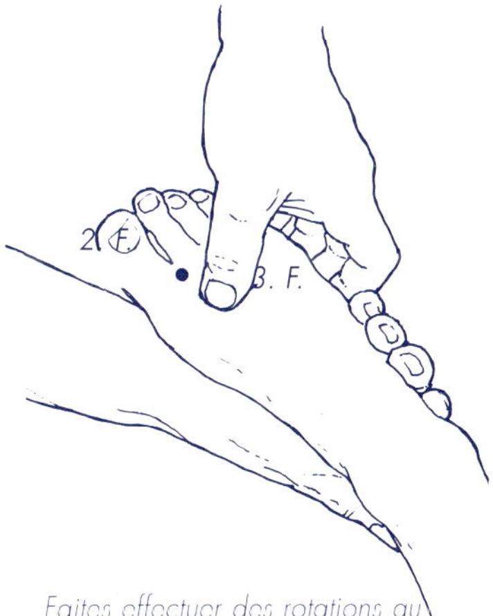

Faites effectuer des rotations au pied au niveau de la cheville, attrapez le et étirez le, d'abord vers le dehors en vous reculant un peu, ensuite vers la tête. Appuyez sur les Tsubos du Foie calmement et méthodiquement. Maintenez le pied pendant un moment pour terminer la série de manoeuvres. Faites la même chose avec l'autre pied.

TROISIÈME PARTIE

Variété et Simplicité

AFFINER VOTRE MÉTHODE

CHAPITRE NEUF

Guide de Diagnostic

Un des buts principaux de la médecine chinoise est d'aider les autres à vivre en harmonie avec le Tao, la Voie Naturelle. Les maladies dont nous faisons tous l'expérience de temps à autres font partie du cheminement naturel. Nous progressons grâce à une suite de déséquilibres, plus ou moins importants, qui comme le temps manifestent les changements de saison, parfois brutalement, violemment, sans prévenir mais restant néanmoins dans les limites de l'équilibre global de la nature. Nos maladies sont des occasions d'apprendre sur nous mêmes, de modifier et d'améliorer notre mode de vie. En Occident, nos tentatives pour éradiquer la maladie de notre vie quotidienne ne tiennent pas compte des possibilités d'amélioration que ces maladies peuvent induire.

Nous prenons les symptômes pour la maladie elle même. Nos médicaments, notre panoplie d'analgésiques, d'antibiotiques, d'anti-inflammatoires, antihistaminiques et d'anti-dépresseurs avec tous leurs effets secondaires, suppriment et modifient la simple expression du corps, signe que tout ne va pas si bien à l'intérieur. Il se peut également que nous ne tenions pas compte de nos maux en espérant qu'ils disparraissent. Quel que soit notre comportement, notre constitution a ses limites: nous ne pouvons pas poursuivre ainsi indéfiniment.

La médecine traditionnelle chinoise relie les évènements surgissant dans notre corps à ceux de notre vie quotidienne et à notre environnement (voir p. 17). Elle interprète les symptômes et les signes comme étant l'expression d'un déséquilibre sous-jascent, et accepte le caractère fondamental de ces modifications. Votre traitement de Shiatsu permettra à votre patient de retrouver équilibre et harmonie intérieurs. Les causes de maladie décrites traditionnellement se trouvent pages 155-159, les méthodes de diagnostic étudiées pages 160-165. Nous conseillons à nos lecteurs d'utiliser ces informations avec sagesse. Elles sont sensées vous guider dans votre travail. Servez vous en en toute humilité, comme un moyen de compréhension de l'état de votre patient et de ses besoins immédiats, et comme un argument de base pour discuter de son mode de vie et des causes éventuelles de sa maladie. Si vous n'êtes pas professionnel, conseillez à vos amis de consulter un praticien expérimenté, si cela vous semble nécessaire. Cela n'empèchera pas votre Shiatsu d'être une aide précieuse.

Causes de maladie traditionnelles

Comprendre les causes des maladies vous permettra de mieux interpréter les symptômes et les signes particuliers que le corps produit pour manifester son déséquilibre. En reconnaissant les origines de celui-ci le malade peut faire les ajustements nécessaires pour accélérer la guérison et ainsi améliorer sa santé et sa résistance. Cela peut demander de modifier son régime alimentaire, ses activités et ses attitudes, manières habituelles d'être et de vivre sa relation au monde. Ainsi la maladie peut servir de catalyseur à un changement positif.

Les neuf causes principales de maladie sont divisées en catégories interne, externe, et diverse (voir ci-dessous). Chacune d'entre elles modifie les fonctions des Organes et des Méridiens d'une manière particulière (voir pp. 155-159). Elles ont des effets Yin ou Yang. Les émotions, le climat, et le régime alimentaire font partie du tableau des corrélations avec les Cinq Éléments, tels que décrits et illustrés dans ce chapitre. Reportez vous page 24 pour retrouver la progression de la maladie dans le cycle des Cinq Éléments.

Résistance

La gravité des symptômes reflète la virulence de la maladie en fonction de la résistance de la personne ainsi que l'intensité de la lutte ainsi engagée.

Les faibles réagiront à des influences adverses modérées. Leurs symptômes auront tendance à être moyens mais persistants. Mais, si le Ki et le Sang sont puissants, et l'Esprit florissant, la personne s'adaptera mieux et résistera de manière plus satisfaisante aux extrêmes.

Cependant les surcharges de travail excessives, tensions émotionnelles, régimes alimentaires désordonnés ou agressions climatiques peuvent épuiser voire vaincre les individus les plus résistants. D'une manière générale leurs maladies paraîtront plus graves, mais seront de courte durée, car ils récupèreront plus vite.

CAUSE INTERNES
Les sept émotions Joie, Préoccupation, Inquiétude, Tristesse, Peur, Effroi, Colère
Régime alimentaire déséquilibré et inapproprié
Surcharge de travail
Activité sexuelle excessive
Constitution faible
CAUSES EXTERNES
Les six facteurs climatiques
Chaleur et Feu, Sécheresse, Vent, Froid, Humidité
CAUSES DIVERSES
Empoisonnement, piqures d'insectes, de serpents et morsures d'animaux
Traumatismes, blessures
Mauvais traitement

CAUSES EXTERNES: LES FACTEURS CLIMATIQUES

Le temps est la manifestation du Ki de l'environnement extérieur. Notre corps s'adapte naturellement au climat, et normalement nous avons recours à notre bon sens pour nous habiller correctement en fonction du temps. Mais il arrive parfois que le moindre changement de temps nous surprenne et détruise notre équilibre, en particulier si nous sommes fatigués et nos défenses basses. Les Méridiens Yang et les Poumons sont les moyens de défense les plus importants.

Les Méridiens Yang

Le Yang protège l'extérieur, le Yin nourrit l'intérieur. Les Méridiens Yang circulent à la partie extérieure et supérieure du corps, et jouent globalement un rôle de défense. Les excès climatiques affectent en général le haut du corps (sauf l'Humidité qui monte souvent depuis le Coeur et atteint les articulations dans le bas du corps). Ainsi les maladies graves dues au temps réagissent souvent bien au traitement appliqué sur les Méridiens Yang.

Les Poumons

Les facteurs extérieurs et les maladies graves n'affectent généralement pas les Organes Yin directement, mais les Poumons sont une exception. Ils se trouvent très haut dans le corps, comme un "couvercle" protecteur, et s'ouvrent sur l'extérieur. Ce sont les plus Yang des Organes Yin.

Les Poumons font circuler le Ki "protecteur" combattant invasions et intrusions. Les toux fréquentes, coup de froid, et fièvres sont des signes de faiblesse des Poumons et du Ki protecteur.

Correspondances internes

Dans le corps, un déséquilibre Yin-Yang associé à un faible fonctionnement des Organes peut produire des symptômes ressemblant de très près aux climats. C'est pourquoi on s'y réfère comme à l'Humidité intérieure, au Vent intérieur, etc.. Ces états affectent les Organes Yin tout autant que les Yang.

EFFETS DU CLIMAT SUR LE CORPS

Excès climatiques	*Symptômes et associations*	Élément	Méridien et Organe affectés.
Chaleur et Feu	*Température élevée, fièvre, soif, visage rouge, éruptions cutannées, transpiration abondante, crainte de la chaleur, irritabilité, agitation.* Les chaleurs extrême envahissent le Péricarde provoquant *délire et effondrement* (comme pour les insolations).	**Feu**	**Intestin Grêle** **Triple Réchauffeur** **Péricarde**
Sécheresse	Symptômes identiques à ceux de la Chaleur, mais moins aigus. L'exposition prolongée à la Chaleur ou à la fièvre assèche le Gros Intestin ce qui donne: *peau, lèvres, gorge sèches, et constipation.* L'Estomac desséché se traduit par: *nausées et bouche sèche*; le chauffage domestique trop chaud et trop sec, comme les vents chauds, déshydrate les Poumons, ce qui donne une toux sèche.	**Métal**	**Gros Intestin** **Poumons**
Vent	C'est l'excès climatique le plus vicieux. Il attire les autres influences à l'intérieur et des symptômes imprévisibles soudains et violents vont, viennent, circulent. *Maux de tête, nez bouché ou qui coule, éternuements, raideur de la nuque, étourdissements, démangeaisons, spasmes, tics, et crainte du vent.*	**Bois**	**Vésicule Biliaire** **Foie**
Froid	Fièvres; les principaux symptômes sont: *frissons tremblements, peu ou pas de transpiration, et crainte du froid.* Le Froid entraine la contraction et bloque la circulation du Ki ce qui donne des *crampes, spasmes, et douleurs fixes dans les articulations.* Il agit sur l'Eau ce qui implique: *mictions abondantes et claires, douleurs, rhume productif, et sensation d'être transi jusqu'aux os.*	**Eau**	**Vessie** **Reins**
Humidité	Habitation humide, s'asseoir ou dormir à même un sol humide, tout comme un temps humide prolongé produisent des symptômes s'installant lentement, difficiles et très longs à guérir. Ils concernent souvent le bas du corps et les membres: *oedème, engourdissement, sensation de lourdeur, articulations raides et tuméfiées, fatigue, et parfois maux de tête abrutissants.* L'Humidité Interne agresse la Rate produisant *inflammation, mucosités excessives et évacuations.*	**Terre**	**Estomac** **Rate**

Les Sept Émotions

Nos émotions nous permettent de communiquer nos sentiments intimes. Contenues elles persistent, s'ancrent dans le corps et peuvent créer des déséquilibres.

La médecine orientale les associe aux Organes Yin au coeur de notre être. Chaque Organe est relié à une émotion particulière (voir le tableau des Cinq Éléments, p. 25), mais deux Organes en particulier soutiennent le plus gros de l'effort: le Foie et le Coeur.

Travailler le long du Méridien de l'Organe concerné peut aider votre patient à supporter des tensions émotionnelles importantes pendant un temps donné, à revenir à un meilleur équilibre, et à éviter d'autres crises.

Joie
La joie est l'émotion du coeur. Elle calme l'Esprit, et détend le Ki. Le Péricarde, ambassadeur du Coeur, lui apporte joie et bonheur en harmonisant les relations. La stimulation excessive des sens, l'abus immodéré d'excitants et de plaisirs sont considérés comme dérangeants et déséquilibrants pour l'Esprit. Ils perturbent le Coeur, ce qui attise son Feu. L'exubérance suggère un déséquilibre du Coeur.

Tristesse et chagrin
La tristesse dérive de la déception, ou, plus grave, de la séparation et de la perte. On dit qu'elle "dissout" le Ki, affecte essentiellement les Poumons, se manifeste d'une manière sonore par les pleurs (voir p. 25). La tristesse est perçue dans le Coeur et affecte toute la poitrine, produisant une sensation de lourdeur, essoufflement, fatigue et dépression. Nous avons besoin de temps pour exprimer notre tristesse et nos douleurs. Les rituels nous aident probablement à faire face aux changements, et aux deuils, nous permettant de mieux maîtriser ces émotions.

Inquiétude
L'inquiétude nait du sentiment d'insécurité et a tendance à épuiser la Rate, associée à l'élément Terre, lui même lié au soutien, à la nourriture et aux premiers mois de maternage. L'inquiétude "noue" le Ki des Poumons, resserre la poitrine, contracte les épaules et réduit le souffle. Nous pouvons être paralysés par l'inquiétude. Les Poumons et la Rate sont les sources du Ki Véritable du corps, et en conséquence l'inquiétude épuise globalement le Ki.

Préoccupation
Cette émotion ressemble à l'inquiétude, mais se réfère plus spécifiquement à notre capacité au travail intellectuel. La Rate gouverne l'intellect et peut donc souffrir des effets d'un excès de réflexion, qui empirera avec le manque d'exercice physique et un régime alimentaire irrégulier. Tout ceci se traduit en faiblesse, indigestions et inflammation.

La faiblesse de la Rate se traduit par un comportement obsessionnel en ce qui concerne l'ordre et les détails. La personne dresse des listes interminables, compte sans cesse le nombre de calories de sa nourriture, ou encore d'utilisatrice occasionnelle de l'ordinateur devient une "accro" de l'écran.

Peur
La peur est associée aux Reins. Elle fait descendre le Ki et affecte le "creux de l'Estomac".

Chez les enfants cela peut se manifester sous forme d'angoisses et de mictions noctures. Les adultes présentant des problèmes de Reins et ayant une faible constitution risquent également d'être sujets à des peurs et à des angoisses "irrationnelles", à de l'insomnie, des sueurs spontanées et une sécheresse de la bouche.

Ces peurs intolérables se manifestent parfois par la propention de certaines personnes à entreprendre des activités ou des loisirs dangereux justifiant ainsi la confrontation avec la peur. Mais si l'origine de celle-ci reste inconnue le Yang du Rein peut épuiser le Yin, provoquant des troubles dûs à la montée du Feu dans le Foie et le Coeur.

Effroi
Cette émotion ressemble à la peur mais est plus intense. Elle équivaut à un choc, associé à un traumatisme physique et/ou émotionnel. Elle suspend ou disperse le Ki et affecte les Reins et le Coeur. Les Reins stockent le Ki pour la défense de l'organisme et peuvent s'épuiser soudainement. Le Coeur souffre des perturbations de l'Esprit. Les chocs se caractérisent

Émotions du Coeur et du Foie
Associé à l'amour, la chaleur, et à la formation des relations, le coeur abrite l'Esprit gouvernant l'équilibre général. Les tensions émotionnelles et les chocs peuvent amener à des déséquilibres psychologiques, des angoisses et un comportement instable.

Le Foie gouverne la libre circulation du Ki. Les tensions émotionnelles et frustrations courantes répriment le Foie et bloquent le Ki. Cela peut provoquer douleurs encombrements et obstructions n'importe où dans le corps, tout comme dépression ou puissantes explosions de sentiments.

par perte de mémoire, désorientation, palpitations, étourdissements, tremblements, sueurs et évanouissement.

Colère
La colère est l'émotion du Foie. Elle peut se manifester de diverses manières comprennant: irritabilité, frustration, jalousie, et fureur. Elle fait monter le Ki et la bile. Goût amer dans la bouche, blanc de l'oeil rougeâtre ou jaunâtre, rougeur du visage et de la nuque, étourdissements, et surtout maux de tête sont des signes et des symptômes de "rebellion" du Ki du Foie.

Lorsqu'elle se trouve supprimée, la dynamique Yang de la colère se transforme en dépression, Yin, entraînant la stagnation du Ki du Foie et des maux, douleurs, sensation d'oppression, d'asphyxie, ou de ballonnement. Toutes les émotions du Foie peuvent perturber l'Estomac et la Rate. Son énergie associée au Bois, prend de l'expansion et "envahit" les Organes associés à la Terre (voir p. 24), provoquant nausées, acidité gastrique, vomissements ou diarrhées.

CONSTITUTION
La vie commence dès la conception. Dans l'utérus le foetus se nourrit de "Ki Prénatal" qui est à la base de la constitution d'un individu, stocké par les Reins sous la forme d'essence. La santé des parents, et plus particulièrement celle de la mère pendant la grossesse, ainsi que les circonstances de la naissance créent une force constitutionnelle initiale et déterminent la quantité de Ki Prénatal. Cette force se voit completée après la naissance par le Ki Postnatal de l'air et de la nourriture. Maladies graves et accidents affaiblissent le Ki constitutionnel, qui peut également être dilapidé par un mode de vie désordonné, mais il suffit d'un régime alimentaire équilibré et d'une vie saine, sans excès pour pour le conserver. Les Maîtres de disciplines internes telles que Chi Kung et Taï Chi affirment que ces exercices augmentent les réserves constitutionnelles.

Une nature faible rend l'individu plus susceptible aux affections et peut être une cause particulière de maladie des Reins.

SEXUALITÉ DÉBORDANTE ET SURCHARGE DE TRAVAIL
Les Reins sont les Organes les plus affectés par ces deux causes de maladie qui peuvent être rassemblées dans la même catégorie, puisque parfois elles se compliquent l'une par l'autre.

L'Essence des Reins participe à la formation des liquides sexuels et des substances reproductives des deux sexes. Le Yang du Reins procure l'énergie sexuelle. Les Reins sont associés aux pulsions sexuelles physiques, comprenant la capacité à faire face au travail énergétique. Les tâches physiques éreintantes, exigeant de se pencher et se redresser souvent, ou encore les emplois où la personne est debout longtemps peuvent les épuiser. Les activités intellectuelles trop astreignantes épuisent la Rate tout autant que les Reins.

Faites preuve d'un peu de bon sens en ce qui concerne l'interprétation de "sexualité débordante". Tout dépend de l'âge, de l'énergie constitutionnelle et des circonstances. Selon la tradition, les hommes perdent leur Essence lors de l'éjaculation, mais la "profusion" d'orgasmes épuise les deux sexes. Les veillées trop tardives, les rapports sous l'emprise de l'alcool, ou la trop grande fatigue liée à une journée de travail sont des facteurs agravants.

Les femmes perdent une quantité moindre de leurs liquides sexuels lors des rapports et ont donc tendance à récupérer plus rapidement, mais elles peuvent souffrir de la contrainte physique que constitue une grossesse, et qui a également tendance à épuiser l'Essence. Accouchement, allaitement et maternage sont des tâches extrêmement exigeantes.

CAUSES DIVERSES
Parmi celles-ci morsures, poisons, traumatismes, epidémies et mauvais traitements, toujours aussi fréquents qu'autrefois. Les maladies leur étant dues font partie de la pathologie iatrogénique.

L'art oriental tient compte de l'impact du temps

Régime alimentaire
Les prouesses technologiques actuelles nous ont lentement mais sûrement engagés sur la voie de la consommation de nourriture traitée, dé-naturée, reconstituée, liée à grands renforts d'additifs, qui en général affaiblissent la santé et la résistance aux maladies. La prolifération de théories nutritionnistes, de livres, de régimes spéciaux, de substituts et de compléments de repas ne fait qu'embrouiller les gens et les mène à la dépendance vis à vis de certains produits et des conseils des experts.

Face à cela, la médecine traditionnelle chinoise a une approche de la diététique terre à terre, à la fois rafraîchissante et rassurante, faisant l'éloge de l'équilibre de la modération et du bon sens.

Vous trouverez dans le tableau ci-contre des indications concernant l'équilibre Yin Yang de l'alimentation (voir à droite). La nourriture du centre du tableau est plus équilibrée que celle du haut et du bas. Cependant vous pouvez consommer les "extrêmes" avec modération et vous en régaler.

Le régime alimentaire peut engendrer des problèmes, selon que l'on mange plutôt Yin ou Yang, de même que les repas avalés à la hâte, sous l'emprise de la colère, de l'inquiétude, ou du stress, tard dans la journée ou à des heures irrégulières. Mangez régulièrement, mâchez consciencieusement et prenez le temps de digérer. Ainsi vous tolèrerez toutes sortes d'aliments.

La théorie des Cinq Éléments classe les aliments en fonction de leur saveur, et établit la liste des Cinq Saveurs en corrélation avec celle des Cinq Éléments (voir tableau ci-dessous). Un peu de chaque saveur permet de nourrir l'Organe Yin correspondant mais tout excès déséquilibre le cycle, provoquant des troubles dans l'ensemble des Organes associés. Les besoins insatiables sont une manifestation de déséquilibre.

INFLUENCES YIN ET YANG DES ALIMENTS

Les aliments riches, épicés, chauds augmentent le Yang du corps. Ils surchargent le Foie aggravent les maladies dues à la Chaleur, et induisent des inflammations.

viandes rouges fritures grasses poivre noir
piment rouge ail cannelle café
vin rouge et alcool

Yang extrême aliments rôtis et cuisinés

vin blanc et apéritifs

poulet pêches céréales complètes cuites et en flocons
agneau boeuf raisin riz pois
maïs haricots
racines comestibles avoine
dattes raisins secs blé pommes de terre
miel millet légumes feuillus
noix et graines orge
céleri asperges
lait sarrasin
oeufs farine pain pâtes pommes jus de fruit
poisson blanc porc poires eaux minérales
aliments bouillis aliments crus bière
tisanes **Yin extrême**
Crème glacée boissons glacées boissons sucrées cola
sel algues et coquillages eau
melon banane concombre tomate
laitue aliments crus et froids

les aliments crus et froids surchargent la Rate. Trop d'aliments Yin aggravent les tableau de "Froid" avec mauvaise circualtion, mauvaise digestion accompagnée de diarrhées, et maladies dues à l'Humidité, à l'Eau ou aux inflammations.

Corrélations saveurs-Cinq Éléments

Élément	Terre	Métal	Eau	Bois	Feu
Organe	Rate	Poumon	Rein	Foie	Coeur
Saveur	sucré	âcre	salé	aigre	amer

Diagnostic Oriental traditionnel

Pour faire un diagnostic, le thérapeute prend note des constitution, dispositions, histoire et mode de vie de son patient mais aussi de tout symptôme évident. Traditionnellement quatre méthodes sont utilisées pour obtenir les informations nécessaires: observer, questionner, écouter et sentir, ainsi que toucher (voir page de droite). Chacune d'elles permet d'ajouter des informations importantes dont émerge un tableau. Rechercher chez votre patient le déséquilibre typique dont il est porteur facilitera votre approche du traitement.

Diagnostic morphopsychologique

La chevelure indique l'état des Reins. Calvitie ou blanchiment précoces indiquent une déficience des Reins

Le brillant des yeux est lié à l'Essence et à l'Esprit, forces constitutionnelles du Coeur et des Reins. Si les yeux brillent la personne est dans un bon état psychologique, et peut guérir même d'une maladie grave.

Les poches sombres sous les yeux sont dues à une faiblesse des Reins. La teinte de la pommette est liée au Coeur et à l'élément Feu. Des pommettes boursoufflées indiquent un Intestin Grêle faible.

La teinte de la joue est liée aux Poumons et à l'élément Métal. Des traits affaissés et gonflés indiquent un Gros Intestin faible.

La couleur du bout du nez indique l'état de la Rate.

Les lèvres et la bouche dépendent des fonctions de l'Estomac et de la Rate. Les lèvres sèches et rouges et les gencives hemmoragiques indiquent la Chaleur de l'Estomac. Les lèvres pâles sont dues à une Rate ou un Sang faibles.

Le lustre de la chevelure reflète l'état des Poumons. Les cheveux ternes et cassant indiquent leur faiblesse.

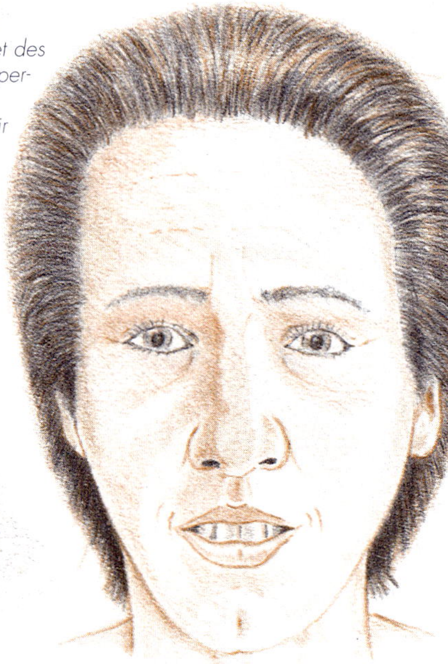

Le menton court est le signe de Reins constitutionnellement faibles. Un menton fort suggère une nature robuste.

Les rides profondes peuvent indiquer une personne d'humeur instable, bilieuse de constitution ou par tendance. La teinte de la paupière supérieure est liée à la Rate, celle de l'inférieure à l'Estomac. La teinte de l'angle des yeux est liée au Coeur. Le rouge est signe de chaleur, leur pâleur montre que le sang est faible.

L'iris et l'ensemble de l'oeil font partie des fonctions du Foie. Les yeux rouges sont un signe de Chaleur du Foie, tous les autres signes traduisent sa faiblesse.

Le Blanc des yeux concerne les Poumons. Leur rougeur indique Sécheresse et Chaleur des Poumons, jaunâtres, ils sont signe d'inflammation.,

La zone du dos du nez révèle parfois des troubles du Foie et de la Vésicule Biliaire.

Le lobe de l'oreille indique la constitution et la vigueur des Reins. Longs et pleins, ils sont un signe de force et vice versa.

Les dents font également partie de la fonction des Reins. Les dents faibles, déchaussées ou "sèches" suggèrent une insuffisance rénale.

Diagnostic morphopsychologique
Ce type de diagnostic est couramment pratiqué en Orient, par les médecins et les diseurs de bonne aventure. Depuis l'Antiquité de nombreux systèmes et modes d'interprétations ont été successivement mis au point, ce qui aujourd'hui peut facilement embrouiller le débutant. Nous ne vous donnons ici que les concepts les plus communément acceptés (voir à gauche).

La teinte de la peau du visage donne une idée générale de l'état de santé de l'individu. Un visage rougeaud indique un Yang hyper actif ou la Chaleur. Une peau pâle, ou des zones blêmes indiquent une faiblesse du Ki et du Sang, une mauvaise circulation, et le Froid. Une peau claire et brillante suggère un état Yang, ce qui est moins préoccupant que l'épuisement du Yin indiqué par une teinte terne, sèche, inanimée. Reportez vous au tableau p. 25 en ce qui concerne les corrélations entre couleurs des régions du visage et les Cinq Éléments.

Observer
L'allure générale, la posture, et la façon dont la personne bouge, vous donneront une idée de la constitution, de la vitalité et de la manière d'appréhender la vie d'une personne. Un individu maigre et nerveux tendra vers un Ki Yang et hyper actif ce qui l'amènera progressivement vers l'épuisement. Une personne plus lourde, voire obèse aura certainement un Ki plus faible, une circulation et une digestion mauvaises. Dans la posture, toute tension reflète une compensation, un Ki défensif, existant toujours aux dépends d'une autre région du corps (voir pp. 162-163).

L'observation plus précises de la peau, du visage (voir à gauche), des yeux, de la langue et des autres parties du corps est également importante dans le diagnostic traditionnel.

Questionner
Enquêter honnêtement et attentivement pour accumuler des détails concernant la constitution d'une personne a beaucoup d'importance dans l'établissement d'un diagnostic. Commencez par interroger le patient sur l'apparition des problèmes courants, son histoire et son état de santé général. Ensuite demandez lui s'il a des douleurs et où, ou s'il a d'autres symptômes pouvant indiquer quel Organe et quel Méridiens sont en cause. Inquiétez vous des sensations de chaud, de froid, de la présence de fièvre, d'une fatigue persistante et de léthargie ou au contraire de nervosité et d'agitation. Ces signes indiquent l'état de l'équilibre Yin Yang ainsi que le niveau énergétique global. Les autres détails, appétit, digestion, selles, mouvements d'humeur, occupations, et mode de vie aident le praticien à compléter le tableau qu'il se fait du déséquilibre.

Écouter et sentir
C'est là un aspect traditionnel du diagnostic oriental. La vigueur de la voix indique l'état des poumons et la puissance du Ki de la personne. Le Coeur et l'Esprit influencent la cohérence du discours. La respiration poussive indique une inflammation (Humidité), alors qu'une respiration rapide superficielle montre l'affaiblissement du Coeur et du Ki des Poumons. Le son d'une toux nous permet de distinguer si les Poumons sont atteints par l'Humidité ou par la Sécheresse.

Les "Cinq Sons" du tableau des Cinq Éléments (voir p. 25) sont liés à l'expression des émotions et à la qualité de la voix.

Les odeurs subtiles du corps ne sont pas facile à interpréter. Au niveau le plus simple une odeur forte, de transpiration, des selles, urines ou autre, indique une maladie due à la Chaleur.

Toucher
Pour qui pratique le Shiatsu, l'emphase se porte tout naturellement sur le toucher comme élément indispensable de diagnostic. Dans cet ouvrage en vous indiquant comment chercher les *Tsubos* et apprendre à écouter avec vos mains, c'est essentiellement de toucher dont nous vous entretenons. Vous pourrez accumuler bien d'autres informations sur votre patient simplement en touchant et appuyant sur diverses parties de son corps, en comparant les résultats, examinant les Méridiens, les régions douloureuses, les zones chaudes ou froides, la résistance des tissus, et leurs réactions (voir p. 162-163). Bien plus important encore, vous percevrez les qualités subtiles des pouls et de l'abdomen, ou *Hara*. En médecine chinoise, l'étude du pouls est l'élément de diagnostic le plus important, le plus fiable et le plus profond. Néanmoins, les Japonais ont su mettre au point une technique de diagnostic concernant le *Hara* également très subtile. Vous trouverez les explications élémentaires de diagnostic du *Hara* plus loin dans ce chapitre (pp. 164-165).

Diagnostic par le toucher -*Kyo* et *Jistu*

Les tensions extérieures et intérieures engendrent des distorsions du Ki dans les Méridiens. Elles sont toujours plus ou moins présentes, soumettent quotidiennement le corps à des exigences, influent sur la qualité des modifications ayant lieux dans les tissus corporels, délicatesse, engourdissement, tensions musculaires, flaccidité, raideur ou souplesse des articulations.

En Japonais les deux termes "*Kyo*" et "*Jitsu*" expriment la dynamique de ce processus. *Kyo* représente la distension élémentaire, le "besoin", le manque. *Jitsu* est la réponse, la compensation qui essaie de combler le vide. Par exemple lorsque vous avez faim, (*Kyo*), vous vous préparez à manger, (*Jitsu*), pour satisfaire votre appétit. Exercez vous à percevoir la différence entre *Kyo* et *Jitsu* chez votre patient et concevez votre traitement selon les principes exposés à cette page.

Kyo et _Jitsu_ dans les maladies graves

Lorsque les besoins exprimés par le *Kyo* ne peuvent être comblés le corps devient vulnérable, et une réaction défensive *Jitsu* se fait jour masquant l'état exprimé par le *Kyo*. Trouver l'origine de la distorsion devient alors plus compliqué. Dans certains cas aigus, il peut être utile de "disperser" et "calmer" les zones et les Méridiens de *Jitsu*. Pour cela appliquez leurs une pression vigoureuse pendant quelques instants.

Les réserves corporelles peuvent suffirent pour "éradiquer" une maladie aiguë, ou compenser une affection envahissante. Le corps aura néanmoins besoin plus tard de récupérer et un aspect *Kyo* devra être réapprovisionné.

Kyo et _Jitsu_ dans les maladies chroniques

Lorsque le déséquilibre persiste, une maladie chronique peut s'installer ayant des manifestations *Kyo* et d'autres *Jitsu*. La composante *Kyo* montrera une faiblesse interne et un fonctionnement ralenti des Organes, une flaccidité correspondante, ainsi que des Méridiens "vides". La composante *Jitsu* se manifestera par une tension réactive, des douleurs et autres symptômes superficiels. Vous serez certainement tenté de masser la zone de réaction *Jitsu* mais l'approche traditionnelle recommande de traiter en priorité grâce à une pression pénétrante, le déséquilibre *Kyo* élémentaire. Cela tonifie le point et le Méridien, amène le Ki et le Sang dans les régions affaiblies et "comble ainsi le manque". Cela permet également de dévier le Ki bloqué dans les zones de compensation.

Les règles de diagnostic chinoises

Les applications "*Kyo*" et *Jitsu*" exposées ici sont en réalité une simplification des règles de diagnostic et de traitement chinoises. Selon celles-ci, il faut considérer: premièrement que la maladie apparaît à différents niveaux dans le corps, deuxièmement, qu'il faut découvrir et traiter la racine de la maladie plutôt que les symptômes par lesquels elle se manifeste; troisièmement, et c'est une règle, qu'il faut tonifier le *Kyo*, vide interne de Ki et de Sang, plutôt que disperser surcharges et blocages.

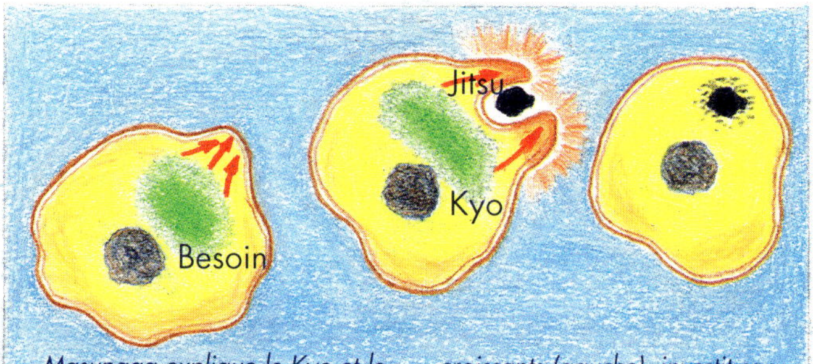

Masunaga explique le Kyo et le Jitsu grâce à l'exemple des organismes unicellulaires. Leur croissance, maturité et reproduction créent un besoin interne d'énergie, et produit donc en surface les distorsions correspondantes. Un organisme qui, par exemple, à des besoins croissants (gauche), investit son énergie au voisinage de la frontière cellulaire, de manière à pouvoir se propulser vers sa nourriture (centre), qu'il engloutit et assimile alors, revenant temporairement à un état d'équilibre relatif (droite).

KIO ET JITSU DANS LES MERIDIENS

État Kyo
Pressez avec la paume de la main pour attirer le Ki et restaurer les fonctions normales

État normal
Pressez avec le pouce ou les doigts

État Jitsu
Utilisez votre coude ou un genou pour une pression brève

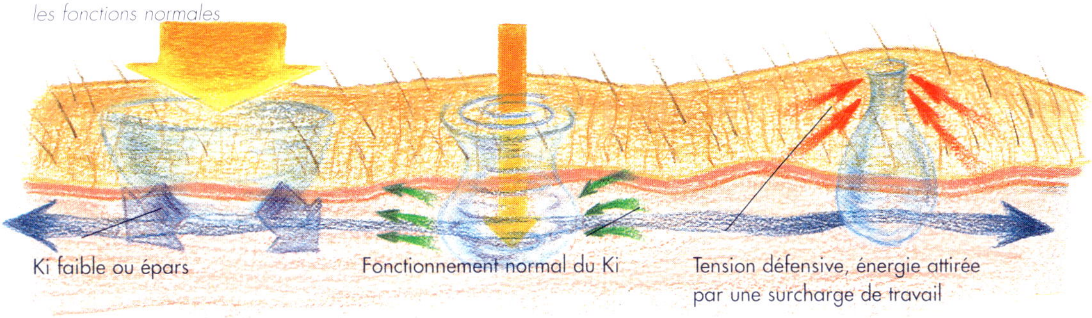

Tsubo grand ouvert

Tsubo ouvert

Tsubo fermé
état Kyo masqué. Le Ki s avère difficile à solliciter et ne peut être traité à cet endroit

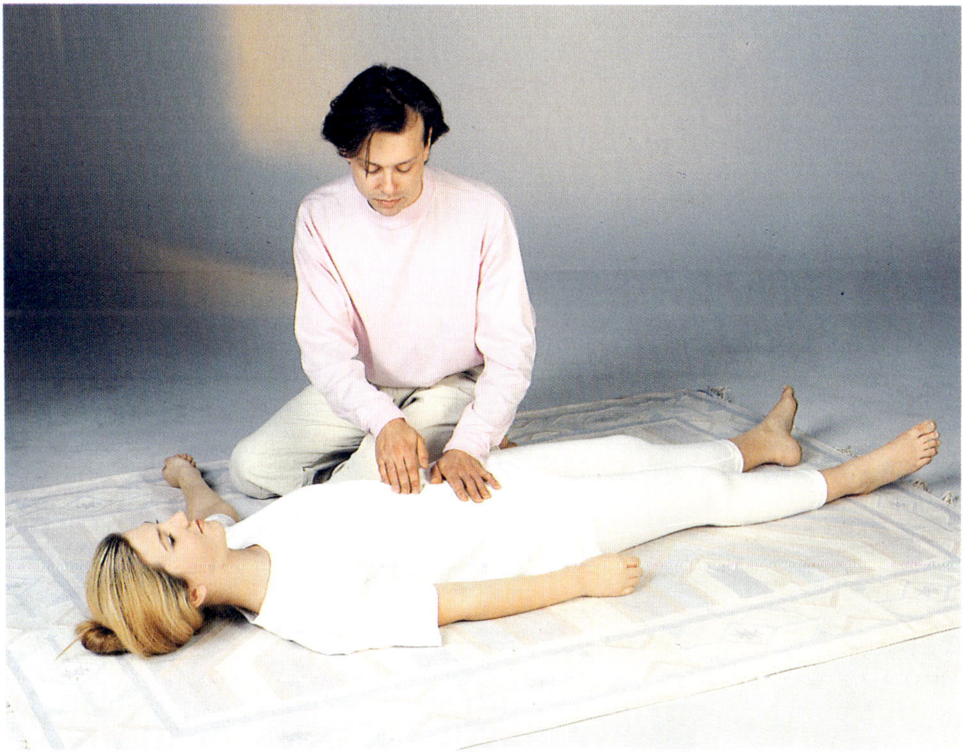

Palper le Hara (voir page suivante)

Travailler sur le *Hara*

L'étude du *Hara* comme élément essentiel de diagnostic fait au Japon partie du diagnostic palpatoir. Tout comme l'étude des pouls, de la langue, et la morphopsychologie (voir p. 160), l'acquisition d'une certaine maîtrise demande beaucoup d'entraînement.

Le travail sur le *Hara* fournit des informations importantes sur l'état de santé du patient. Plus vous exercerez votre toucher, plus votre compréhension des phénomènes augmentera, et vous apprendrez progressivement à interpréter ce que vous percevez. Faites toujours preuve de retenue, et d'ouverture, gardez un esprit de débutant, si non vous n'obtiendrez que le reflet de vos idées préconçues.

Le diagnostic du *Hara* est fonction du souffle atteignant le Tan Tien. Si des tensions l'entravent, le Ki des Poumons ne pourra pas atteindre le *Hara* et ne fonctionnera donc pas à son centre vital, ce qui rendra le diagnostic détaillé difficile, voire impossible.

Lorsque vous êtes assis près de votre patient pour palper son *Hara*, vous pouvez combiner toutes les méthodes de diagnostic, observation, questionnement, écoute, et toucher.

Le diagnostic simple du Hara distingue deux grandes zones: la partie supérieure et la partie inférieure. La première, entre les côtes et le nombril doit être douce, flexible et réagir vivement. La seconde, au dessous du nombril jusqu'à l'aine, doit être ferme et puissante.

Selon une autre interprétation le Hara peut être divisé comme le Triple Réchauffeur (voir à droite). Masunaga a mis au point une explication plus fine (voir extrême droite) qui si elle diffère sur les détails, conserve les mêmes grandes lignes.

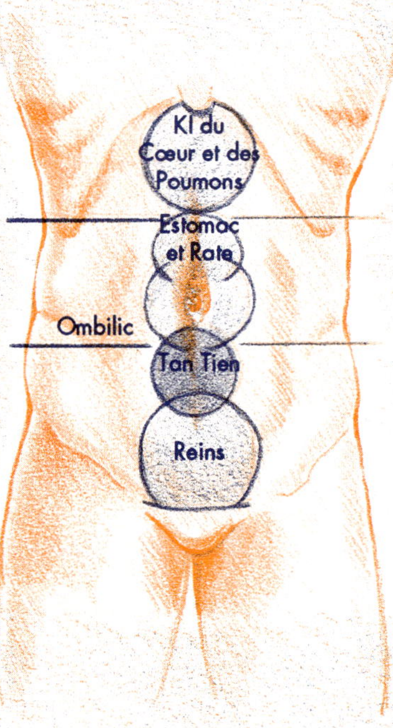

Diagnostic du Hara en suivant le découpage des zones du Triple Réchauffeur

La région supérieure doit être souple, libre, sans contrainte.

La zone autour du nombril doit être "vivante", flexible, réagir rapidement. Ni indurée, ni pâteuse.

Le Tan Tien "reçoit et engrange" il doit paraître ferme et vigoureux.

Que nous enseigne le *Hara*?
En palpant délicatement le *Hara* conformément aux indications données à la page précédente, vous obtiendrez des renseignements sur les Organes et les Méridiens. Pour interpréter vos sensations ils vous faudra améliorer votre perception individuelle des qualités du *Kyo* et du *Jitsu* (voir p. 162-163). Lorsque vous travaillerez sur cette zone, faites vous aussi discret que possible. Certains patients cherchent à protéger cette zone, mais votre façon de faire devrait les rassurer.

Palper le *Hara*
Lorsque vous palpez le *Hara* vos doigts doivent être tendus mais souples et vous devez avoir recours à des pressions perpendiculaires en utilisant le poids de votre bras détendu. Il n'est pas nécessaire de se pencher plus. Ne poussez pas, n'écrasez pas. Invitez votre patient à se détendre, prêtez attention à son souffle et "écoutez" avec vos doigts.

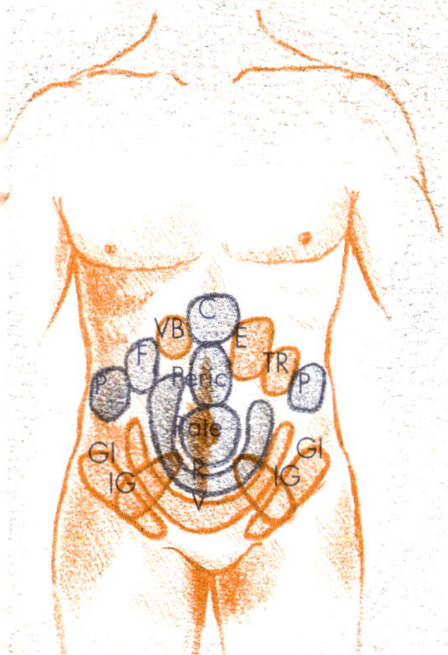

Diagnostic du Hara selon Masunaga

Posez la paume de votre main la plus proche sur le Hara de votre patient, en prenant soin d'avoir le talon de la main sous le nombril, et les doigts qui le recouvrent. Détendez les épaules et les coudes. Au début contentez vous de glisser l'autre main doucement sous les lombes de votre patient. Plus ses muscles seront tendus plus la cambrure lombaire sera accentuée.

Prenez note du tonus général et du mouvement du souffle dans le Hara.

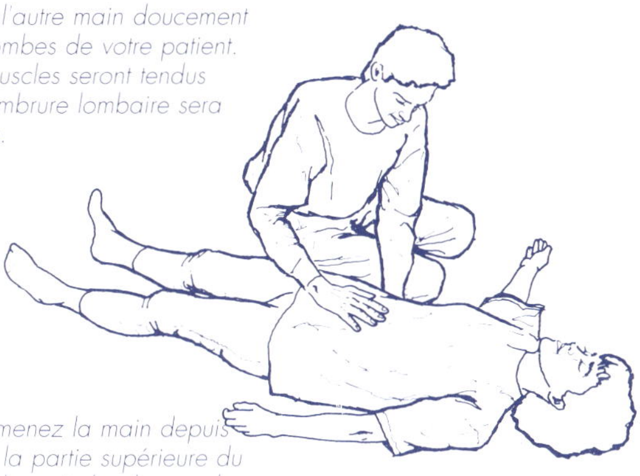

Ensuite ramenez la main depuis le dos sur la partie supérieure du Hara. De la main la plus proche testez l'abdomen du patient au dessus puis au-dessous du nombril, doucement du bout de doigts.

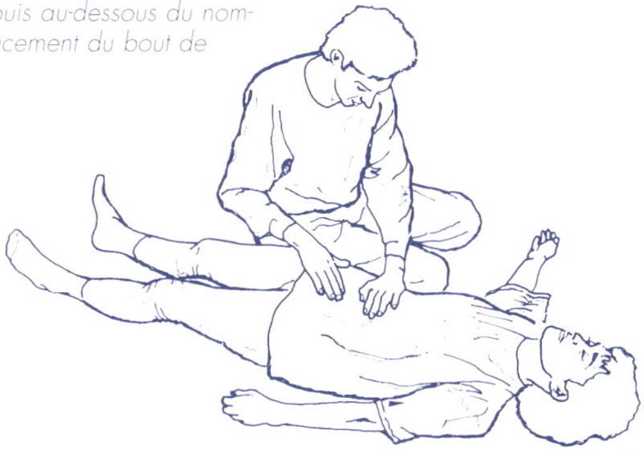

Quelque soit le traitement de Shiatsu que vous choisissez de donner, il aura de multiples effets sur le Hara. Vous pourrez percevoir son état, réfléchir aux modifications que vous souhaitez induire et aussi prendre des notes pour voir l'évolution à long terme chez votre patient, lorsque la séance de traitement sera terminée, ou entre deux rendez-vous.

Pour vous exercer essayez de percevoir les trois Méridiens Yin de la Main, ayant une influence importante sur le souffle et l'énergie émotionnelle. Vous pourrez les traiter tous lorsque votre patient sera couché en décubitus. Les schémas ci-dessous sont là pour vous rappeler la position du bras donnant l'accès le plus direct à chacun des Méridiens.

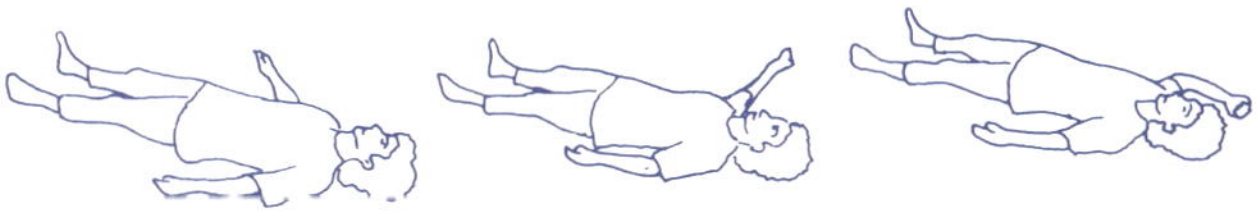

P. *Péric.* *C.*

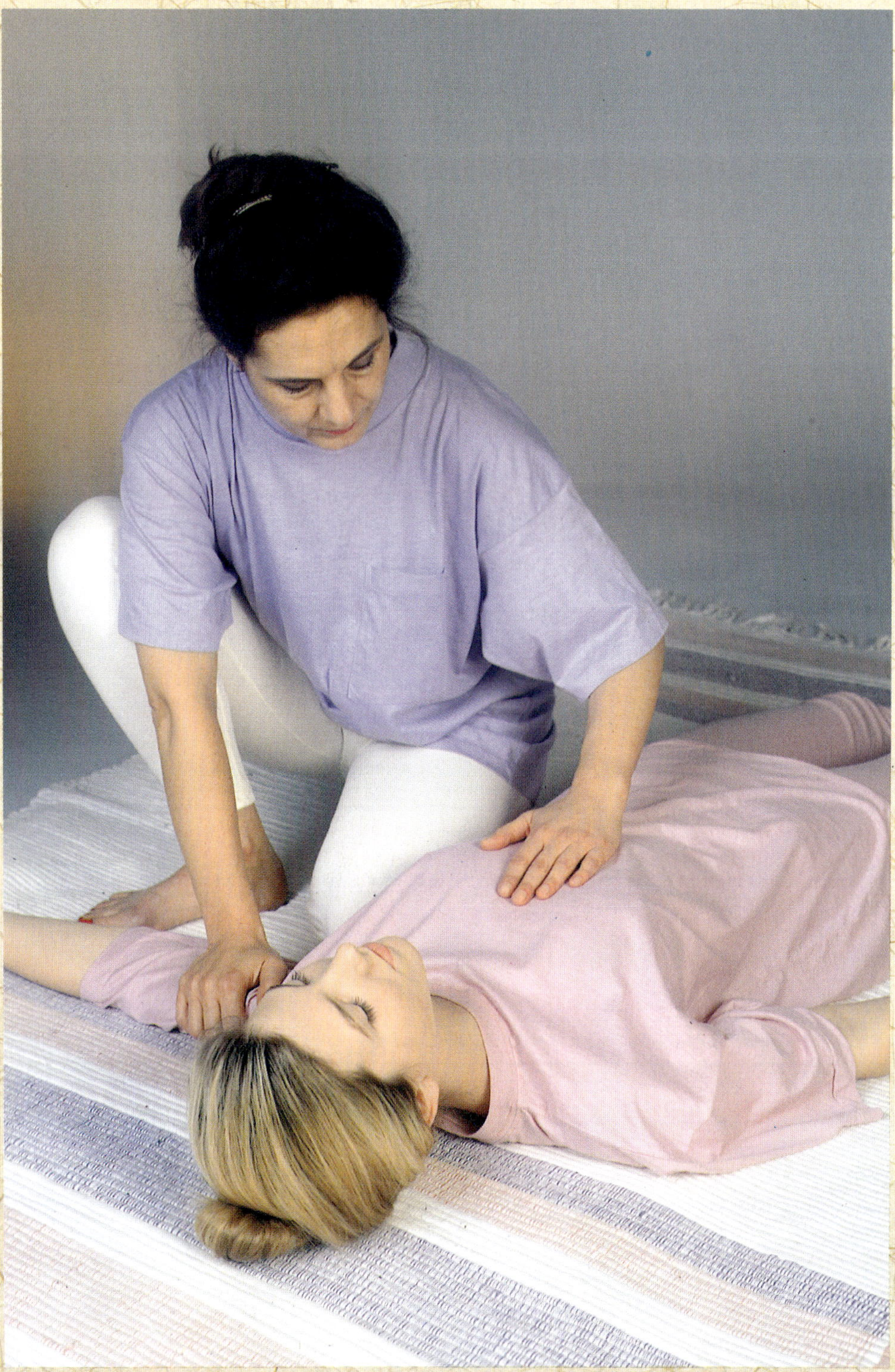

CHAPITRE DIX

Shiatsu Quotidien

Plus vous vous familiariserez avec les enchaînements de Shiatsu exposés aux Chapitres 4, 6, 7 et 8, plus vous aurez confiance en vous et serez capable d'adapter la théorie aux besoins spécifiques de votre patient. Connaissant les manoeuvres de base et le trajet des Méridiens vous considérerez vos séances de Shiatsu avec plus de souplesse et de variété. Dans ce chapitre nous envisagerons diverses manières d'utiliser votre connaissance des Méridiens pour mettre au point des enchaînements correspondant à des maladies précises et /ou la vie quotidienne.

Les enchaînements brefs décrits pages 168 à 173 concernent le traitement des personnes fatiguées, trop tendues, qui ne peuvent ni se détendre ni dormir correctement. Ils sont relaxant pour le thérapeute comme pour le patient, et peuvent être faits après une journée de travail chargée. Les jeunes enfants et les femmes enceintes peuvent également tirer bénéfice d'un traitement de Shiatsu: choisissez les enchaînements correspondant à leur état pages 174 à 177.

Pour les personnes se sentant mal à l'aise lorsque couchées sur le ventre et celles qui n'apprécient pas du tout de s'allonger, essayez d'appliquer les manoeuvres en position assise (voir pp. 178-185). Servez-vous de cette pratique pour donner un Shiatsu à une personne âgée, un asthmatique, un collègue souffrant de maux de tête lorsque vous êtes au travail, car chacun d'entre eux préférera certainement être assis à même le sol ou sur une chaise.

Essayez de suivre les directives des techniques avancées, parfois appelées principes "internes" (voir p.52-54), et vous pourrez adapter votre séance de Shiatsu à un patient en position assise. Il vous sera également possible d'adopter toutes les démonstrations de ce chapitre.

Savoir comment moduler votre séance de Shiatsu vous permettra de travailler en toute confiance, et aussi de développer votre toucher de manière à enrichir et rehausser la qualité de votre vie.

Shiatsu de la tête ... aux pieds

Les personnes fatiguées tendues, agitées, et incapables de se relaxer manifestent un déséquilibre Yin-Yang.

Si le Yin s'affaiblit trop pour attirer et retenir le Yang, ou si le Yang du corps devient trop puissant, le Yang se dissocie et se rebelle, remontant vers le haut. Maux de tête, nervosité, irritabilité, agitation, insomnies, sécheresse des yeux, du nez et de la gorge, soif, bouffées de chaleur dans la poitrine ou dans le tête et joues rouges sont des symptômes typiques de ce genre de déséquilibre.

Donner un Shiatsu sur la tête et sur les pieds est souvent très utile dans de tels cas. Ces enchaînement durent de un quart d'heure à vingt minutes. Vous pourrez essayer un soir après le dur labeur, ou juste avant d'aller vous coucher, c'est d'ailleurs le moment où les bénéfices que vous en retirerez seront les plus grands.

Commencez par la tête pour disperser le Ki Yang et l'aider à descendre. Ensuite travaillez sur les pieds pour renforcer le Yin, qui attirera le Yang vers le bas. Le Yin monte pour calmer l'Esprit, rafraîchir la tête et humidifier les yeux et la gorge. Il permet aux yeux de se fermer la nuit.

Rôle du Yin et du Yang

Le Yin attire le Yang, le Yang attire le Yin. Le Yang est actif et protège le Yin, le Yin nourrit et soutient le Yang. Le Yang est chaud et dessèche, le Yin frais et humidifie.

Le Ki Yang régule les "ouvertures" sensorielles. Les méridiens Yin véhiculent nourriture et humidité vers le haut, en direction des orifices sensoriels.

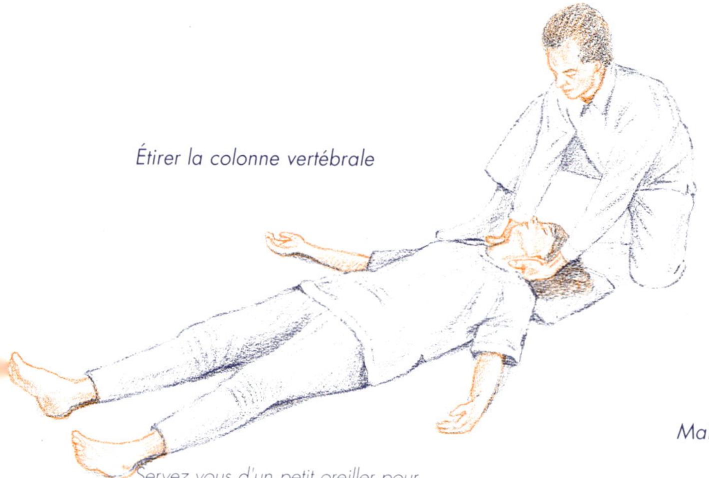

Étirer la colonne vertébrale

Servez vous d'un petit oreiller pour cet enchaînement. Agenouillez vous à la tête de votre patient, détendez vous et appuyez vous sur ses épaules. Passez vos mains sous sa nuque: vos doigts se chevaucheront. Plaquez vos mains contre l'os occipital à la base du crâne, soulevez légèrement, basculez le poids du corps vers l'arrière en étirant et ouvrant la colonne vertébrale. Avant de reposer la tête de votre patient, redressez la nuque en tirant légèrement sur le cou et sur la tête pour les ramener vers vous.

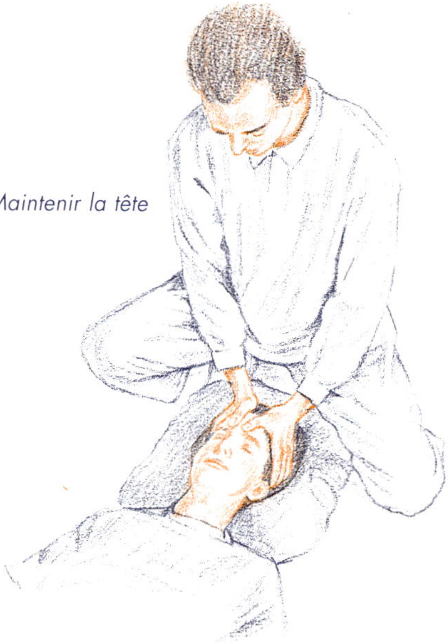

Maintenir la tête

Avant d'appuyer sur les Tsubos, tenez simplement la tête de votre patient pendant quelques instants. Posez les pouces à plat sur son front, les paumes et les doigts sur ses tempes.

Commencez par travailler simultanément sur les deux côtés du visage. La symétrie des pressions de vos pouces semblera parfaitement appropriée et confortable aussi longtemps que vous appuierez vos doigts sur les tempes de votre patient pour y trouver un soutien.

Du pouce parcourez le Méridien de la Vessie en remontant sur le front depuis l'angle interne des sourcils (2. V.), jusqu'aux cheveux, puis la ligne interne du Méridien de la Vésicule Biliaire depuis le point 14. V.B. en remontant sur la tête. Ensuite posez vos pouces l'un sur l'autre et suivez le Méridien Gouverneur depuis la "Trace du Front", point situé entre les deux sourcils, jusqu'au sommet de la tête.

Il n'est pas indispensable d'emprunter les Méridiens consciencieusement. Essayez de suivre la ligne des sourcils puis les contours du visage, sous les yeux, sur et sous les pommettes. Enfin suivez la ligne de la mandibule en vous servant de vos pouces au dessus et en recroquevillant les doigts dessous. Sur le visage, tous les Tsubos que vous trouverez sont liés aux Méridiens Yang (voir p. 76-77), mais vous pouvez aussi rencontrer certains points classiques vous semblant particulièrement utiles pour le bien être de votre patient. Ne vous gênez pas pour les traiter lorsque vous les croiserez.

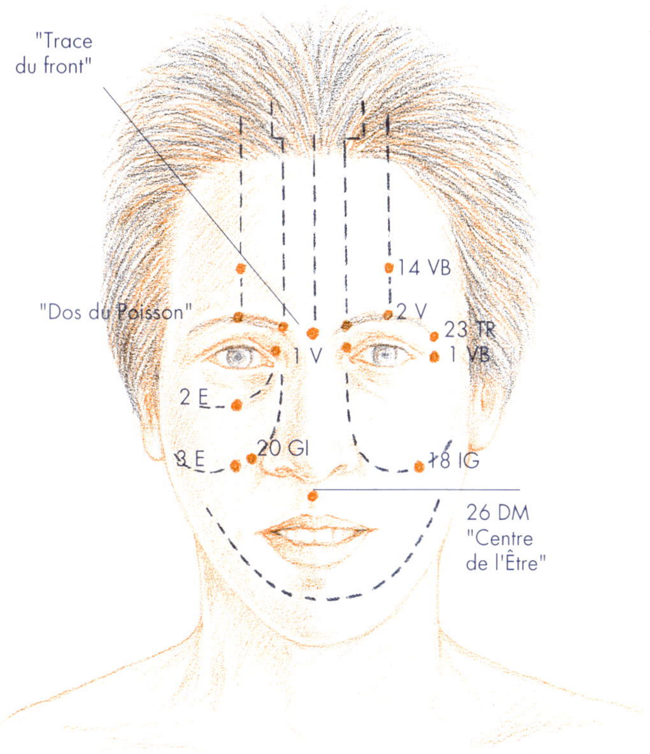

Les yeux

À ce niveau il sera parfois difficile de travailler avec le pouce, servez vous de l'auriculaire pour le point 1. V. "Prunelles Claires", qui soulage également les insomnies. Il est situé à 1 mm de la commissure interne de l'oeil. Appuyez en dedans et vers le haut.

Les points autour de l'orbite sont recommandés pour les problèmes oculaires. Certains d'entre eux soulagent également les problèmes de nez et de sinus, et la plupart délivrent également des maux de tête. Ces points figurent sur le schéma ci-dessus. On les appelle: "Dos du Poisson" situé au milieu du sourcil, "Trace du Front" entre les deux sourcils, et "Yang Blanc", 14. V.B., 2 cm au dessus du milieu du sourcil, qui marque le début du trajet interne du Méridien de la Vésicule Biliaire sur la tête.

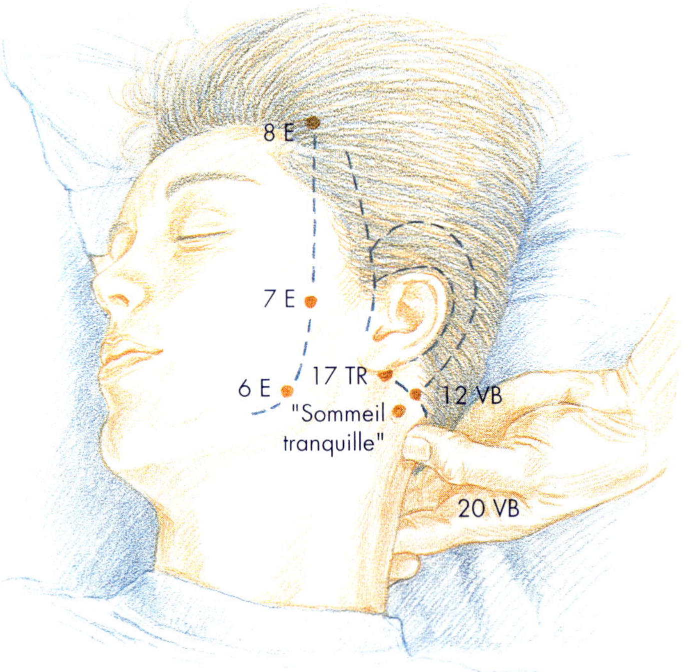

Lorsque vous aurez travaillé sur le visage, tournez la tête de votre patient légèrement sur le côté en la faisant rouler dans vos paumes qui la soutiendront. Ensuite travaillez sur le côté du visage en commençant avec le pouce, le long du méridien de l'Estomac depuis le coin du front. Descendez jusqu'à l'avant de l'oreille, sur les muscles à l'extrémité de la mâchoire. Travaillez systématiquement sur tous les Tsubos le long et à l'intérieur de la ligne d'implantation des cheveux, et autour de l'oreille. Terminez en cherchant les Tsubos à la base du crâne (voir à gauche). Cherchez tous les creux où votre pression pourra être admise. Certains d'entre eux sont des points classiques dont les bénéfices pour les yeux les oreilles et d'autres organes des sens sont bien connus. D'autres calment également l'Esprit et sont très utiles en cas d'insomnies, de nervosité ou d'irritabilité.

Travailler sur la tête et à la base du crâne.

Étirement tridimensionnel
Celui-ci aide à assouplir et à équilibrer la nuque. Faites rouler la tête de votre partenaire d'un côté puis de l'autre pour sentir s'il y a des résistances. Si le mouvement vous paraît identique à droite et à gauche, commencez du côté que vous voudrez, si non étirez d'abord le côté le plus souple (*Kyo*) (voir p. 162).

Faites rouler la tête de votre patient vers la droite, appuyez sur l'épaule gauche de la main droite et amenez la paume gauche de l'autre côté du visage (position 1). Étirez la nuque en appuyant progressivement de vos mains. Les coudes restent détendus. Relâchez.

Passez la main gauche sous la tête pour la soulever légèrement et la tourner un peu plus (position 2). Étirez et relâchez. Laissez ensuite la tête revenir d'elle même dans sa position de départ dans votre paume et étirez encore (position 3). Relâchez. Recommencez le mouvement de l'autre côté.

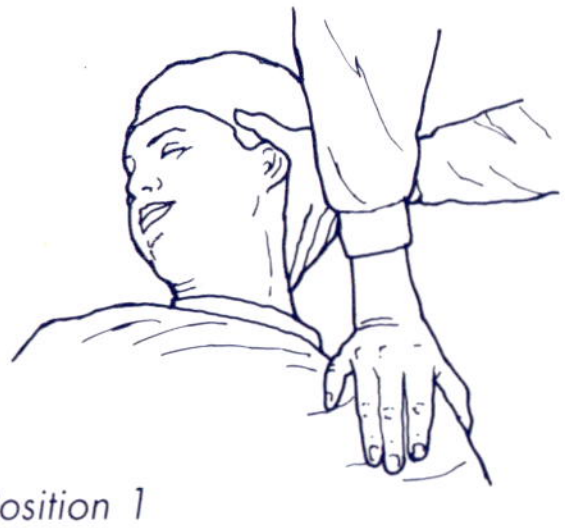

Position 1

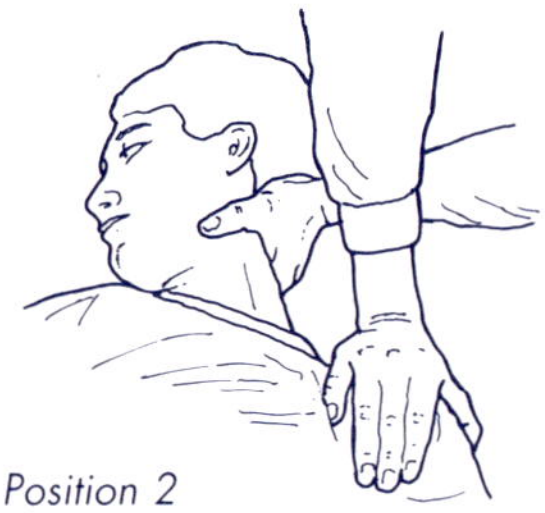

Position 2

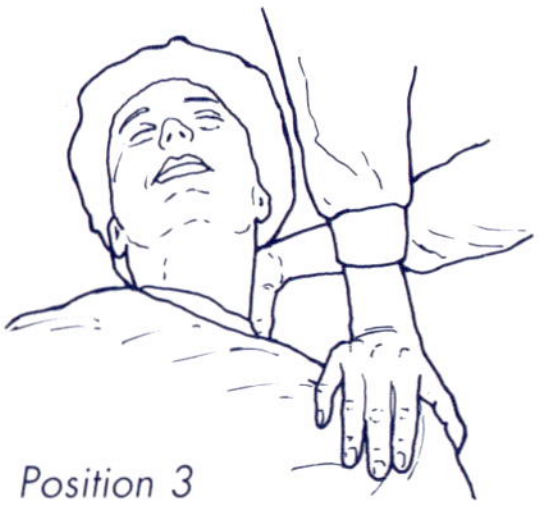

Position 3

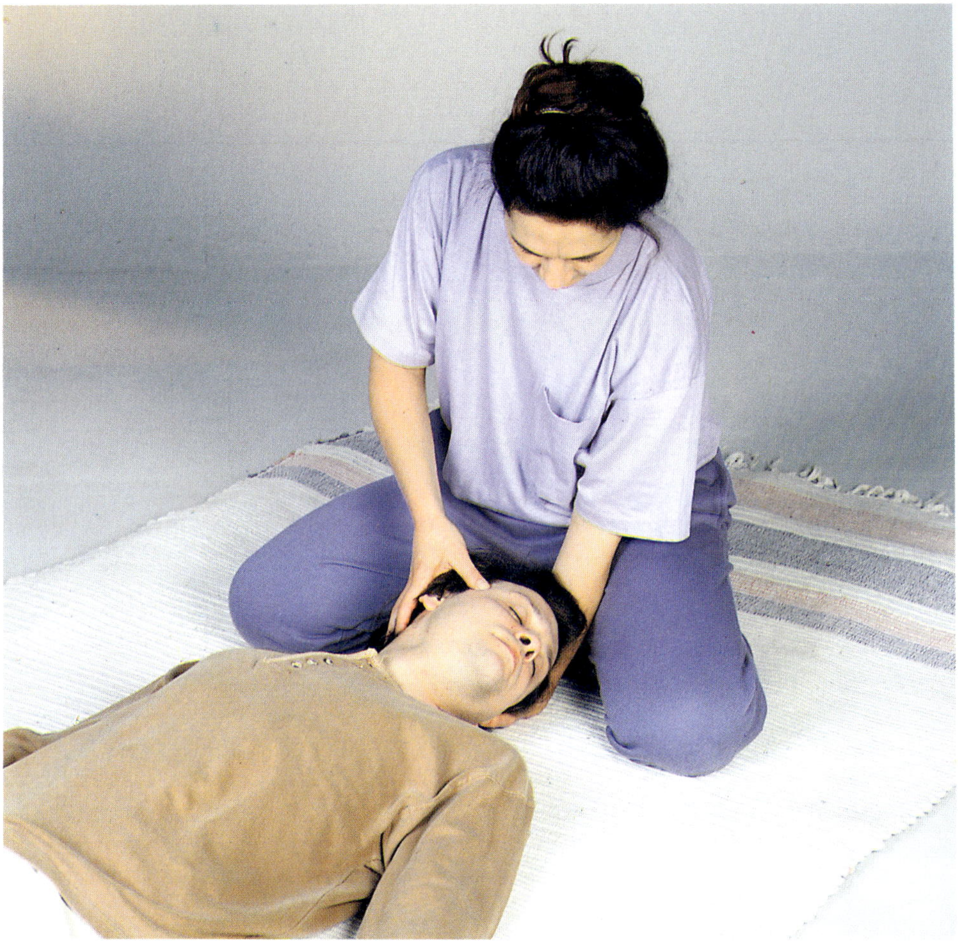

Travailler sur le Méridien de l'Estomac sur le côté du visage.

Ramenez la tête au centre. Recroquevillez vos doigts sous la base du crâne et tirez légèrement pendant quelques secondes, en soutenant les côtés de la tête avec vos paumes. Ensuite prenez le temps de trouver une nouvelle position pour vos doigts, qui pénètrent les tissus les plus mous ou s'enfoncent dans les creux (Tsubos) et tirez à nouveau. Recommencez deux ou trois fois en laissant le temps à votre patient de se faire au mouvement, d'ajuster son souffle et de se détendre entre chacun d'entre eux. Rompez ensuite le contact doucement et passez aux pieds.

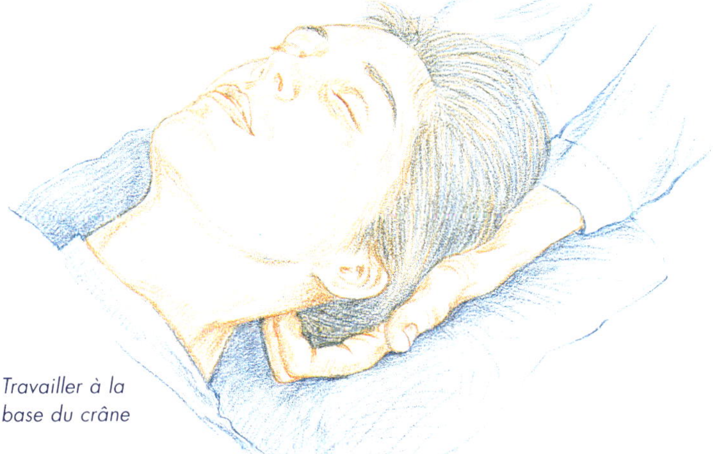

Travailler à la base du crâne

Traitement des pieds
Beaucoup d'entre nous passent leur journée debout. "Aller d'un pas léger" ou "lever le pied" sont des métaphores puissantes exprimant la détente et celle-ci augmente les bénéfices concrets. Être aux pieds de quelqu'un est également une métaphore lourde de sens exprimant les humbles services que nous pouvons offrir.

Le traitement donné sur les pieds agit sur l'ensemble du corps, et équilibre le Yin et le Yang par l'intermédiaire des Méridiens comme nous l'avons déjà expliqué (voir p. 168). Les méthodes de réflexologie redécouvertes récemment confirment l'antique thèse chinoise, voulant que chaque partie reflète et agisse sur l'ensemble.

Les problèmes de pied et de cheville, tels crampes, douleurs rhumatismales, conséquences des entorses et autres blessures peuvent également être traités en donnant prudemment un Shiatsu autour de la zone affectée et sur les *Tsubos* environnants.

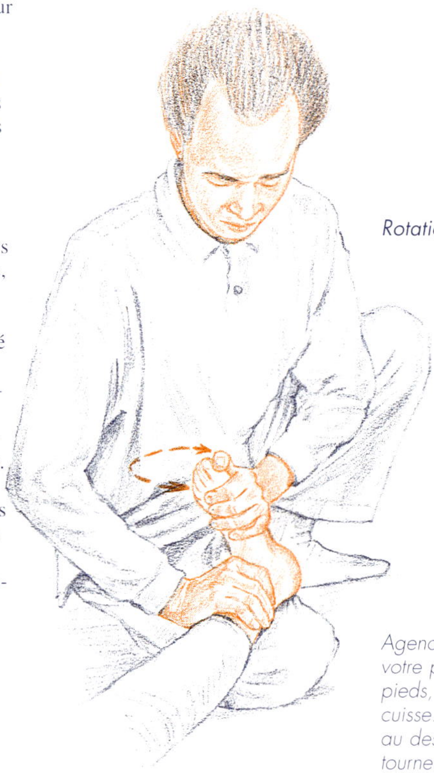

Rotation de la cheville

Agenouillez vous aux pieds de votre patient. Attrapez un de ses pieds, que vous calerez sur votre cuisse. Maintenez la cheville juste au dessus de l'articulation. Faites tourner le pied doucement et fermement avec l'autre main plusieurs fois dans chaque sens. Appuyez vous sur l'autre jambe pour maintenir votre bras (voir ci-dessus) et au lieu de passer en force, aidez vous des mouvements du corps.

Si votre patient est bien détendu vous devriez constater qu'un léger mouvement ondulatoire parcourt son corps, remonte jusqu'aux épaules et à la nuque ce qui confirme que la circulation énergétique entre les pieds et la tête a été améliorée.

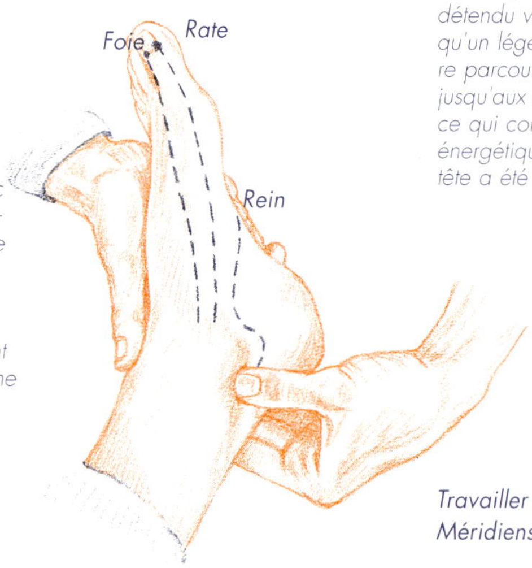

Travaillez avec le pouce sur les Méridiens Yin du pied: Reins, Rate, et Foie. Commencez avec le Méridien des Reins, à la cheville, au talon puis descendez le long du bord interne du pied. Passez sous la voûte plantaire pour le suivre sous la plante du pied. Les deux autres se trouvent le long du bord interne et externe du gros orteil. Attrapez celui-ci, faites le tourner. Appliquez des pressions immobiles sur tous les Tsubos que vous trouverez.

Travailler avec le pouce sur les Méridiens Yin du pied

Changez de main pour travailler sur les Méridiens Yang sur le bord externe du pied. Commencez par celui de la Vessie, contournez la malléole et descendez sur le bord du pied jusqu'au petit orteil. Ensuite passez aux autres Méridiens depuis la cheville jusqu'aux orteils en cherchant les dépressions entre les os et les tendons. Le Méridien de la Vésicule Biliaire va vers le 4ème orteil, celui de l'Estomac à deux branches la principale allant vers le 2ème orteil, la collatérale vers le 3ème orteil. Passez bien entre les os.

Terminez en étirant et en faisant tournez les orteils (voir ci-dessous).

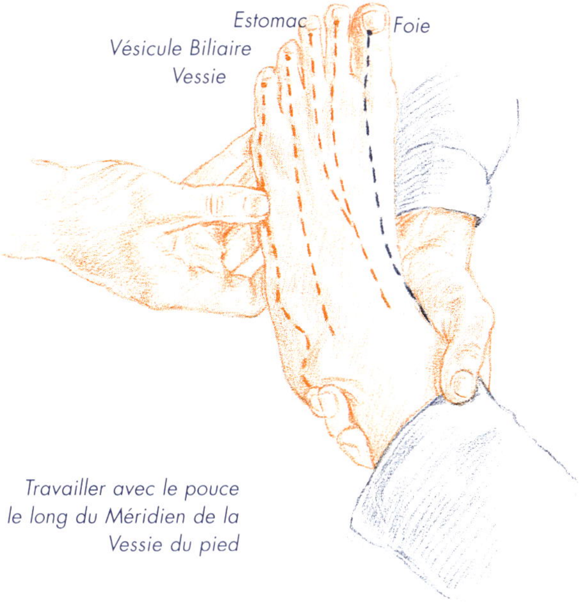

Travailler avec le pouce le long du Méridien de la Vessie du pied

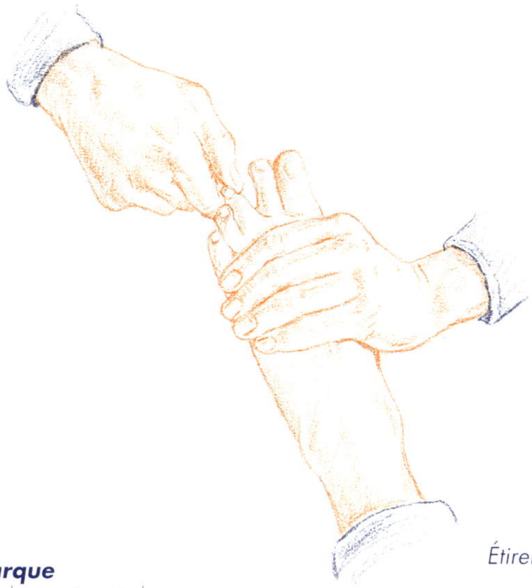

Pour finir étirez et fléchissez l'ensemble du pied dans toutes les directions en utilisant votre poids. Vers le haut en vous penchant vers l'avant, vers le bas en vous reculant comme montré sur le schéma.

Changez de côté et recommencez toutes les manoeuvres sur l'autre pied.

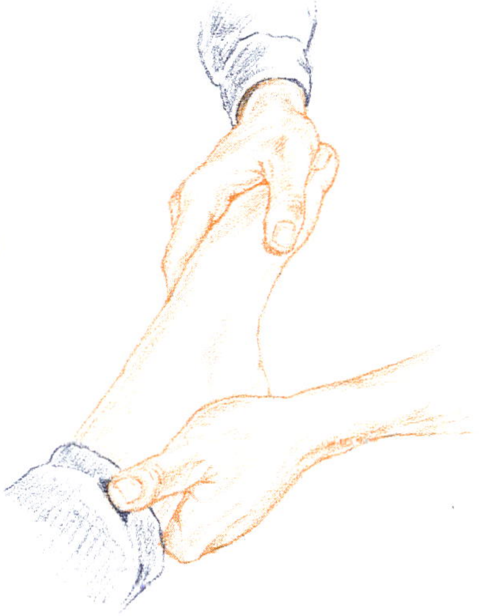

Étirement du Pied

Remarque

Les pieds encaissent de nombreuses tensions et certaines personnes y sont très sensibles. Le Shiatsu donné sur les pieds peut avoir un effet relaxant très puissant. Soyez toujours prêt à moduler vos manoeuvres et à modifier votre enchaînement. Laissez votre patient vous guider.

Shiatsu pour les enfants

Avec les enfants, le Shiatsu peut prendre une tournure sérieuse ou totalement informelle, être une détente rituelle avant d'aller se coucher ou encore s'avérer utile à n'importe quel moment. Le Shiatsu s'adresse à eux et aux parents de tous âges. Il permet aux adultes de garder le contact avec leur progéniture au sens propre, pendant les diverses phases de la relation qui s'établit progressivement entre eux. Ce n'est pas simplement un moyen efficace de traiter tous les petits maux juvéniles, c'est également une manière de les rassurer lorsqu'ils sont malades, en leur exprimant le désir de dévouement éprouvé pour eux, et en les aidant à avoir confiance en vous. Dans de nombreux pays orientaux les enfants sont invités à masser leurs parents lorsque la journée de travail touche à sa fin. Cette contribution est estimée à sa juste valeur, et rappelle la nature réciproque des relations familiales.

D'une manière générale les enfants sont plutôt Yang. Ils sont sujets aux fièvres et présentent des tableaux de Chaleur, mais leurs maladies apparaissent et disparaissent rapidement. Ils sont réceptifs et leur Ki réagit facilement aux pressions sur les Méridiens et sur les points.

Maladies banales

En cas de **fièvre** passez la main à plusieurs reprises sur la colonne vertébrale, le long du Méridien du Coeur jusqu'à l'extrémité de l'auriculaire, et du dos du nez aux tempes. En cas de **mauvaise digestion** associée à la **poussée des dents**, massez le ventre en rond ainsi que le pouce et l'index et plus particulièrement le point 4. G.I.. Ensuite massez le point 36. E. et le trajet du Méridien de l'Estomac du pied. En cas de **diarrhée**, passez la main en remontant de manière répétitive sur les Méridiens des Poumons et du Gros Intestin et massez le sacrum avec insistance de bas en haut, et en cas de constipation de haut en bas. Si l'enfant se montre **agité, irritable** ou **choqué** ou encore **paniqué,** essayez de masser lentement et régulièrement la paume de la main. Attrapez ensuite chaque doigt et pincez le de la base à l'extrémité, près des ongles. En cas **d'incontinence** et de **frayeurs nocturnes**, frottez la région lombaire pour réchauffer le Mingmen. Tenez le *Hara* et massez les points des Reins et de la Vessie autour des chevilles.

Massages pour les moins de cinq ans

Pour les tout petits, jusqu'à cinq ans, frotter ou passer la main sur un Méridien peut s'avérer beaucoup plus approprié et efficace que les pressions. Parfois un mélange de toutes les techniques donne de bons résultats. Souvenez vous que lorsque l'enfant est robuste, grincheux, fiévreux, agité, avec une forte toux ou pleurant beaucoup, vous devez toujours masser en vous éloignant du centre et de la base des membres vers l'extrémité. Lorsqu'il est faible, indolent, ou nerveux, massez en remontant les membres de l'extrémité vers la base, le centre du corps. Reportez vous à la bibliographie pour découvrir d'autres lectures vous informant sur les méthodes de soins naturelles pour les affections infantiles.

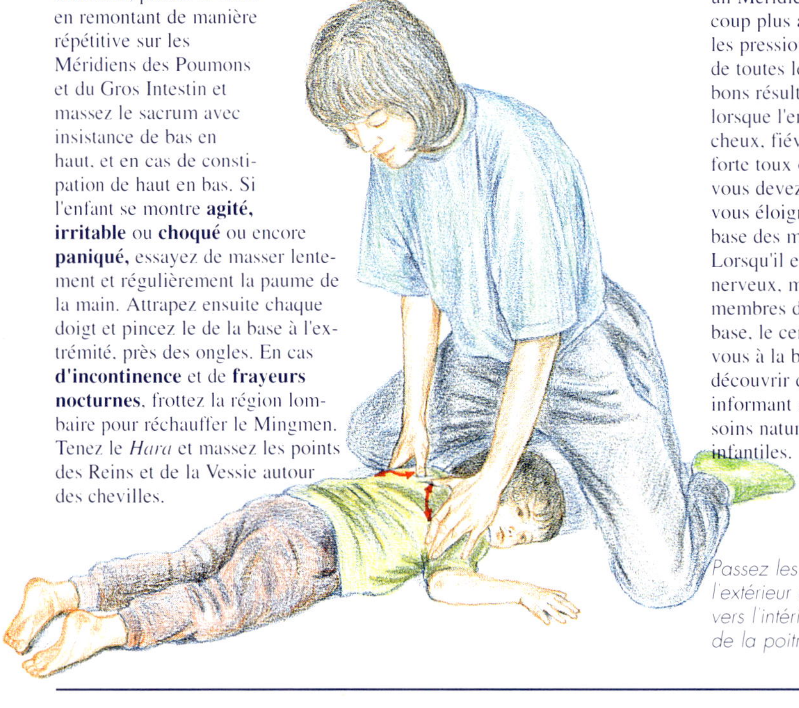

Passez les mains sur le torse, vers l'extérieur en cas de toux aiguë, vers l'intérieur en cas de faiblesse de la poitrine.

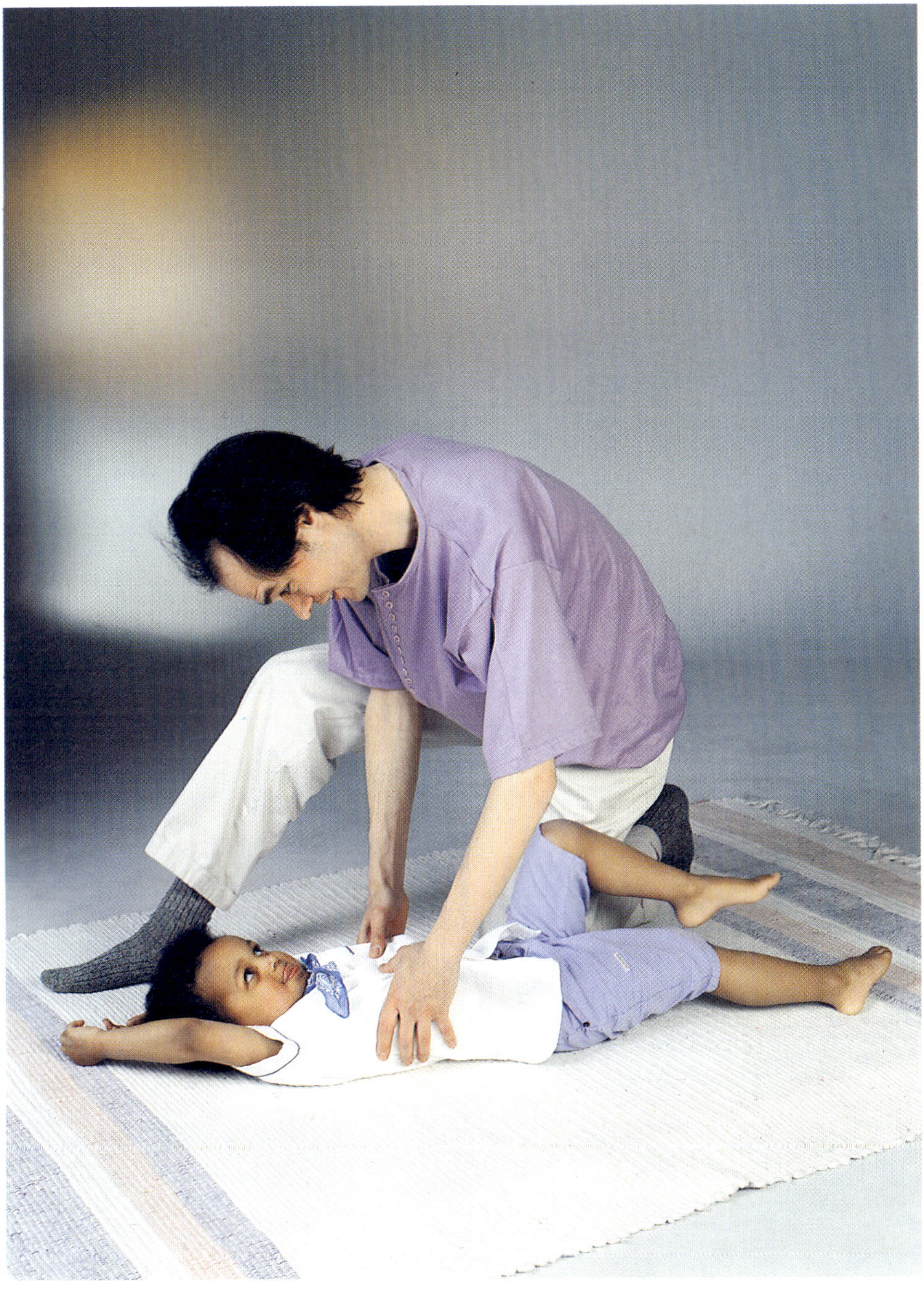

Masser le thorax en passant les mains régulièrement

Shiatsu et grossesse

Pendant la grossesse le corps de la femme s'adapte aux nouvelles exigences que sont nourrir et porter un foetus en son sein. Le Ki des Reins de la mère et son Essence sont les principales sources d'alimentation de l'enfant se développant dans le giron de sa mère. Les Reins sont les racines du Yin et du Yang, et les symptômes typiques de la grossesse sont associés au déséquilibre temporaire dû à cette nouvelle utilisation de l'énergie des Reins. Si la femme est de faible constitution, ou se trouve contrainte de poursuivre un travail pénible sans se reposer suffisamment, les Reins, et en conséquence les autres Organes, seront sous tension, et les symptômes pourront persister voire s'aggraver.

Un peu d'exercice, un régime alimentaire approprié et suffisamment de repos sont très importants. Le Shiatsu peut s'avérer d'une aide précieuse en particulier pendant les premières et les dernières semaines de la grossesse, comme nous allons vous l'expliquer ci-dessous.

Exercices pendant la grossesse
Il existe parfois des cours de Yoga pour femmes enceintes, mais nager régulièrement fera également l'affaire. De plus, les exercices que nous vous décrivons ici sont tous inoffensifs, si vous respectez les limites du raisonnable.

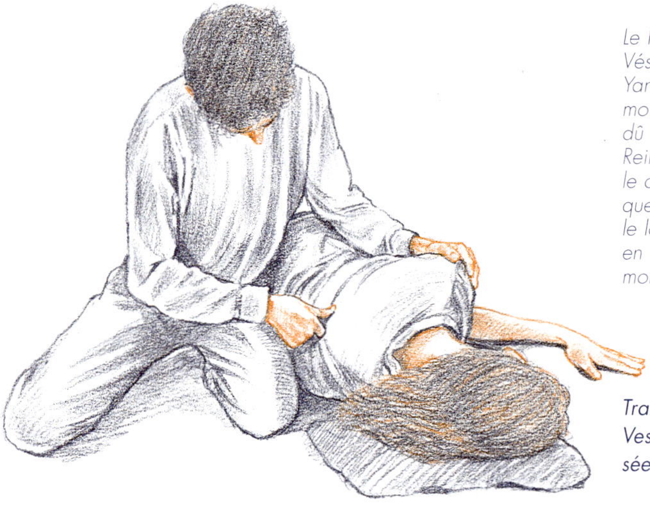

Le Ki rebelle du Foie, de la Vésicule Biliaire, et de l'Estomac, Yang, créé lors des premiers mois, un état de santé particulier dû à l'affaiblissement du Yin des Reins. Votre patiente couchée sur le côté, commencez par appliquer des pressions en descendant le long du Méridien de la Vessie, en tenant l'index plié comme montré sur le schéma.

Travailler sur le Méridien de la Vessie pour combattre les nausées matinales.

Attention
Tenez compte des conseils prodigués à la page 4 de ce livre concernant les pressions vigoureuses sur le Méridien de la Vésicule Biliaire au niveau des épaules, et sur les points 4. G.I. et 6. Rat.. Évitez également tous les Méridiens Yang à l'intérieur de la jambe surtout lorsqu'une fausse couche est à craindre lors des premières semaines. En dehors de ces précautions le Shiatsu ne présente aucun danger en cas de grossesse.

Points associés à la grossesse
Le Méridien de la Vessie offre une possibilité de traitement très équilibré lors de la grossesse. Il permet d'aider les Reins et influe sur tous les autres Organes grâce aux "points associés" (voir p. 123). Concentrez vous sur la région centrale près de ceux du Foie, de la Vésicule Biliaire, de la Rate, et de l'Estomac. Ensuite occupez vous plus particulièrement du Méridien du Péricarde. Le point 6. Péric. apporte un soulagement à peu près dans toutes les maladies. Travaillez aussi le Méridien de l'Estomac aux points 36. E. et 44. E.. Terminez en appliquant une pression ferme sur le point 3. F.

Une des plaintes les plus fréquentes en fin de grossesse concerne les douleurs en bas du dos, les jambes lourdes et fatiguées. Le poids de l'enfant augmente les tensions sur la colonne vertébrale de la mère, et crée une pression descendante supplémentaire sur le bassin. Hémorroïdes et veines variqueuses sont les manifestations les plus graves des problèmes circulatoires apparaissant ainsi.

Dans ce cas, comme dans d'autres, agir sur le Méridien de la Vessie soulage tous ces symptômes. Commencez par travailler sur le dos de votre patiente, puis descendez le long des jambes. Empaumez au début puis utilisez vos pouces. Appliquez vos pressions de derrière elle, comme montré sur le schéma.

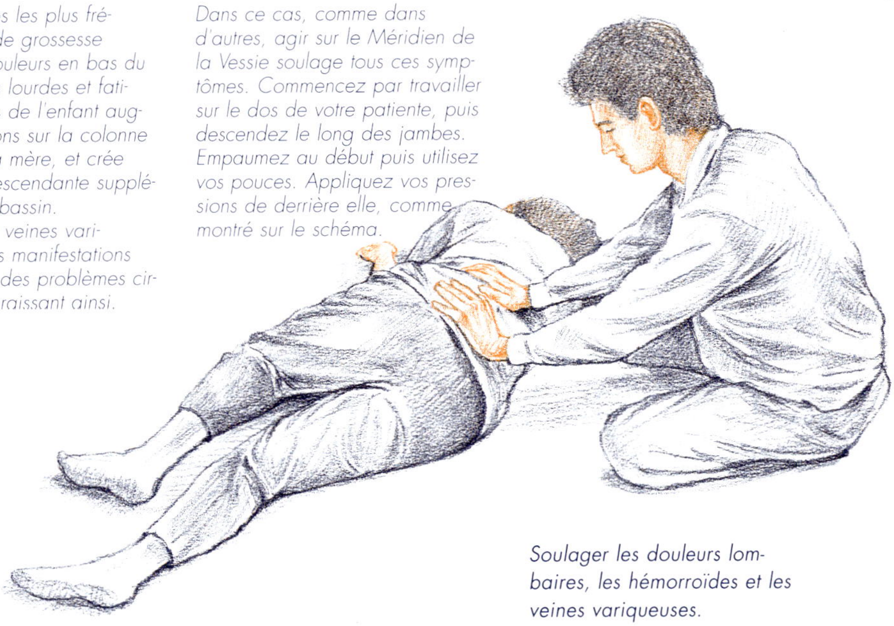

Soulager les douleurs lombaires, les hémorroïdes et les veines variqueuses.

Lors du travail d'accouchement, le Shiatsu accélère et renforce les contractions et atténue les douleurs. Il peut également induire le travail et éviter ainsi d'avoir à intervenir chimiquement.

Lorsque vous donnez un Shiatsu vous devez être à l'écoute des besoins de votre patiente, mais de manière générale, votre travail doit être vigoureux et contrecarrer la douleur lorsque celle-ci apparaît. Tous les points interdits sont désormais des points de choix. Les manoeuvres vigoureuses sur les épaules aident souvent à induire le travail. Les pression vigoureuses du pouce sur le sacrum soulage le plus souvent lorsque les douleurs deviennent insuportables. Essayez les points 4. G.I., 60. V. et 6. Rat. et appuyez également sur les points sensibles de l'oreille.

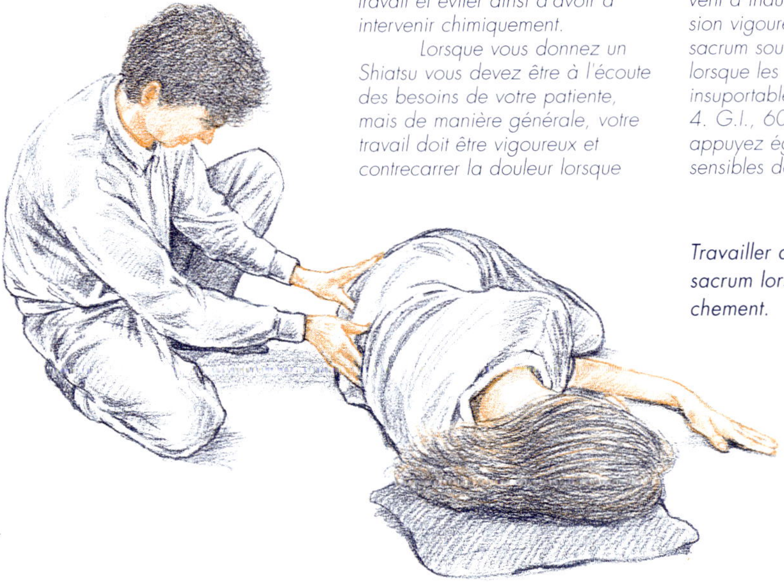

Travailler avec le pouce sur le sacrum lors du travail d'accouchement.

Shiatsu en position assise

Vous pouvez donner un Shiatsu dans toutes sortes de positions. Vous n'avez pas besoin de préparation particulière mais simplement de vous adapter à la situation. Celui en position assise est utile pour traiter les personnes dans les situations de la vie quotidienne. De plus, les personnes âgées et/ou invalides peuvent avoir des difficultés à s'allonger par terre. Les asthmatiques, par exemple, se sentent souvent mieux lorsqu'ils sont assis. La posture présente également des avantages lors du traitement des douleurs et des spasmes de la nuque et des épaules.

La seule difficulté de ce travail en position assise consiste à fournir au patient un soutien ferme avec votre propre corps, tout en agissant. C'est là qu'il faut faire intervenir les pressions et des appuis solides. L'enchaînement ci-après est élémentaire, mais vous saurez rapidement improviser et travailler à votre façon.

Empaumer le dos

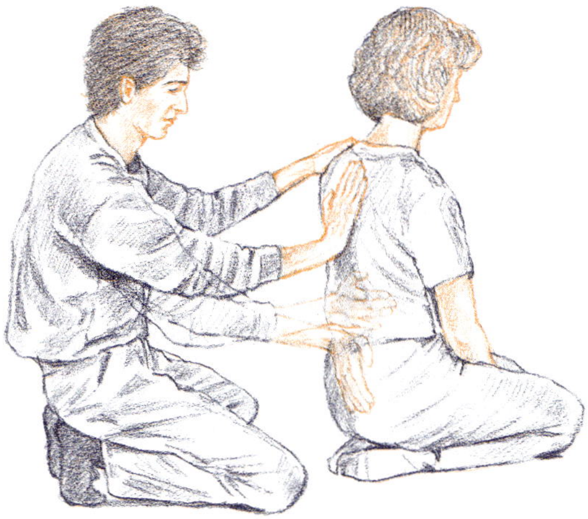

Commencer l'enchaînement
Si votre patient peut s'asseoir confortablement sur le sol, c'est encore ce qu'il y a de mieux. Demandez lui de le faire en tailleur ou de s'agenouiller et proposez lui un coussin pour son confort. Rester ainsi pendant un quart d'heure vingt minutes peut être pénible lorsqu'on n'y est pas habitué. Rappelez à votre patient qu'il peut bouger s'il a des crampes ou des engourdissements. Faites le asseoir sur une chaise ou un tabouret et adaptez votre travail si cela vous semble plus facile.

Commencez en tenant l'épaule de votre patient de votre main passive et empaumez en suivant la colonne vertébrale depuis les épaules jusqu'aux lombes (voir ci-dessus), de l'autre. Cela vous permettra de percevoir son état de santé, en particulier celui de son souffle, et ses éventuelles raideurs du rachis. Coudes détendus, appliquez de vos mains des pressions égales et équilibrées.

Ensuite rapprochez vous de votre patient pour soutenir son dos pendant que vous appuierez avec vos coudes sur ses épaules, de la base de la nuque vers l'extérieur (voir à droite).

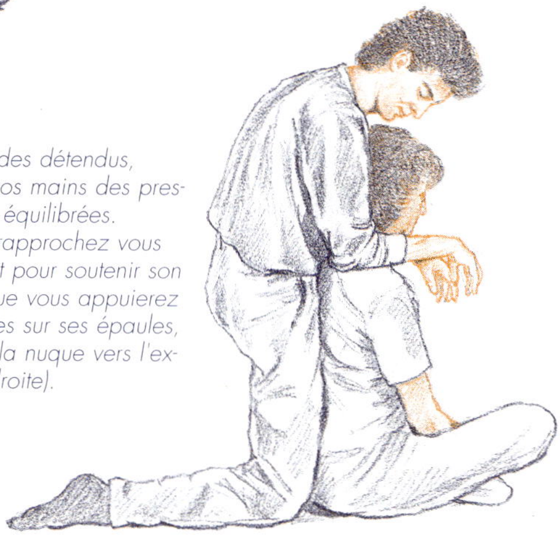

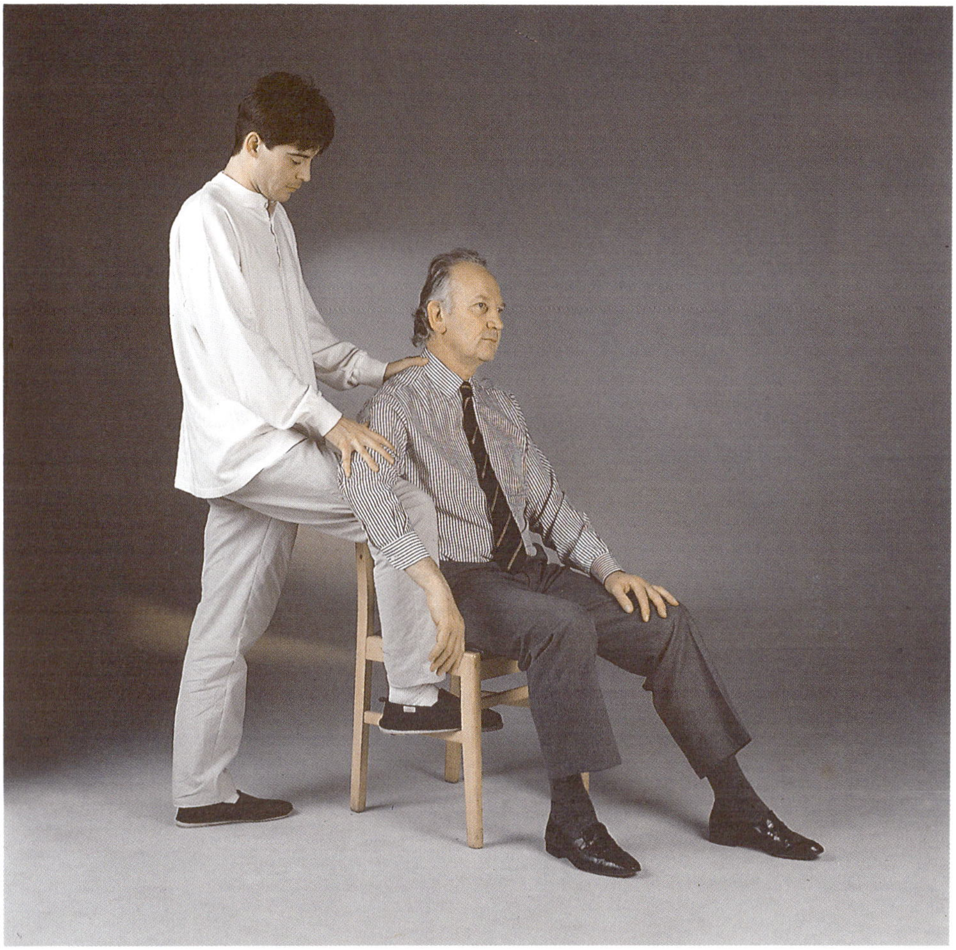

Travailler sur le Méridien du Triple Réchauffeur sur l'épaule.

Travaillez avec le pouce le long des trois Méridiens de l'épaule: Vésicule Biliaire en haut, Triple Réchauffeur juste derrière le muscle, et Intestin Grêle sur l'arrête osseuse de l'omoplate. Ajustez votre posture au fur et à mesure. Si vous vous redressez pour que vos pressions pénètrent à angle droit au niveau de l'omoplate, essayez de vous servir du genou le plus haut pour soutenir votre bras passif et/ou le dos de votre patient.

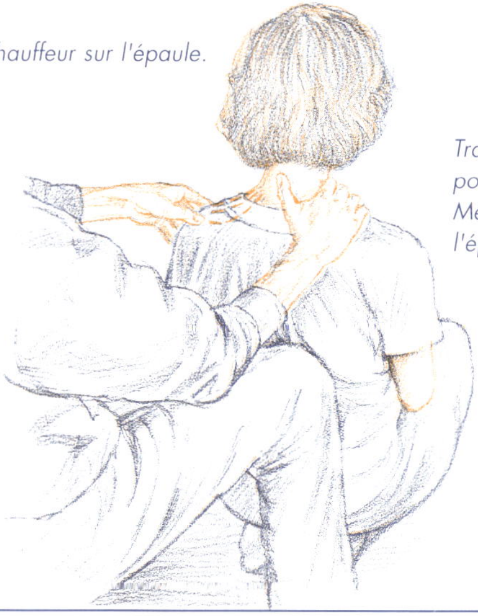

Travailler avec le pouce le long des Méridiens passant sur l'épaule

Travailler sur les Méridiens de la Vessie et de la Vésicule Biliaire pour éclaircir la tête
Lors des maladies aiguës les Méridiens Yang entrent en jeu. Réagissant aux influences extérieures, le Ki Yang génère dans la tête, là où les Méridiens se rejoignent, des symptômes violents et déplaisants. Dans de tels cas, rhumes, sinusites, rhume des foins, maux de tête, "gueule de bois", maux d'oreille, douleurs et inflammations sont fréquents.

Agissez sur le Méridien de la Vessie et de la Vésicule Biliaire, de la région des yeux jusqu'au sommet de la tête. Leurs trajets et leurs liens les rendent très efficaces lorsqu'il s'agit de dissoudre les blocages, clarifier les sens, et éliminer les influences climatiques envahissantes. Équilibrez ce traitement local en donnant un Shiatsu sur le dos et les membres (voir p.182-185).

Assouplissement de la nuque

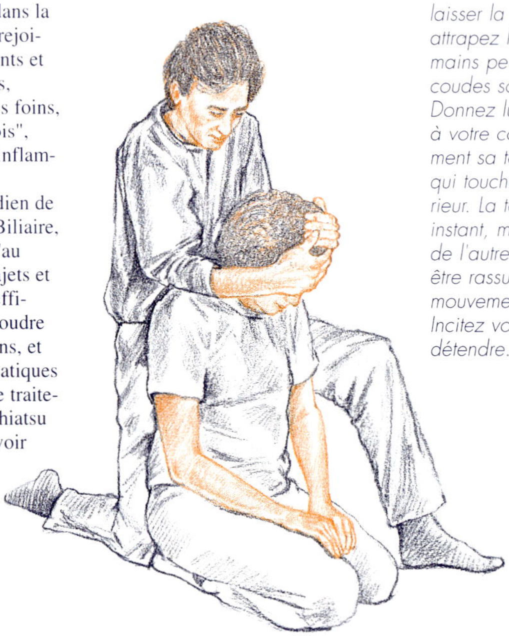

Commencez votre travail sur la tête avec cet assouplissement très efficace pour la nuque. Approchez vous de votre patient et soutenez le de vos cuisses ou vos hanches. Demandez lui de laisser la tête pendre en avant et attrapez la dans vos paumes. Vos mains peuvent se chevaucher, vos coudes sont sur ses épaules. Donnez lui le temps de s'habituer à votre contact. Relevez légèrement sa tête et glissez la main qui touchait le front vers l'extérieur. La tête va "tomber" un court instant, mais vous la rattraperez de l'autre main. Votre prise doit être rassurante. Recommencez le mouvement plusieurs fois de suite. Incitez votre patient à se détendre.

Pressions digitales sur les Méridiens de la Vessie et de la Vésicule Biliaire

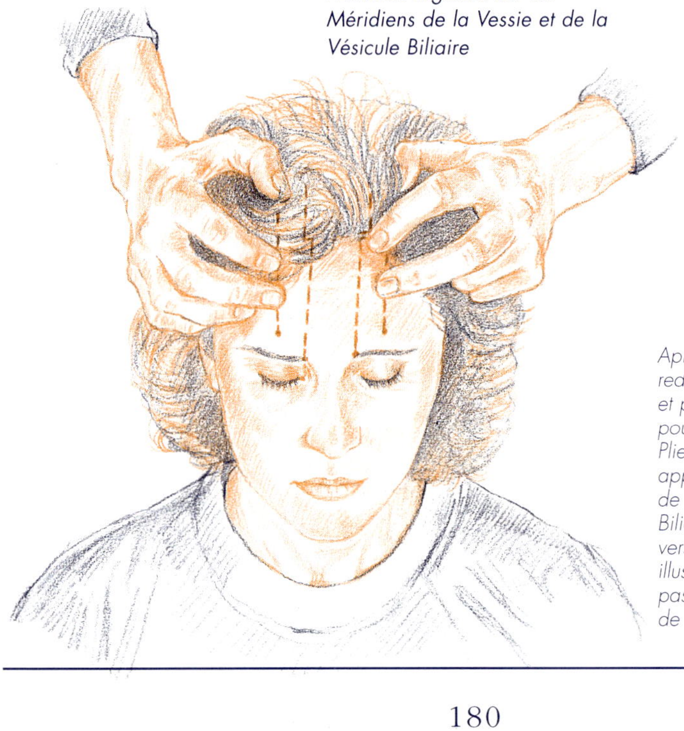

Après avoir détendu la nuque, redressez la tête de votre patient et penchez vous un peu en avant pour la soutenir avec votre corps. Pliez l'index ou le majeur pour appuyer le long des Méridiens de la Vessie puis de la Vésicule Biliaire en partant des sourcils vers le sommet de la tête, comme illustré sur le schéma. N'écrasez pas, servez vous du poids naturel de votre bras.

Servez vous de vos coudes pour travailler sur le bras

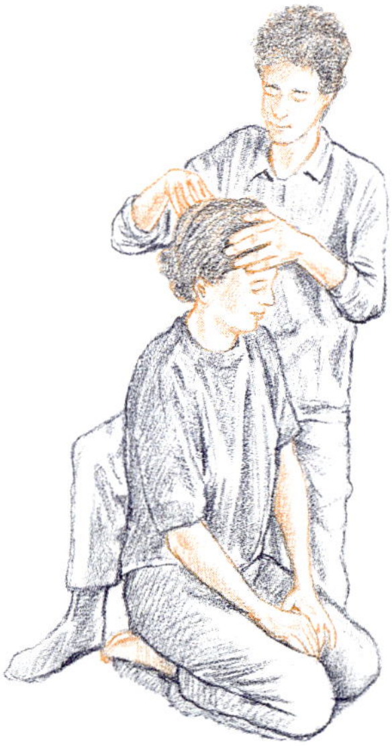

Travailler sur les Méridiens de la Vessie et de la Vésicule Biliaire depuis le côté.

Passez sur le côté de votre patient et redressez un genou pour soutenir son dos avec votre cuisse. Soutenez le front d'une main et continuez les pressions avec le pouce tendu et l'index de l'autre main. Travaillez sur les Méridiens de la Vessie et de la Vésicule Biliaire, à l'arrière de la tête.

Passez le pouce et l'index dans les dépressions à la base du crâne. Faites tourner la tête doucement de la main passive. Votre pouce sert de point d'appui au niveau de l'occiput.

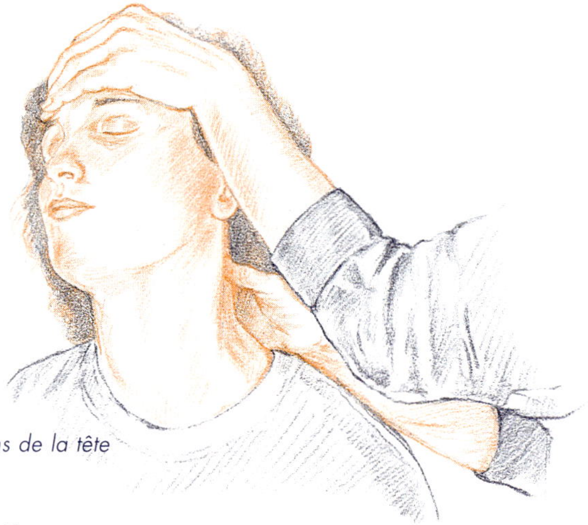

Rotations de la tête

Avant de donner un Shiatsu le long du bras, faites faire des rotations au niveau de l'articulation de l'épaule pour l'assouplir, et aidez votre partenaire à se détendre. De votre main passive attrapez l'épaule de votre patient du côté sur lequel vous voulez travailler. Pour avoir un mouvement plus souple et plus ample, tenez son bras au dessus ou au dessous du coude et décrivez des cercles de plus en plus grands, en avant, en haut, en arrière, en bas, et ainsi de suite plusieurs fois. Servez vous de tout votre corps pour accompagner les mouvements du patient. Ne cherchez pas à forcer. Reculez vous un peu lorsque le mouvement arrivera sur vous. Passez plus doucement si vous sentez des raideurs. Si votre patient vous aide ou au contraire résiste rappelez lui qu'il est sensé se détendre!

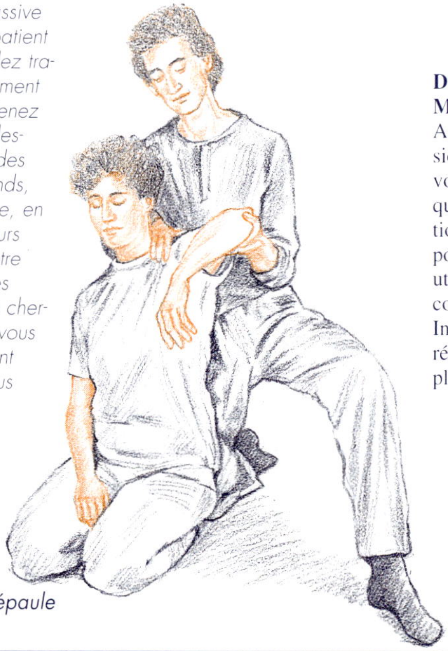

Rotations de l'épaule

Donner un Shiatsu sur les Méridiens du bras

Après lui avoir fait décrire plusieurs rotation, ramenez le bras de votre partenaire sur votre cuisse qui le soutiendra. C'est une position qui ne sera pas fatiguante pour vous. Agissez sur le bras en utilisant la paume, le pouce, le coude. Les Méridiens du Gros Intestin (voir p. 181) et du Triple réchauffeur (voir p.179), sont les plus accessibles.

Travailler avec le pouce et l'index en descendant le long du dos

Passez votre bras passif devant votre patient pour le soutenir fermement avec vos doigts et votre coude au niveau des épaules (voir à droite). Servez vous de votre pouce et de votre index replié pour appuyer en descendant de chaque côté du rachis, de la base du cou vers les lombes. Cette manoeuvre ouvre doucement la poitrine, stimule le souffle et détend l'ensemble du dos et la colonne vertébrale.

Préparation de l'étirement postérieur complet

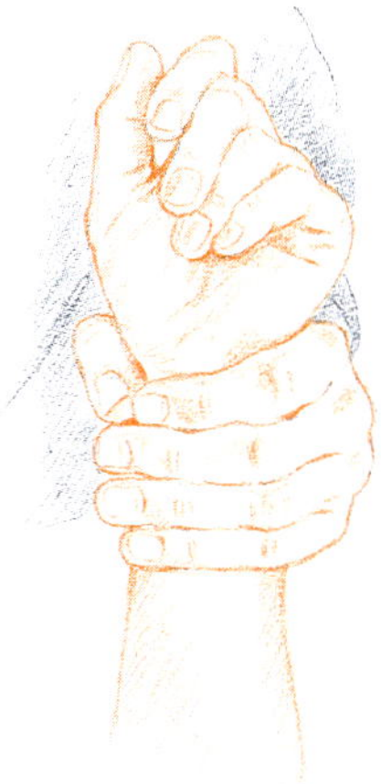

Pour vous préparer à la manoeuvre suivante (un étirement postérieur dynamique voir p. 185), placez vous debout derrière votre patient et attrapez ses poignets fermement au niveau du sillon entre les os du bras et de la main (voir à gauche). Cette prise vigoureuse évite de pincer la peau à cet endroit lors de l'étirement.

Faites effectuer quelques rotations préliminaires, en amenant les bras en haut en arrière en bas plusieurs fois de suite. Rappelez à votre patient qu'il doit détendre les épaules et les coudes.

Rotation de la tête pour assouplir la nuque

Après quelques assouplissements, levez les bras de votre patient (voir à droite). Trouvez un angle convenable pour soutenir son dos avec votre genou et votre cuisse en ajustant la position de votre pied antérieur. Demandez lui de se détendre vers l'arrière, gardez la pose quelques instants, et invitez le à respirer profondément. Sur l'expiration étirez votre patient en haut en arrière en vous servant de votre genoux comme point d'appui et en reportant votre poids sur votre pied postérieur. Relâchez les bras, faites leur faire quelques rotation, ajustez la hauteur de votre genou et recommencez les rotations une ou deux fois.

Étirement complet du dos

Terminer l'enchaînement

Reposez les bras de votre patient sur ses genoux après l'étirement final et agenouillez vous derrière lui. Remettez vos mains sur ses épaules pendant quelques instants. Ensuite serrez et relâchez les muscles des épaules plusieurs fois de suite. Recommencez cette prise "serrer-relâcher" sur les épaules et en descendant le long des bras sur un rythme assez rapide. Ensuite "brossez" les épaules et les bras pour apaiser le Ki.

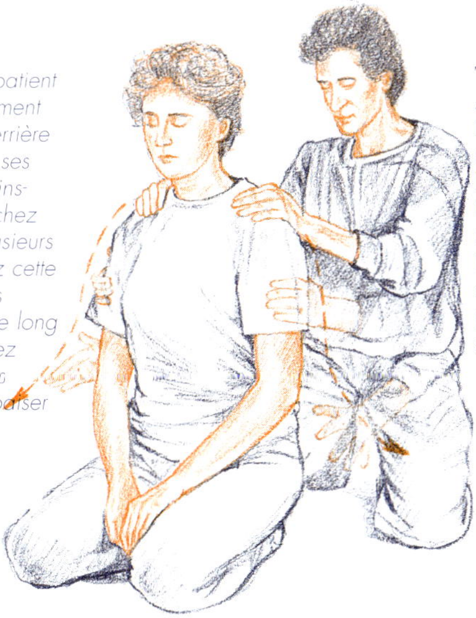

Terminer l'enchaînement
Après avoir étiré, pressé et brossé les épaules et les bras, il vaut mieux, comme toujours terminer là où vous avez commencé. Redressez vous un peu. Soutenez une épaule et touchez doucement le dos ça et là, de part et d'autre du rachis avec votre main ouverte. Le patient se sentira apaisé. Faites lui savoir que la séance est terminée.

指壓

Plus que "pression digitale" le terme Shiatsu signifie relation. Nous tendons les mains vers l'extérieur pour recevoir et nous nous projetons dans notre travail. Comme nous sommes plutôt lourds nous avons besoin d'un appui et la Terre nous offre son soutien.

Lors d'une séance de Shiatsu, le patient prête son corps qui nous sert alors d'appui. Alors, bien calés et puissants, nous pouvons tendre une main secourable. Inspirés par la grâce céleste, deux êtres ne font plus qu'un.

Index

Remerciements de l'auteur

"Reconnais, nous disaient nos grands-pères, qu'il n'existe rien d'anormal. Lorsque l'homme connaît la vérité, toute la vérité, il peut donner un nom à ce qu'autrefois il appelait mystère. Lorsque l'homme a besoin d'apprendre un maître apparaît."

"Hanta Yo" (ouvre la voie)
Indien Lakotah
Ruth Hill

De nombreux maîtres m'ont aidés tout au long de mon chemin. Pour leur présence et leurs conseils je leur témoigne ma plus profonde gratitude. Je voudrais remercier tout d'abord Bill Tara, qui m'a permis de mettre le pied, et les mains, dans le domaine du Shiatsu, Gideon Ron, qui m'a donné les coups de pouce nécessaires, et Wataru Ohashi pour ses premiers ateliers à Londres qui surent m'inspirer. Je reste l'éternel obligé de Giovanni Maciocia qui fut le premier à m'expliquer clairement les disciplines et merveilles de la médecine chinoise et qui à amélioré la diffusion et l'appréciation de cette large discipline en Angleterre.

Je dois beaucoup à Michael Rose, Shinmei Kishi et Pauline Sasaki, pour leur enseignement brillant et leur dévouement. Je remercie plus particulièrement Pauline pour ses critique et coopération constructives.

J'aimerai également remercier Helena Thomas, mon premier professeur de yoga, dont l'Institut Lyengar à Brighton représenta pour moi une lueur dans les ténèbres. Keith et Linda Colding pour leurs conseils et leur centre de guérison, Simon Wyard, mon professeur de Taï Chi, Fabian Maman qui m'enseigna le Tao Yin et le Tama-Do.

J'ai l'opportunité aujourd'hui de faire part de ma sincère reconnaissance aux membres de la Shiatsu Society de Grande Bretagne, pour leur sens unique de l'engagement et leur soutien inconditionnel, et à mes amis et collègues pour l'accueil et la camaraderie qu'ils m'ont fait l'honneur de me réserver. Un grand merci à Helaine Liechti, secrétaire fondatrice, dont j'ai reçu avec humilité les critiques sur mon manuscrit, qui me furent d'un grand secours.

Merci à tous mes élèves pour leur patience et leur dévouement, en particulier ceux qui ont posé pour les illustrations de ces pages. Merci à mon amie Paula Cox, dont les oeuvres donnent une interprétation éloquente des thèmes majeurs et à Eleanor Lines mon éditeur, Dave Thorp, de Gaia Books, déterminés à considérer ce livre, autant que faire se peut, comme un outil de travail pour apprendre le Shiatsu.

Vivre quotidiennement avec un auteur prétendant connaître un tant soi peu le Tao, sur le rythme enlevé de ce premier livre, peut s'avérer être une course d'obstacle. Je tiens à réaffirmer tout mon amour à ma famille, à mes deux filles Tamlin et Georgina qui m'ont encouragé et soutenu et à ma femme Jacqueline, dont la patience et la compréhension ont été parfois mises à rude épreuve mais qui cependant à fait tout ce qui était en son pouvoir pour s'adapter à mes besoins hétéroclites. Je voudrais pour finir remercier tous nos amis qui ont écouté patiemment, supporté et conseillé tout le temps nécessaire pour que ce projet voit enfin le jour.

Remerciements de l'Éditeur

Gaia Books tient à remercier Michelle Atkinson, Janine Christley, Eliza Dunlop, Lesley Gilbert, Jonathan Hilton, Libby Hoseason, Alison Jones, Danny Mc Kenzie, Cass Pearson, Catriona Reid, Susan Walby, et Marry Warren pour la rédaction et la production; Sara Firman pour l'index, Susan Berry, Chris Jarmey, European Shiatsu School, Lucy Lidell, Elaine Liechti, et Pauline Sasaki pour leurs conseils et leur aide; Marc Baum, Tim Crabtree, Bill Davis, Sara Jarvis, Barbara Johnson, Jacki Jones, Elvis Kleanthous, Gail Langley, Maurice Lavenant, Anamaria Lavin, Eleanor Lines, Sara Love, Georgina Lundberg, Talmin Lundberg, Roger newman, Veena Obrhrai, Ron Pallant, Nicholas Pole, Sam Pole, Michele Rogers, Ruth Sheldric, Caroline Stevenson, Hedy Stute, Dave Thorp,Pam Thorp, et Peter Warren pour la maquette. David Bruce Graphics Ltd, Tradespool Ltd, and Protocol Desing associates.

Bibliographie

Beijing, Shanghai, & Nanjing Colleges of Traditional Medicine with The Acupuncture Inst. of the Academy of Traditional Chinese Medicine, *Essentials of Chinese Acupuncture*, Foreign Languages Press (China), 1980

Kaptchuk. Ted J., *Chincsc Medicine The Web that has no Weaver*, Century Hutchinson (UK), Congdon and Weed Inc. (US), 1983

Lao Tzu *Tao Teh Ching* (Lau D. C. English trans), Penguin (UK), 1963. (Feng, Gia-Fu & Jane English trans), Random House (US), 1972

Lo, Inn, Amacker, Foe, *The Essence of Tai Chi Ch 'uan,* North Atlantic Press (US), 1979

Maciocia, Giovanni, *Foundations of Chinese Medicine,* Churchill Livingstone (UK and US), 1989

Masunaga, *Zen Shiatsu,* Ed. Guy Trédaniel, 1985

Masunaga, *ZEN Exercices Visualisés,* Ed. Guy Trédaniel, 1991

Matsumoto, K. and S. Birch, *Five Elements and Ten Stems,* Paradigm Publications (US), 1983

Shangdong Medical College & Shangdong College of Traditional Chinese Medicine, *Anatomical Atlas of Chinese Acupuncture Points,* Shangdong Science and Technology Press (China), 1982

Shanghai College of Traditional Medicine (O'Connor, J. & D. Bensky, trans and ed) *Acupuncture : A Comprehensive Text,* Eastland Press (US), 1981

Veith, Ilza (trans), *The Yellow Emperors Classic of Intemal Medicine,* University of Caliiomia Press (US), 1972

Wilhelm, R. (trans), *The I Ching or Book of Changes,* (Baynes, C.F. English rendition), Routledge Kegan Paul Ltd (UK), 1950

Wu, Zhang Ming & Sun Xingyuan, *Chinese Qi Gong Therapy,* Shangdong Science and Technology Press (China), 1985

Lectures complémentaires

Chang, Jo Lan, The *Tao* of Love *and* Sex, Wildwood House, (UK), 1977

Chuen, Lam Kam, *La Voie de l'Energie,* Le Courrier du Livre, 1995

Flaws, Bob and Honora Wolfe, Pnince Wen Hui s Cook Chinese *Dietary Therapy,* Paradigm Publications (US), 1983

Jarmey, Chris, and John Tindall, *Acupressure* for Common Ailmenrs, Gaia Books (UK). Sinnon & Schuster (US), Angus & Robertson (Australia), 1991

Langre, Jacques de, *Do-in 2:* The *Ancient Art* of *Rejuvenation* Through Self-Massage, Happiness Press, (US), 1981

Scott, Julian, *Natural* Medicine for Children, Unwin Hyman (UK & Australia), Avon Books (US), 1990

Seem, Mark, *Bodymind Enengetics: Towards a Dynamic Model* of Health; *Thorsons* (UK), 1987

Yamamoto, Shizuko, *Le Shiatsu aux Pieds Nus,* Ed. Guy Trédaniel, 1981

Adresses utiles

Pour approfondir votre étude et poursuivre votre formation de Shiatsu, contactez :

GB

Shiatsu Society c/o 14 Oakdene Road Redhill Surrey RH I 6BT

Australie

Australian Natural Therapists Association Ltd PO Box 522 Sutherland NSW 2232

USA

American Oriental Bodywork Therapy Association 50 Maple Place Manhasset New York NY I I 030

Déjà parus, dans la même collection :

- L'Art taoïste du massage sensuel
par Stephen Russel & Jürgen Kolb

- Couleurs & lumières
par Théo Gimbel

- La Voie de l'énergie
par Maître Lam Kam Chuen